闇の自己啓発

江永泉
木澤佐登志
ひでシス
役所暁

早川書房

闇の自己啓発

まえがき――播種

「いつかは、私たちが人目を忍んで暮さなくてもよくなる日が、きっと来るよ。それは約束してあげるから」
――『沙耶の唄』

世間や企業、集団は「自己」を嫌う。とにかく上の言うことに逆らうなと、個人の思考や批評精神を封じる方向に動く。その波に押し流されてしまうと、個人はいつしか考えることをやめて、世間を構成する大波の一部になってしまう。さながら、押井守監督の映画『イノセンス』に登場する、「人形」に変えられ、自我を、自己を失っていった少女たちのように。そして我々個人がその思考力を奪われ、「人形」にされてしまうと、大きな存在はますます大きくなり、誰も批判できない存在になってしまう。

そんなビッグブラザーの支配する世の中で、自己を奪われないためには何をすればよいのか。私は読書会こそがその答えであると思う。ひとりで思考し、学び続けることが難しくても、ともに語り、学び、思考する共犯者がいることで、自己を失わずに、思考することを続けやすくなる。そしてそれを発信することで、思考の種を播《ま》き、共犯者を増やしていくことが可能になる。少なくとも私はそういう思いで、読書会――「闇の自己啓発会」に参加している。

「闇の自己啓発会」のメンバーは江永泉、木澤佐登志、ひでシス、そして私＝役所暁の4人。月に1回、一冊の本を取り上げて読書会を行っている。

私たちは、いわゆる普通の自己啓発に対する防衛術として「闇の自己啓発」を生み出した。一般に自己啓発は「（ポジティブな）変化」を喧伝しつつ、その変化とは「お金を稼ぐ」「話術を磨く」など既成の価値観の内部におけるステータスやスキルの変動にすぎなかったり、あるいは「組織を変えるのではなく自分を変えろ」といった、現状に納得するための技術になりがちだったりする。たしかに、こうした「自己啓発」はときに有用であるだろう。だが同時に警戒しなければならない。「自己啓発」されていくとき、私たちはだんだんと、社会に都合のよい「人形」に姿を変えてはいまいか？

必要なのは、オルタナティヴな「変革」のヴィジョンだ。「自分を変える」のならいっそ、人間を超え出るもうひとつの極、自他の区別すら融け出す特異点まで突き抜けよ――「人形」とは対極の〝何か〟として生きるために。こうして私たちはこの世界の「闇」にうごめく、社会一般の常識から逸脱した事象や思想に目を向けることになる。テクノロジーによる身体／精神改造、リバタリアン（自由至上主義者）たちの脱法行為、「人間は生まれないほうが良い」と主張する反出生主義……。無論、これらを無批判に受け入れ称揚するならやはり、醜悪な「人形」がこの世に4体増えるのみである。

だから私たちは、本を読み、思考する。ある時は国家の枠組みから外れるダークウェブのあり方に触れ、またある時は映画『ジョーカー』や『天気の子』の描き出すセカイの歪みを考察する。加速主義や反出生主義を経由し、ARやVRといった技術に新たな可能性を見出し、ヒューマニズムの覇権に異を唱える。監視国家・中国と地続きなこの社会のあり方を見つめ直し、ディストピアや宇宙の果てにある「外部」へのExitを夢見て、アンチソーシャルな親密性の再検討に至る。メンバー各人のバックグラウンドや専門領域が交わることで特有のハーモニーが生まれ、「科学技術によって反出生主義を実践する」「AIの導く〝幸せ〟なあり方に従うことで、結果にコミットする」など様々な〝闇のライフハック〟が案出されてきた。

読書会の内容はウェブサイトのnoteに連載しており、それがこうして本になった。「じゃあnote版を読むだけで十分ではないか」と思う人もいるかもしれないが、本書とnote版とでは大きく異なる点がいくつかある。まずひとつが「注釈」の存在である。note版ではカバーしきれなかった語彙の説明や補足を、本書では注として4万字以上追加している。さらに「闇の自己啓発会」発起人の江永氏による書き下ろし論考を加え、本文も大幅に加筆修正しているため、note版よりずっと読みやすくなっているのではないかと思う。note版で挫折したという人にも、ぜひ手に取ってもらいたい。

また、思想家ニック・ランドの「暗黒啓蒙」を想起された方もいると思うが、当会はそれと直接関係があるわけではない。彼にインスパイアされた面はあり、本文中でも取り上げているが、暗黒啓蒙について詳しく知りたい方はニック・ランド『暗黒の啓蒙書』（五井健太郎訳、木澤佐登志序文、講談社）を参照してほしい。

本書が、自分ひとりが周りと合わないことに悩んだり、既存の価値観に疑問を抱いていたりする人に寄り添うものになっていれば嬉しく思う。私もこの読書会を始めるまでは、孤独に生き、人生に絶望するひとりの人間であった（江永氏に読書会に誘われたのは、私が誕生日に自殺しようとしていたときだった）。しかし、「当たり前」をおかしいと感じているのは自分だけではない。世間に殺され、「人形」にされるくらいなら、世間を変革する方がずっとマシだ。そう気付いてからは、自分の思考を発信することで、どんどん共犯者を増やし、「常識」や大きな存在に対抗していこうと思えるようになった。

この本を手に取ってくれたあなたは、決してひとりではないのだということを伝えたい。そしてもし、少しばかりでも本書の内容に触発され、面白いと感じてくれたなら、学び、思考し、発信することで、あなたの打ち破りたい何かに抗ってみてくれると嬉しい。思考の種を播き、ともに「開花」の時を待とう。

これが私たちの、闇の自己啓発だ。

役所 暁

闇の自己啓発

目次

側注は原則として発言者による。そうでない場合は注文末に（ ）で文責を示した。

第1部

闇の社会

法の支配が及ばないインターネットの暗黒領域・ダークウェブ。共産党が強大な権力をふるう監視国家・中国。両極端な2つの「社会」の様相が合わせ鏡となり、人間の作動原理を映し出す。議論は白熱し、「幸福」の定義が練り直される。

第1章

ダークウェブ

［課題図書］

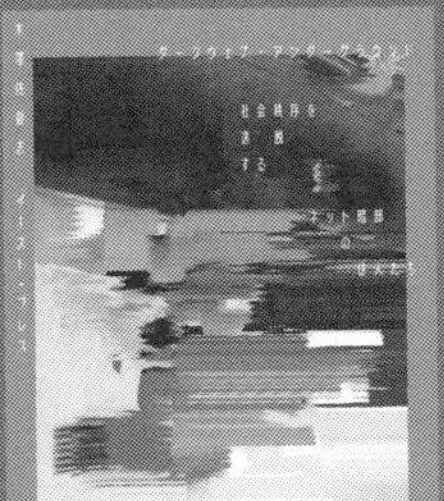

木澤佐登志
『ダークウェブ・アンダーグラウンド
――社会秩序を逸脱するネット暗部の住人たち』
イースト・プレス、2019年

江永 そういえば最近、初めて親知らずを抜いたんですが、見ますか？ というか、これです。

暁 僕も親知らず抜いたな〜。

ひで 思ったよりグロいですね。

江永 抜いたときについていた血がそのまま乾いた感じですかね。

暁 親知らず、僕は歯茎切開してトンカチ（？）で割って摘出したので、抜いた歯はすごいことになってました。それと比べると綺麗ですね。

江永 そう、歯の状況次第では歯茎切開するんですよね。これの場合は、歯の土台のところがしっかりしていて、口内の肉を傷つける生え方でもなかったので、虫歯になっていなかったら抜かなくてもよかったかもしれない、と言われました。日々の生活でも、すぐそこにあるのに気づかない、知らないことさえ知らないことってあるのだな、と改めて意識させられて。[†1] 余計な話をしてすみません。本の話に移りましょう。

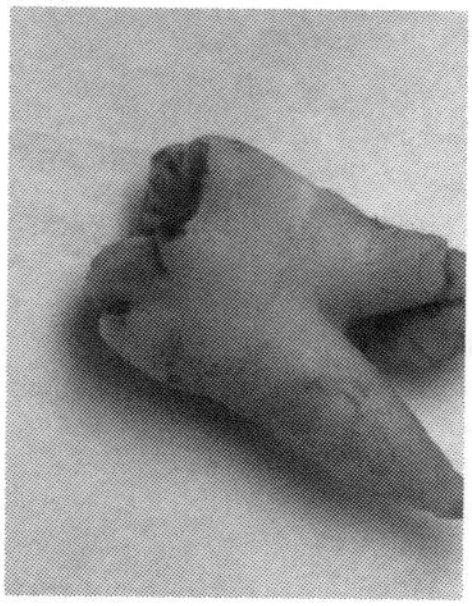
江永泉の親知らず

執筆のバックグラウンド

木澤 僕はどういう立ち位置でこの読書会に参加したらいいんですかね？

ひで 著者が読書会に参加されると、やっぱり特権的な立場になってしまってやりづらかったりしますか？

木澤 あまり特権的な立場から物を言いたくないので補足というか、書いていなかったけどこういう話もある、とかそういう話ができれば。

ひで よろしくお願いします。

暁 雑な感想ですが、読んでみて知らない世界がたくさん書いてあったので、この本が出版された経緯とか、どういうバックグラウンドで木澤さんがこういう話を収集されていたのか気になりました。

ひで 経歴は書いていましたよね。国際経済学科卒。

†1　こうして注をつける作業をするとき手元に置いて、ときどき眺めていました。

木澤 そこはあんまりつながっていなくて、基本的にアカデミックな生い立ちとかもなくて、要は独学なんですけど。元々はダークウェブ[†2]への関心からスタートしていて、noteにダークウェブの記事を書いていたんです。そこに当時イースト・プレスに在籍していた方便さん（現在は筑摩書房にいらっしゃいます）という編集者の方が目を留めてくださって、単行本の執筆依頼が来た。それでダークウェブについて調べているうちに、ダークウェブで共有されている一種のリバタリアニズム思想[†3]にも興味が出てきました。

たとえば、児童ポルノフォーラムの「ペド・エンパイア」の運営者Ｌｕｘは「私は言論の自由の狂信者だ」って言っていて。ブラックマーケット「シルクロード」の運営者ＤＰＲも、自己所有権——リバタリアニズムにおけるセントラルドグマで、自分の身体は他者からの干渉なしに自己責任で管理するという考え方——の観点から、ドラッグを摂取する自由について説いています。ダークウェブも元を辿っていけば、暗号化技術によって国家の干渉からの独立を掲げる「サイファーパンク」という活動家集団に行き着く。90年代におけるサイファーパンクの中心人物にティモシー・メイという人がいるんですけど、その人はリバタリアンであると同時にニーチェを信奉していて、自分の飼い猫にニーチェって名前をつけているほどで……。要はそこでニーチェの超人思想とリバタリアニズムがつながっていくわけです。

リバタリアニズムとニーチェの思想の親和性ということを考えたときに思いつくのは、たとえばアイン・ランドの『肩をすくめるアトラス』という小説です。アイン・ランドは白系ロシア人の家系で、十月革命の後にアメリカに亡命してきて執筆活動を始める、まあ要はバリバリの反共主義者なわけですけど、そのランドの長篇小説でその後のリバタリアニズムにも多大な影響を与えたのが『肩をすくめるアトラス』。これは企業の国有化に業を煮やした一部のエリート的なリバタリアンたちが一斉にストライキを起こしてどっかの山中に移住して自分たちのコミュニティを作った結果アメリカが滅ぶという話で、アトラスというのはギリシア神話に出てくる天球を支えている巨人。つまり、その巨人であるところの自分たちリバタリアンが肩をすくめたら世界はどうなってしまうのか、という話。

他には1997年に出版されているジェームズ・デヴィッドソンとウィリアム・リース＝モッグによる共著『主権ある個人――情報化時代への変遷を支配する［The Sovereign

†2　通常と異なる手段によってしかアクセスできないインターネット上の特定の領域。特殊な暗号化技術によりアクセスした者の身元を秘匿化することができるので、法の手が及ばない形であらゆるアウトローな悪徳が営まれている。

†3　自由至上主義。個人の自由権を重視し、それを制約する国家の役割を最小限に抑えようとする政治思想。市場への介入や再分配、法的規制などによる社会的平等を重視する「リベラリズム（自由主義）」とは一線を画すため注意。リバタリアニズムを主張する者をリバタリアンと呼ぶ。

Individual: Mastering the Transition to the Information Age』という本。これはサイバースペースの勃興とそれに伴う暗号化技術や暗号通貨の登場によって国民国家の役割が衰退して、代わりにテクノロジーを手にした一部のエリート——主権ある個人——が台頭してきてポスト国民国家の世界を支配していくだろう、といった予言的で黙示録的な本です。要するにリバタリアン版ニーチェの超人思想です。ちなみに、この本の熱狂的愛読者のひとりがあのピーター・ティール[†4]で、ティールはおそらくこの本に影響された形でPayPalを立ち上げている。

だから、ダークウェブ→暗号化技術→リバタリアニズム→ニーチェ→ピーター・ティール→新反動主義[†5]といった感じで、一見つながっていないようでいてもつなげようと思えばつなげられる、そこが僕には面白く感じられました。

暁 なるほど。流れが少しわかった気がします。ありがとうございます。

ひで 暗号通貨技術、たとえばビットコインとかって、取引履歴がコイン内に書いて公開されているんですよね。一方で現金のほうはトレースできない。だから、木澤さんのおっしゃる「暗号通貨はリバタリアン」っていうのは直感的ではなくて、現金でやりとりしている現状の国家のほうが税金を取るのが難しくてリバタリアン的だと思うんですが。

江永 ビットコインなどの暗号通貨が普及すれば、国家による通貨発行権の独占がなくなって、戦争しようにも戦費が調達できなくなり、国家間の戦争が起きなくなるかもしれない、みたいな話が坂井豊貴『暗号通貨VS.国家――ビットコインは終わらない』の冒頭に書いてありました。木澤さんの説明を聞きながら、個人が国家から自立するというか、国家並みに自律した個人になるというか、何かそういう精神性[†6]が、ダークウェブ〜新反動主義のつながりに通底しているものなのかな、と改めて考えさせられました。

ひで なるほど、国によって管理された通貨に対抗するものとしての暗号通貨というイメージなんですね。

†4　アメリカの起業家、投資家。1967年生まれ。リバタリアンとして知られる。「自由と民主主義はもはや両立しない」というティールの発言は新反動主義に霊感を与えた。

†5　アメリカのソフトウェア・エンジニア、カーティス・ヤーヴィンに端を発する思想運動。民主主義や平等主義などのリベラリズム思想に対する苛烈なアンチを唱えることを主な特徴とし、欧米のブログ圏を中心に広まった。2012年にはイギリスの哲学者ニック・ランドがオンライン上で「暗黒啓蒙［The Dark Enlightenment］」と題したテクストを断続的に発表し、新反動主義の思想を体系化することに貢献した。ランドは同テクストの中で科学的人種主義を新反動主義のプログラムと接続させながら論じ、後続のオルタナ右翼にも間接的な影響を与えた。

エルサゲート問題

江永 木澤さんのほうで、読者がどういう反応をしているかを知りたい部分とかはありますか？

木澤 どこに興味を持たれたのかっていうのは気になりますね。個人的には（僕も編集者も）ダークウェブがメインのつもりで書いたはずなのに、結果的に新反動主義とかニック・ランドに注目が集まっている感じがするので意外な感じがしました。

ひで ぼくはダークウェブよりもオルタナ右翼[†7]とか新反動主義とかそういうののほうが、他ではあまり見ない内容なので勉強になりました。

暁 自分はダークウェブという響きに惹かれて……（笑）。読んでみたら第5章「新反動主義の台頭」が一番興味深かったです。

江永 私は、ニック・ランドが気になっていました。前半のほうだと、第3章「回遊する都市伝説」の内容に一番刺激を受けました。年少の頃、上遠野浩平の「ブギーポップ」シリーズとか神崎紫電『マージナル』とかのライトノベルに親しんでいたからか、村上龍『コインロッカー・ベイビーズ』とか村上春樹『アンダーグラウンド』とかを読んでいたからか、こういう実録ホラーと犯罪ジャーナリズムの境界線上のものに関心があって。ルポルタージュよりは、井口時男『少年殺人者考』とかヘンリー・ボンド『ラカンの殺人現場案内』などの著作につい目が向いてしまうんですが。あと昔、新宿の画廊で、死体写真家（？）の写真というのを買ったこともあったので。そういう設定がつけられた、作り物の写真だったのかもしれ

†6　こうした精神性に基づく実践は現に試みられている。たとえば、ジェイミー・バートレット『ラディカルズ――世界を塗り替える〈過激な人たち〉』第8章の、セルビア - クロアチア間の無主地（領有権を主張する国家の無い土地）に「建国」され、独自のデジタル通貨「メリット」を発行する、リバタリアニズムに基づくミクロネーション、リベルランドに関する記述を参照。とはいえ情報通信技術のインフラに既成の国家や企業が及ぼしている影響力を考慮しなければならない。これについては、たとえばジェームズ・ブライドル『ニュー・ダーク・エイジ――テクノロジーと未来についての10の考察』の気候変動や金融市場に関する記述を参照。さらに言えば、こうした精神性を持った上で、いわば「闇堕ち」した人物の例として、ポール・コールダー・ル・ルーが挙げられるだろう。ル・ルーは、元CIAの内部告発者エドワード・スノーデンも用いた暗号化ソフトの前身と言いうるプログラムを作成しもしたが、処方薬の濫用を誘発するような仕方で遠隔診療サービスを悪用して儲け、そこから国際的に違法な物品でのビジネスを拡大し、さらには自分の「王国」を作ろうとしていたとさえ評されている。その活動の内容と逮捕されるまでの一部始終を調査したものとしては、エヴァン・ラトリフ『魔王――奸智と暴力のサイバー犯罪帝国を築いた男』を参照。

†7　alt-right の訳語。オルト・ライトとも。アメリカ合衆国で2010年代以降に、欧州における新右翼の潮流などを取り込みながら顕在化してきた右翼思想の一種。既存の共和党的保守本流やエスタブリッシュメントに対する反発をベースに、ポリティカル・コレクトネス（政治的正しさ）、リベラリズム、フェミニズム、アイデンティティ・ポリティクスなどに対する攻撃姿勢を主な特徴とする。2016年の大統領選挙ではドナルド・トランプの支持層としてオルタナ右翼の存在が広く知られるようになった。（木澤）

ませんが。

木澤　死体写真というのももはや甘美な響きを伴うようになってしまいましたね。現在ではLiveLeakなどの動画サイトに死体写真ならぬ死体動画や殺人動画が氾濫しています。ＩＳＩＳ（イスラム国）の処刑動画とかすごいですよ。ポストプロダクションの段階でプロの手によって編集されていて、処刑動画とは思えないめちゃくちゃスタイリッシュな仕上がりになっている。

江永　映像作品の仕上げ方を知っている人、クリエイターなり、デザイナーなりが制作に関わっている、ということでしょうか。ＩＳＩＳ以前だと、イラク戦争の関連で、アブグレイブ刑務所におけるアメリカ人兵士による捕虜虐待時の写真や、アルカーイダ関連組織による日本人男性の殺害（斬首）時の映像などがインターネット上で流通し話題になったと言われていますね。前者に関してはジュディス・バトラー『戦争の枠組――生はいつ嘆きうるものであるのか』で論じられていました。また後者に関して、丹生谷貴志「自律冥界――或いはオートマート／オートクトン」で、流出した映像を当時の学生たちが視聴していたという記述があり、印象に残っています。

ひで　動画って光って音が出て絵が動くから、おサルさんでも何でもジッと見ちゃうんですよね～。

暁　下手な記事を書くよりも動画を作るほうがその物の魅力も伝わりやすいし、より多くの人に見られると思うんですよね。

ひで でも動画って、文章と比べて作るのにかかるカロリーは大きいですよ。だから魅力が伝わりやすいといってもそんなに量産はできない。

木澤 エルサゲート[†8]のように、既存のパターンを組み合わせて自動生成的に作られる動画もありますよね。「フィンガーファミリーソング」のような自動生成で作られた虚無のような数十万本の動画をYouTubeで幼い子どもが自動再生機能を使って無限に見続ける、という地獄のような世界が広がっていて。誰がどういう目的で作っているのかよくわからなくて。

ひで たしかにエルサゲートによる半自動生成動画がたくさん見られているというのはありますね（ぼくも前職の飲み会の二次会で同僚にエルサゲートを見せたりしていました）。エルサゲートが作られている目的は広告費による収入じゃないんですか？

木澤 大半はそうです。だけど中には生身の人間が演じていて、かつ暴力的なものがあったりとか、そのモチベーションがよくわからなくて。

江永 子ども向け番組っぽい体裁を借りた物騒な作品だと、アニメの『ハッピーツリーフレンズ』

†8　子どもにとって不適切な内容の動画が、（ディズニー映画『アナと雪の女王』のキャラクターであるエルサが登場するなど）子ども向けの体裁で流されてしまうこと。

や『ポピーザぱフォーマー』などを想起します。やり方は違いますが、どっちも物騒とシュール[†9]の一線ギリギリを攻めている内容だったはずです。

暁 子どもって虫をいじめたりとか、結構グロいの好きじゃないですか？ たまたま目にしてハマっちゃったら怖いですね。

ひで ぼくはエルサゲートで子どもに英才教育するの面白いと思いますね。売れっ子同人作家を目指す人が売れ筋の同人誌で抜くことで、世の中の流行りや好みをわかっていくみたいな。

木澤 単純にコンテンツとして面白くないというのが一番の問題だと思うんですよね。

ひで たしかにエルサゲートは単純な組み合わせですから面白くはないですが、YouTuberのSEIKINの動画みたいな感じで、見続けていると一周回って面白くなってきませんか？

木澤 発想が子どもというよりオッサンなんですよね。『ハッピーツリーフレンズ』みたいな破壊的創造性がないというか。あと、本当に幼い子どもはコンテンツを自分で選ぶ能力がまだないんですよね。YouTubeの操作方法すらわからないから。だから自動再生機能でアルゴリズムが選んでくる動画を親から渡されたiPadで延々と見てしまう。そこには自らコンテンツを選択して嗜好を育んでいくという契機が最初から奪われている。

暁 それを規制することってできないんですか……？

ひで YouTubeとしては動画をたくさん見てもらえれば広告で売上が立って勝ちなわけで、幼児を釘づけにする動画を流し続けるアルゴリズムを〝改良〟するインセンティブはないですよね。

木澤 もっと言えば、作る側も子どもに向けてではなく、アルゴリズムに向けて作っている。やたらタイトルを長くしたり、アルゴリズムが拾ってくれるような作りにわざとしている。『ニュー・ダーク・エイジ』の著者ジェームズ・ブライドルもTEDでエルサゲート問題について語っていますが、とても面白いのでおすすめです。[†10]

暁 視聴者ではなくアルゴリズムに向けて作る、というのがSF感あっていいですね。

※以下、各章ごとに振り返りつつ、意見交換していきます。

†9　日常的に用いられる「シュール」という語に込められた印象は必ずしも20世紀前半のフランス発祥であるシュルレアリスム（英語風に言えばシュールリアリズム）と一致しない（一緒にしないでくれと言われることもある）。たとえば、巖谷國士『シュルレアリスムとは何か――超現実的講義』などが参考になる。いわゆる幻想耽美と並ぶような「シュール」に関しては、20世紀後半のアメリカで始まったロウブロウ・アート（ポップ・シュルレアリスムと呼ばれたりもする）に属する作家、マーク・ライデンのイラストなどを見るとおそらく雰囲気がわかる。もうちょっとナンセンスなどに近い「シュール」に関しては、たとえば漫画家のしりあがり寿による『真夜中の弥次さん喜多さん』などを見ると雰囲気がわかる。さらにギャグに近い例としては澤井啓夫『ボボボーボ・ボーボボ』を挙げられるだろう。

†10　ジェームズ・ブライドル「悪夢のような子供向けYouTube動画――今のインターネットのどこが間違っているのか」TED2018、https://www.ted.com/talks/james_bridle_the_nightmare_videos_of_children_s_youtube_and_what_s_wrong_with_the_internet_today?

ダークウェブが流行った理由

ひで ダークウェブにアクセスしたことのある人！

一同 ……。

ひで っていうのも、表層ウェブのほうが人が多いし満足してしまうっていうのがあって。日本でダークウェブに潜っている人たちのペルソナ像ってわかりますか？

木澤 まずハッカー界隈のフォーラムとして「恒心教サイバー部」[†11] というのがありましたね。名前こそ某弁護士界隈ですけど、実体はわりと何でもありな感じのハッカーコミュニティとして機能していたそうです。

ひで やっぱり彼らがダークウェブに潜っていた理由って、違法なことをやっていて身元を隠さなければならないっていう外的な要因が主なんでしょうか。

木澤 そうですね。あと、それこそ児童ポルノ界隈とかもそう。でも日本だとセキュリティ意識が低くて、表層ウェブで、しかもクレカで買っちゃう人たちが多いんですよね。「デジテンツ」という、その界隈では有名なサイトがあって、最初は盗撮とゲイが専門だったんですが、だんだんパンチラ系の年齢が下がっていって、最終的に児童ポルノばかりになった。いまは名前を変えて児童ポルノ抜きでやっているようですが……（2020年現在は閉鎖）。外国の方が児童ポルノに対する処罰が厳しいんですよね。持っているだけで10～20年とか平気で食らっちゃうぐらい。日本だと単純所持が違法になったぐらいでまだ甘いので。それこそ興味本位で買っちゃうみたいなことが起きやすい。

ひで 児ポに関しては、逮捕されるというペインが外国では十分に大きいから、ダークウェブが流行ったのかと思います（ニーズではなくペインポイントが新規事業の母になる）。

江永 それにしても、某弁護士界隈にせよ、あるいは淫夢界隈[†12]にせよ、誰か特定の人々の尊厳やプライバシーを侵害するような要素が中核にある文化に知悉していないと日本のネット文化を語れない感じは、何なのだろう。

†11　2014年3月に開設された、主にハッキング情報を扱う掲示板サイト。銀行口座やクレジットカードの不正使用に関するディープな情報が飛び交っていたという。運営者の0Chiakiは2015年に不正アクセス禁止法違反で逮捕されたが、現在はホワイトハッカーに転身している。恒心教とは、唐澤貴洋弁護士の炎上騒動に加担するネットユーザーたちの自称。一部の「教徒」が過激化し、企業サイトやGoogleマップの改竄、Twitterアプリの乗っ取りによる殺害予告の拡散（数千の一般アカウントから同一の文章が投稿された）などを行った。

第1章 暗号通信というコンセプト

暁 この章は、ダークウェブの成り立ち、歴史の話でしたね。勉強になりました。後半戦のほうが喋りたい人が多そうなので、サクサク進めていきましょう。

第2章 ブラックマーケットの光と闇

「闇のAmazon」は儲かる？

ひで 闇のAmazon（前出のブラックマーケット「シルクロード」の通称）って儲かるんですかね？

木澤 シルクロードはかなり儲かっていたらしいですよ。

ひで いくらエスクロー[†13]っていったって、ダークウェブだと信頼を得られなくないですか？

†12 主に『BABYLON STAGE 34 真夏の夜の淫夢 the IMP』（２００１年）に代表される、男性間の性交を描く成年向け映像作品由来のミームを中心とした二次創作物を生成するカルチャーを指す。１９９０年代後

半から隆盛したMADムービー（著作権や肖像権の侵害にルーズな作品群。パロディが中心）の形式で普及し、動画共有サイト内にコミュニティが形成されている。竹本竜都「野獣先輩は淫らな夢を見るか？――〈真夏の夜の淫夢〉概説」に詳しい。原作の公式的イメージを破壊ないし汚損するような二次創作を作る、仰々しくキッチュなものをあえて愛好する、性的マイノリティをコメディ・リリーフに据えるなどの趣向が組み合わさっており、著作権や肖像権のみならず、性道徳や社会正義の観点からも、たびたび批判を受けている（特に、多数派が少数派を逸脱した存在として囃し立てて笑いものにするという、いじめ的な構図が見出され批判されている）。なお、ポピュラー文化におけるセクシュアリティ関連のトピックへの道義的な意識は、1990年代から2010年代までのあいだに転変している。たとえば淫夢ジャンル勃興以前から成立していた、男性同士の恋愛や性行為を描くジャンル、BL（ボーイズラブ）においても、1992年に佐藤雅樹によってなされた、「やおい」（今日のBLに相当する）文化が主に女性による観賞に最適であるようにゲイ表象を濫用しているという批判に端を発する「やおい論争」をはじめ、2010年代半ば頃から発達したサブジャンル「オメガバース」をめぐる議論に至るまで、様々な問題提起がなされてきており、コミュニティ内の共通了解には変遷が見られる。ちなみに杉田水脈「LGBT支援の度が過ぎる」（『新潮45』2018年8月号）への批判では、同氏がセクシュアリティの違いと「生産性」の程度を関連づけた点が強調されていたが、2000年代には柴田亜美の漫画『南国少年パプワくん』（1991-1995年連載）内のセリフ「同性愛はいかんぞ！ 非生産的な！」が前後の文脈をほぼ欠いた状態で抜き出されて、紋切型として巷間に流布していた。さらに言えばテレビ番組で「慎吾ママ」や「ゴリエ」のようなキッチュに誇張された女性性をまとったキャラクターが登場し、いわゆる「おネエ」という類型で様々な人物が扱われていたのも2000年代であったはずである（スーザン・ソンタグ「《キャンプ》についてのノート」で言うところのキャンプ様式と比較することができるかもしれない）。たとえば「おネエ」を論じたクレア・マリィ『「おネエことば」論』や、ギャル男を論じた千葉雅也の諸論考（『意味がない無意味』所収）もすでにあるとはいえ、90年代からゼロ年代にかけての大衆文化におけるジェンダーやセクシュアリティに関連するイメージの変遷は、これからいっそう検討していく余地があるように思われる。

木澤　DPRのカリスマ性というのも当然あります。DPRは自身の思想を積極的に発言していました。その思想というのは、先ほども述べたように、ドラッグを自己責任のもとで摂取する自由、リバタリアニズムを根底としています。またDPRは啓蒙のためにフォーラム内で定期的に「DPR'S BOOK CLUB」という読書会を開いていました。そこで読まれていたのも、ルー・ロックウェルというアナルコ・キャピタリストでかつ右派リバタリアンの『左派、右派、国家［The Left, the Right, and the State］』や、ウォルター・ブロックの『不道徳な経済学――転売屋は社会に役立つ』など、リバタリアニズム系の本が多かった。ちなみに、後者の『不道徳な経済学』にはドラッグの売人を擁護するチャプターが含まれています。

ひで　カリスマ性というのは主義主張の一貫性と強固さ、それと……。

木澤　マルチシグニチャー[†14]で技術的に解決した。

ひで　あ〜それですね。これには膝を打ちました。

江永　シルクロードの顛末で皮肉に思ったのは、「システムは大丈夫だったけど、人間がダメだった」ということですよね。人間がセキュリティの穴になっていた。

スナッフフィルムの希少性

江永　この章はなんというか、都市伝説と実録の狭間みたいな雰囲気が一番濃いですよね。「スナッフ・ライブストリーミング」[†15]の話が気になって。スナッフフィルム（殺人を記録した映像）に史上初めて実体が認められるのが２００７年の「ウクライナ21」[†16]というのも、勉強になりました。

暁　報道写真展とか行くと普通に死体写真があるので、スナッフフィルムはそんなに価値のある

†13　取引において買い手と売り手の間にエスクローエージェントと呼ばれる第三者が介在し、代金と商品の安全な交換を保証するサービス。たとえばヤフオクでは、まず落札者が代金をヤフオク本部に支払い、商品が落札者に届いて初めてヤフオク本部から出品者に支払われる。

†14　エスクローの一種。売り手と買い手と仲介者であるエスクローエージェントの三者のうち二者がＰＧＰキーを使って署名したときにだけ送金が行われる。この手法の利点として、仲介者であるエスクローエージェント（サイト運営者）による代金の持ち逃げを防ぐことができることが挙げられる。

†15　２０１５年、「ISIS red room」なるウェブサイトが立ち上がり、ＩＳＩＳの兵士を拷問・殺害する様子を生配信すると告知した。カウントダウンの表示がゼロになるのを目前にサイトはダウン、１時間後に「配信は無事終了しました」の文言とともに「拷問動画」がアップロードされた。

ものだったのか、という驚きがあります。

ひで　ぼくは親族の葬式の動画をInstagramに上げたい派ですけどね。

木澤　スナッフフィルムの希少性は、動画にするために殺すというプロセス自体にあるんです。

江永　撮影するために人を殺すのが一般的なスナッフフィルムのイメージだとすると、J・F・ケネディ暗殺時の映像、ザプルーダー・フィルム[†17]（1963年）なんかは、撮影者の意図とは無関係にたまたまそこで頭部を銃撃された人の姿を記録した映像という意味で、天然もののスナッフですよね。そこから少し経つとアメリカではベトナム戦争の報道写真が話題になる。エディ・アダムズの撮影した『サイゴンでの処刑』（1968年）とか[†18]。

で、アメリカのホラー映画史を振り返るアダム・サイモン監督のドキュメンタリー映画『アメリカン・ナイトメア』（2000年）では、先ほど言及したような写真・映像が、同時代のホラー映画と関連づけて紹介されています。これを観ていると、露悪的に言えば、その頃のホラー映画には、こういう天然もののスナッフにインスパイアされた面もあったのだな、と思わされます。で、これも悪趣味な物言いになりますが、死を報道する写真も一種のスナッフ写真であり得るし、そう捉えるなら、死を報道する機関は自分の手を汚さずにできあがった屍《しかばね》を利用する、フリーライダーなのだと言えるのかもしれません。諸々の敬意や徳を欠いた言い方になりますが。

ひで　殺すのは人間じゃないですけど、YouTuberも蟻の巣に溶けたアルミを流し込んだりしていますよね。

木澤 YouTubeでも、動画のために人を殺すYouTuberが出てくるんじゃないですか？

暁 そういう人って何のためにやっているんですかね。

ひで やっぱりビューは稼げるんです。そしてそれがお金になる。

江永 オリジナリティを演出する安易な方法としては、やはり、タブーを犯すというのがありますからね。

ひで スナッフフィルムって性的興奮のために撮ってるんじゃないですか？　『猟奇エロチカ　肉

†16　ウクライナで2007年に逮捕され、21件の殺人を含む複数の罪で起訴された男性3名らの携帯電話やPCに残されていた自身らの殺人行為に関連する一連の記録画像、映像を指す。2008年10月の裁判中に検察により提示され、2008年12月にはアメリカのショックサイト上に、ある被害者の殺人時の映像が流出したとされている。

†17　殺人現場写真を題材に、精神分析学に由来する語彙を用いて批評を試みたヘンリー・ボンド『ラカンの殺人現場案内』と同様、この映像に関しても映画理論家による批評がある。ジョアン・コプチェク「ザプルーダーの見たもの」を参照。

†18　当時9歳のファン・ティー・キムフックを写した「戦争の恐怖」（フィン・コン・ウト撮影）なども有名。同写真は2016年、ノルウェーの作家トム・エーゲランがFacebookに投稿した際にコミュニティ規定違反として削除され（児童ポルノと同一視されたのではないかと目された）、話題となった（Facebookは同年、この措置を撤回した）。

だるま』とか『手足切断ダルマロリータＪＵＭＰ』というＡＶもありますし。

江永 おそらく、性的興奮よりは、タブーを破っているという興奮が大きいのではないかな、と。

暁 なるほど。自然発生した死体ではなく、動画のために人を殺すというシチュエーションに滾《たぎ》るというのは、共感はしないけど理解できました。

第４章 ペドファイルたちのコミュニティ

児童ポルノの自己決定権

ひで オーストラリア警察が児童ポルノコミュニティ「ラヴ・ゾーン」の運営者を逮捕した後で、自分たちの手でフォーラムの運営を６か月も継続するおとり捜査をやっていたという話には震えました。プライベートメッセージを諜報することで利用者の身元を特定しようとした。

暁 三次元児ポのオリジナル作品を作った人のランクが上がるラヴ・ゾーンのシステムは、本当にヤバいなと思いました。虐待動画を作る動機が生まれてしまうので。

木澤 近年のこの界隈での問題は、女児自身が自分で写真を撮ってアップしちゃうことなんですよね。最近は主にライブストリーミングですけど。

暁　なんで上げちゃうんですか？

木澤　承認欲求じゃないですか。ちやほやされたいとか。

ひで　それって動画をアップロードした女児本人が逮捕されちゃうんですか？

木澤　海外では本人が逮捕されちゃうこともありますね。高校生が彼氏に裸の写メを送ったら逮捕された、みたいなニュースもあったり。

ひで　恋人に送った写真が、許可なくオリジナル作品としてラヴ・ソーンにアップロードされている事例もありそうです。デジタル写真って、劣化なしにコピーできちゃいますし。

江永　想像するなら、扶養者に制止されない環境があり、また他に娯楽を持たないような未成年が、手っ取り早くスマホを使って、そういう仕方で承認を得る、みたいなのはありそうに思えます。

ちなみにYouTubeだと、アメリカで、ティーンエイジャーとか、あるいは年齢1桁くらいからラップのMVをアップロードしているアーティストが結構いたりします。That Girl Lay LayとかBrooklyn Queenとか。Baby Erinなどはニューオリンズバウンス[†19]

†19　1980年代後半〜1990年代のアメリカ南部のルイジアナ州ニューオリンズに発祥するとされる音楽。知られているアーティストとしては、ビヨンセの楽曲「フォーメーション」（2016年）に客演（声のみ出演）したビッグ・フリーダなど。

系の曲で、ジャンル特有の声のループが破壊力あります。Baby Kaelyなんかは、5歳の頃のMVがアップされています。とはいえ、いま名前を挙げたアーティストは、映像とか音楽とか、ちゃんと制作してるっぽい人たちなので、扶養者なり後見人なりがきちんと関わっているんでしょうけど。日本でもMC Limeとか太郎忍者とかが小学生ラッパーとしてMVを上げていますよね。

ただ、こういうノリが不用意に広まったら、不穏なライブストリーミングも増加してもおかしくはないだろうとは感じます。

木澤 いまはスマホさえあればどこでもできてしまいますからね。

暁 無料の娯楽で何を選ぶかって大事ですね。ちなみに僕の子どもの頃の娯楽は、「RPGツクール」などで作られたフリーゲームでした……。ネット上ですら人と関わるのが苦手で、何もかもが自分の世界の中で完結していたので、ある意味救われていたのかな。

江永 私は小・中学生くらいの頃は新古書店などでよく立ち読みをしていましたが、動画サイトにアクセスできる環境があったら、動画漬けになっていたかもしれません。で、自分もチャンネルとか持って、個人情報などを自分から流していたかも。

木澤 感覚的には、ダークウェブ系の児童ポルノの供給源の約半分ぐらいはウェブカム系自撮りという印象がありますね。

ひで 女児自身がTor[†20]を使っているわけではないですから、表層ウェブで流れ出たものがダークウェブに流れ着いていているっていう感じですよね。

木澤　そうですね。

江永　児童に自己決定権というか、自分の個人情報を管理する能力があるのかどうか、みたいな話になってきそうですね。

木澤　自己決定権があるという前提を置いちゃうと、成人と児童との性交や結婚も自己決定権の観点から合法化しなきゃいけなくなるので、線引きが難しい問題ではあります。

暁　後悔先に立たずってこともあるし、子どものうちにまずいことだよって教育しないとヤバくないですか？　たとえば、デンマークなどは性教育が早い上に充実しているらしいので、性教育が早い国と遅い国で、自撮り児ポの数がどうなのか比較分析すれば、教育の効果が測れそうな気がします。承認欲求そのものをどうするかということへのアンサーにはならないですけども……。

†20　The Onion Router。通信の接続元・接続経路を匿名化する規格、および実装されたP2Pソフトウェアの名称。インターネット上の複数のノード（Onion Router）を経由させ、通信を玉ねぎの皮のように多重に暗号化することでアクセス経路が秘匿される。

補論1　思想をもたない日本のインターネット

「異常でヤバい」人間たち

ひで　日本のダークウェブはスレッド式の匿名掲示板だけど、海外ではフォーラムだから識別名はあるんですね。

木澤　そうですね。

江永　大塚英志[†21]が何かの対談でこんなことを述べていました。個々が意見をやりとりするインフラとしてのインターネットは整備されたけれど、そこでどう意見を交わして議論して合意を形成するか、そういう技術は洗練されていない。それが日本の現状での課題ではないか、と。だから、空気なり世論なりだけが大きく扱われて、いわゆるポピュリズムになってしまう、みたいな論調で。ヤバいとされることを噂話的に語ったり煽ったりして盛り上げるみたいなやり方が好まれるから、議論にならないということなのか。

木澤　その点、僕が気になっているのは、日本のインターネット文化に90年代の悪趣味（バッド・テイスト／テイストレス）カルチャーがどの程度影響を及ぼしたのか、あるいはまったく及ぼしていないのか、という問題についてです。「悪趣味」というのは、文字通り「悪趣味」とされているものを露悪的に享楽することを志向しており、そこにはいわゆる60年代的なカウンターカルチャーに見られる既存の支配的価値観の反転や転覆といった反体制的なメッセージ性が欠けています。日本のインターネットにカウンターカルチャーの精神が本当に根づくことがなかったとすれば、そこに悪趣味カルチャーの影響がいまも根を張っているからではないか。

話が逸れるようですが、90年代の悪趣味系文化人のひとりにクーロン黒沢という人がいます。彼は海外の初期インターネットにおけるグロ系文化——TasteLess——を日本にいち早く紹介していました（たとえば、クーロン黒沢／ガスト関／ミスターPBX『さわやかインターネッ

†21　日本の作家、編集者、評論家。1958年生まれ。大学では民俗学者の千葉徳爾に指導を受け卒業、漫画の編集者や原作者として活動しながら、漫画作品のテーマや若者文化での話題などを中心に取り上げつつ、それらを消費社会論や臨床心理学、日本民俗学や日本近代文学などに関連づける著作を発表してきた。社会問題や政治局面への発言でも知られる。2020年現在は国際日本文化研究センター教授。現在のオタク系の文化論の下地をつくった人物のひとりと言える。たとえば東浩紀の提示した「データベース消費」は、大塚英志による「物語消費」の概念を踏まえたものである。

当該の対談は大塚英志×宮台真司『インフラとしての近代はネットが可能にした』（ニコ生トークセッション「愚民社会」、2012年1月30日）。特に全文書き起こし（https://news.nicovideo.jp/watch/nw191036）の「インターネットは「愚民化」に影響するか」を参照。

ト——ネットの達人』)。いまはその人は在タイ日本人向けの電子雑誌『シックスサマナ』を発刊していて、僕は以前そこにダークウェブの連載を持っていたという謎の縁があったり。

他にも、僕の好きな悪趣味系文化人に青山正明という人がいました。彼はドラッグ、児童ポルノ、神秘思想、テクノなどに精通していた編集者で、雑誌『危ない一号』などを作っていた。でも結局鬱病で自殺しちゃってるんですよね。僕がいま少し気になっているのは、なぜ青山正明は神秘思想やニューエイジに関心を持っていたのにインターネットにハマらなかったのか、あるいは希望を持たなかったのか。海外だとニューエイジからサイバースペース思想にすぐつながっていく傾向があるのに。つまり、ニューエイジやサイケデリック・カルチャーにおける「意識の拡大」や「変性意識状態」[†22]を、サイバースペースにおける遍在化した情報ネットワークにアナライズする流れですね(『serial experiments lain』[†23]などはわりとこうした流れをちゃんと汲んでいるのですが)。このあたりに日本の特殊性があるのかもしれない。

ちなみに、『ダークウェブ・アンダーグラウンド』は柳下毅一郎[†24]さんの『新世紀読書大全——書評1990-2010』を意識して書いていた部分があるんですが、その柳下毅一郎さんに発売当初からお褒めいただいたのはうれしかったですね。

†22 いわゆるトランス状態などと呼ばれるものを意味する場合が多く、(しばしば薬理作用を使って達成される)通常とは異なる状態の意識を指す。祭りや占い、あるいは催眠術や宗教儀礼、精神障害などのトピックと関

連づけられることが多い。また、その評価が肯定的であれ否定的であれ、ある種のオカルティズムやスピリチュアリズム、あるいはマインドフルネスなどの領野と接近する場合が少なくない。ちなみに、変性意識というものの今日的理解は、たとえばチャールズ・タート編『変性意識状態［Altered States of Consciousness］』（1969年）といったトランスパーソナル心理学系の言説によって培われた面もあるが、それに留まるわけではない。日本の場合、明治大正期には催眠術などを仲立ちにして前近代的な土着のオカルティズムと当時基準で先進的な外来の精神医学とが結合しており、たとえば狐憑きを精神医学的に研究して、法医学者片山國嘉の校閲の下で『狐憑病新論』（1902年）を編述した門脇真枝（当時の王子精神病院院長）のような人物もいれば（『狐憑病新論』は京極夏彦『姑獲鳥の夏』〔1994年〕でも言及されている）、念写を研究した結果、東京帝国大学を辞するに至った福来友吉のような人物もいた（中田秀夫監督、高橋洋脚本のホラー映画『リング』〔1998年、原作は鈴木光司の同名小説〕の山村貞子などのキャラクター造形について、福来もその当事者のひとりであるいわゆる「千里眼事件」に関わった人物との類似性を指摘されている）。このあたりの事情に関しては、たとえば一柳廣孝『催眠術の日本近代』や兵頭晶子『精神病の日本近代――憑く心身から病む心身へ』などに詳しい（また黒沢清監督のホラー映画『CURE』〔1997年〕でも、明治期の催眠術受容が、とりわけ動物磁気療法を提唱して後の催眠術研究の中で参照されたF・A・メスメルのことがピックアップされている）。それだけではなく、たとえばハイデガーの翻訳と研究で知られる辻村公一の「禅に於ける「魔境」――先師抱石菴久松眞一博士を回想して」で語られていた「魔境」などを変性意識の観点から考察することもできるだろう。（江永）

†23　1998年7月から9月にかけて放送されたテレビアニメ作品。同年11月にはプレイステーション用ゲームも発売された。「ワイヤード」と呼ばれる一種のサイバースペースが重要なモチーフとして登場し、物語が進行するにつれて現実とワイヤードの境目が曖昧になっていく。

†24　日本の映画評論家、特殊翻訳家。80年代後半頃から、ウィリアム・バロウズやJ・G・バラードなどを精力的に翻訳し日本に紹介したことで知られる。「特殊翻訳家」の謂いは、普通の翻訳家が手を出さない特殊な文献・文学作品を好んで翻訳することからで、元ネタは根本敬が自称していた「特殊漫画家」。

ひで うれし～。

暁 うれし～。

江永 うれし～。

木澤 海外のアングラな事件やノンフィクションを翻訳して日本に紹介する、みたいなところを『新世紀読書大全』から受け継ぎたいなあと思っていて。でも読者は新反動主義がどうとか、そういうインテリ系の人たちが思想書として読んでいるみたいなので少し困惑しています。偏差値40ぐらいの本を書いたつもりだったので。

ひで 『ラジオライフ』[†25]とかそういうところで連載すればよかったんじゃないですか。

木澤 『週刊新潮』でアイドル／ライターの西田藍さんが書評を書いてくださったんですけど、「この著者はネットでは異常でヤバい人という評判だが……」みたいに書かれていて、これはとても正しくて、異常でヤバい人間がなんだか異常でヤバい本を書いた、という認識が正解だと思います。

暁 ちなみに自分の行った書店ではなぜか「GAFAを読み解く！」みたいな意識高いコーナーに置かれていました。

江永 話が前後しちゃいますが、日本の陰謀論やスピリチュアル系の物言いって、せっかく謎の電波とかが話に出てきても、せいぜい電波避け（？）のお守りめいたもの、ヘルメットなどを作るくらいで、後はなぜか人付き合いや心がけ、生活法や食事法など、心ひとつ、身体ひとつで何とかなりそうな話に収斂していって、機械を使うことには総じて無頓着であるような印象を抱いてきたのですが、どうでしょう。

暁 たしかに。雑な印象ではありますが、テクノロジーに強いスピリチュアル系って見ないですよね。

テクノロジーと政治の接合

暁 自分がここの補論ですごく共感したのは、アメリカは建国の由来からしてイギリスからの独立だったけど、日本は戦後の民主化もＧＨＱによる上からのものなので、自主自立を草の根でやっていこうぜって意気込みがないよねというところです。

†25　三才ブックスから出版されている雑誌。雑誌名通りアマチュア無線や電子工作やキットを紹介する記事もあるが、「表と裏から徹底的にしゃぶり尽くす　YouTubeの邪道な歩き方」（２０２０年８月号）、「高速&一般道路オービスマップ２０２０完全版」（２０２０年６月号）など、アングラ系記事がメインとなっている。雑誌に記載された情報を真似た購読者が検挙されたケースもあり、２００１年９月号は偽札の偽造技術を取り上げたため警視庁にツッコまれ回収騒ぎを起こした。

木澤　日本では民主主義もインターネットも外部から入ってきたものとして受け止められている、というのはあると思います。

江永　戦前のエログロナンセンスも、わりと輸入物由来のカルチャーみたいな感じがします。明治期に精神病理学として入ってきた議論が、大正期には巷間に流布して、昭和期にはエログロナンセンスな小説とかの味つけとして使われてしまう、というような。「変態性欲」とか「変態心理」とかいう言葉が、学問からエンタメに広まっていく[26]。

木澤　そういうサドマゾの文脈が、60年代になると澁澤龍彦[27]とかにつながって、日本のサブカルや悪趣味系につながっていくという側面もありますね。

暁　デモとかも輸入された文化って言えるのかな。一揆とかは昔からあったけども。

江永　国会図書館のデジタルコレクションで明治期の著作権切れの小説とかエッセイが色々読めるんですけど、当時の女権運動ディスとか、女学生ディスには、Twitterで飛び交う罵言と大差がないという印象を抱きました[28]。

木澤　人間の知性は普遍的に愚か、ということなんでしょうかね。

暁　この前テレビで見たのが、アメリカで戦車……とまではいかないけれど、いかつい車椅子の人たちが、障害者の権利向上デモで車道を塞いでも、みんな嫌な顔しないで応援してくれるというやつです。一方日本では、飛行機に乗れなかったと抗議した障害者の人がめちゃくちゃ叩かれた。権利を主張・拡張していいんだという文化がない感じがありますね。

木澤　少しズレちゃいますけど、戦車みたいな車椅子ってエンハンスメントですよね。テクノロジーと機械を使って人間の能力を補助／拡張するというサイボーグ／ポストヒューマン思想。アメリカではノーバート・ウィーナーの『サイバネティックス──動物と機械における制御と通信』以降、そうした思想は連綿とありますが、とりわけ昨今はシリコンバレーでそういった思想が復権している傾向がある。それこそテクノロジーを使って不死を実現するんだ、

†26　このあたりの事情に関しては、たとえば竹内瑞穂／「メタモ研究会」『〈変態〉二十面相──もうひとつの近代日本精神史』を参照。
†27　日本の作家。1928年生まれ、1987年没。マルキ・ド・サドをはじめ数多くのフランス文学を翻訳・紹介。著書に『唐草物語』『エロティシズム』など。
†28　一例を挙げる。「男女同権論といふは今から二十年も前に大に流行したもので［……］今後は大に女権を拡張して男子と同等の地位を有たなければならないと云ふので其説の流行に連れポツ〳〵女流の政治家なども出て政談演説まで頻りに遣つたものでありますが其様子は如何にも生意気で浅薄なる議論を金切声で饒舌り立てる体裁は見られも聞かれもしたものではなかつた詰る処は不品行の評判も盛んに行はれ世間からは排斥され其反動は前にも増して女子を窮屈なる場合に陥れたこともある［……］」（池田常太郎『女子の王国』1903年、16–17頁。漢字などの表記を一部改めた）。なお、同じ明治期のポピュラーフェミニズムの一諸相に関して、『舞姫』の主人公をバンカラとアフリカ人がボコボコにする最高の小説の世界が明治に存在したので20万字くらいかけて紹介する本』の著者、山下泰平が「明治四二年の雑で粗削りなフェミニズム」（ブログ「山下泰平の趣味の方法」、2020年2月25日）で紹介している。

みたいなプロジェクトにピーター・ティールが出資していたり。

暁　僕も自分の脆弱な肉体が嫌いなので、『攻殻機動隊』みたいに、戦車に脳ミソ乗っけたいなってよく思います。

江永　戦車じゃないけど、『2025 大阪万博誘致 若者100の提言書』[29]で、パワードスーツ着用の高齢者がブレイクダンスで若者と対決みたいな企画が記載されていたのを思い出します。あの提言書は、本当に、香ばしい。「モブシーンスキル」（容貌変化システム［Mob Scene Filter］の技術のことか）を使って、「自分の顔と人種が違う人の顔を合成し、あたかも自分が他人種になった体験をする」とか。参照される技術と、その使い方とにギャップを感じ、めまいがします（もっとも、たとえば、ウェブサイトのMorphThingやアプリのFaceAppのようなもので顔合成をする「遊び」と、地続きの発想だとは思いますが……）。

暁　ざっと見た感じ、1903年に大阪の博覧会で沖縄の人やアイヌ、外国人などを「展示」したというおぞましい「人類館事件」の反省等が生かされていなくて「うわぁ……」となりましたね……。

木澤　それこそいまの日本の思想界にも言えることで、人文知とエンジニアリングを接合させた言説があまり出てこないという情況に近いのかなと。

暁　僕、政治学科出身なんですけども、テクノロジーと政治をつなげるという話は全然されていなかったように思うので、もっと勉強しなければなと思います。

江永　カリフォルニア州副知事（当時）のギャビン・ニューサムが書いた『未来政府――プラットフォーム民主主義』は、実務家の目線でそういう話をしていました。

木澤　ニック・スルニチェクという左派加速主義[†30]の人が『未来を発明する――ポスト資本主義と労働なき世界 [Inventing the Future: Postcapitalism and a World Without Work]』という本の中でテクノロジーを政治とつなげて論じていて、たとえば労働の全的オートメーション化によって人間は労働から解放されるべきだし、ベーシックインカムで人々が生活できるようにしていかなければならないと主張している。日本ではテクノロジーと政治をつなげて語るというのはあまり見ないですよね。

暁　そもそもパソコンを触ったこともないような人がサイバーセキュリティ大臣やってる国ですからね。

†29　「若者の力でヘルスケア問題を解決すること」を目標に掲げるinochi学生プロジェクト（一般社団法人inochi未来プロジェクトと連携）が編集制作した、2025年日本国際博覧会（大阪・関西万博）における企画の提言書。2016年に大阪市長（当時）である松井一郎に提出された。「かお・かわる　きもち・つながる」（22頁）や「年の功 vs. 若気の至り」（26頁）などが話題になった。個人的に一番印象深かったのは、「万博内に建てられた「天国の塔」からバンジージャンプすることで、人間が潜在的に有する「死」へのアラートを呼び起こし、「生」への強い志向性を惹起するというエンターテイメント型パビリオン」の提言「"Memento Mori" ～死を記憶せよ～」（12頁）。

ひで テクノロジーと政治をつなげるというと、落合陽一[†31]なんかじゃないんですか？ 人文系ではどういう評価をされているんですか？

暁 詳しくないですが、界隈によって賛と否がはっきり分かれている感じです。

江永 以前にTwitterでバッシングされていたとき、非難する人たちは「理系の知識をつけた古市憲寿[†32]」みたいに扱っていた気がしました。いままで未読だったんですが、最近、読もうと思うようになりました。[†33]

第5章 新反動主義の台頭

読むアンフェタミン、ニック・ランド

ひで ニック・ランドの「暗黒啓蒙」を試しに読んでみたんですが、英語がよくわからなくて挫折

†30 加速主義とは、批評理論を専門とするイギリスの文学研究者ベンジャミン・ノイズが2008年頃から用いたことで知られるようになった語。ノイズの著作『否定性の持続——現代大陸理論の批評［The Persistence of the Negative : A Critique of Contemporary Continental Theory］』（2010年）では、たとえばド

ゥルーズ＋ガタリ『アンチ・オイディプス』（1972年）、ジャン＝フランソワ・リオタール『リビドー経済』（1974年）、ジャン・ボードリヤール『象徴交換と死』（1976年）などの著作に見られるような、資本主義の進展を加速することで資本主義が解体されるとする姿勢に対する呼称とされている。ただし現在この語を用いる際に念頭に置かれるのは、イギリス出身の哲学者ニック・ランドが牽引していた1990年代のサイバネティック文化研究ユニット（CCRU）の周辺で発展した一連の言説である。ランドは勤務していたイギリスのウォーリック大学を1998年に辞め、中国の上海へと移り、2010年代に入ってからはアメリカのエンジニア、カーティス・ヤーヴィン（筆名メンシウス・モールドバグ）などの主張を取り沙汰するテクスト「暗黒啓蒙」をウェブ上で発表したこともあって新反動主義の唱道者として注目された（なお、2010年にはランドのエッセイ集『牙をむくヌーメナ［Fanged Noumena］』の刊行に伴ってランドの加速主義を回顧するシンポジウムが開かれ、ノイズも講演を行っている）。ちなみにノイズが『悪性の速度――加速主義と資本主義［Malign Velocities: Accelerationism and Capitalism］』（2014年）で言及しているように、アメリカのSF作家ロジャー・ゼラズニイの小説『光の王』（1967年）の中で、テクノロジーによって人間を超越するといったトランスヒューマン的な思想として「加速主義」の語が用いられている。現在では、ランドに代表される右派加速主義と、ランドに影響を受けつつも批判的な立場をとるマーク・フィッシャー、ニック・スルニチェク、アレックス・ウィリアムズなどの人物で知られる左派加速主義とに大別されている。ドゥルーズ＋ガタリ『千のプラトー』（1980年）をさらにキッチュにしたようなスタイルの（ランドを含む）CCRUの諸エッセイの影響もあり、同じくポピュラー・カルチャーを扱うカルチュラル・スタディーズのような学派とは気風を異にしながらも、インターネット上のサブカルチャー語りなどを通じて拡散し、今日に至る。『現代思想』2019年6月号の特集「加速主義――資本主義の疾走、未来への〈脱出〉」などを参照。（江永）

†31　日本のメディアアーティスト、研究者。1987年生まれ。筑波大学図書館情報メディア系准教授・デジタルネイチャー開発研究センターセンター長。内閣府「ムーンショット型研究開発制度」ビジョナリー会議委員、大阪・関西万博テーマ事業プロデューサーなどを歴任。著書に『魔法の世紀』『日本再興戦略』など。また、哲学者の清水高志、キュレーターの上妻世海との共著『脱近代宣言』などもある。

しました。[†34]

木澤 新反動主義は主にブログ界隈で流行ったんですが、わけのわからない秘教的な文章でダラダラと長文を書き連ねるというのが新反動主義のスタイルなんです。「暗黒啓蒙」はまだマシなほうで、とりわけランドが90年代に書いていたテクストの英語はかなり電波入ってて、翻訳不可能なんじゃないかな……。

ひで なるほど。

江永 ニック・ランドの論文を試しに日本語にしようと思って、少なくともパッと見では比較的文章が壊れていない「機械的欲望［Machinic Desire］」（1993年）を冒頭から訳そうとしたんですけど、あれでも自分は心がボキボキに折れました。映画『ブレードランナー』[†35]の挿話から始まっているみたいなんですが、なんだかレプリカント（宇宙での作業のために生産された短命な人造人間）が「人工的な死の側から来たインベーダーである」とか、香ばしいパワーワードが並んでいて。語彙は絢爛だけど話の運びが荒々しいというか、荒っぽいんですよね。「煌めくテクノカラーの外宇宙的［extraterritorial］暴力がマトリックスから溢れ出す。／サイバー革命。」みたいな。一応、extraterritorial は治外法権と訳すのが無難らしいのですが、意味の通る日本語にできなかったので字義的に「テリトリーの外部」だろうと解して「外宇宙的」をあてました。

木澤 「外宇宙からの暴力」というのはもしかしたらクトゥルフ[†36]的な文脈があるのかもしれませ

ん。なんかフィクションが地の文に侵入してきちゃってるみたいな。こういったフィクショ

†32　日本の社会学者。１９８５年生まれ。慶應義塾大学ＳＦＣ研究所上席所員。内閣府国家戦略室「フロンティア分科会」部会委員、「クールジャパン推進会議」委員などを歴任。著書に『絶望の国の幸福な若者たち』、芥川賞候補となった小説『平成くん、さようなら』など。また、社会学者の上野千鶴子との共著『上野先生、勝手に死なれちゃ困ります――僕らの介護不安に答えてください』などもある。

†33　落合陽一と古市憲寿との対談「「平成」が終わり、「魔法元年」が始まる」（『文学界』２０１９年１月号）は、主に終末期医療などへの不十分な理解に基づく言及のために批判を受けた。２０１６年に起きた相模原障害者施設殺傷事件などによって人々の優生思想への警戒心が強まっていたこともあってか、強いバッシングもなされた（なお、事件の起こった同施設では「一部の利用者を中心に、「虐待」の疑いが極めて強い行為が、長期間にわたって行われていたこと」〔『津久井やまゆり園 利用者支援検証委員会 中間報告書』２０２０年、３頁〕が確認されており、こうした利用者への「虐待」が犯人の思想や行動へ与えた影響が議論されている。佐々木央「やまゆり園事件の危うい陥穽 排除への誘惑に抗う――映画「インディペンデントリビング」を見て（下）」〔47NEWS、２０２０年２月７日最終更新〕https://this.kiji.is/597703025094902881?c=39546741839462401 なども参照）。ただし落合自身は note 記事「落合陽一が文學界の「落合古市対談」で伝えたかったこと」（note 本人アカウント、２０１９年１月５日）https://note.com/ochyai/n/n4bac91613a3a で、自身の発言を振り返り、「1．介護にまつわるコスト課題（職員のサポート）と，終末期医療にまつわるコスト課題を，対談形式なので同列に語ってしまったこと．」と「2．終末期医療に関してコストや医療費負担の知識が不足していたため，校正でも気が付かなかったこと．」の2点を反省した上で「差別思想に対して断固として異を唱える立場です」と表明している。

†34　２０２０年５月、『暗黒の啓蒙書』として講談社より邦訳が刊行された。

ンなのか論文なのかわからないスタイルはセオリー・フィクションとか呼ばれていて後継者までいたりする（たとえばレザ・ネガレスタニなど）のですが……。

江永 これは効くわ〜、みたいな……。

木澤 読むアンフェタミンですよね。

江永 ガンガンキマりますね。そういえば、ニック・ランドの論文が『現代思想』2019年1月号で翻訳されていましたね。タイトルが「死と遺る」で、これも日本語になっていますが、いかつい感じでした。

木澤 90年代初頭のドゥルーズ論で、まだ論文としての体裁をかろうじて保っている頃のものですね。

江永 ざっと眺めましたが、一段落とか、下手したら一文ごとに、よくわからない合成語とか、何を踏まえて書いているのか明示されていない言葉が出てくる感じがしました。

木澤 翻訳者の方の解説が載っていたんですが、「ニック・ランドの英語は難解でよくわからないのだが……」みたいなかなりぶっちゃけたことが書いてあって笑いました。

ひで こういうのって英語圏でも普通の人はよくわからないじゃないですか。どれぐらいの人がわかっているんですか？

木澤 新反動主義も一応Redditにコミュニティがあるんですが、登録者数が1万5000人ぐらいいますね。

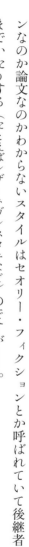

江永 新反動主義は、国際政治オタクとか架空戦記オタクみたいなものとテック系のものがちゃんぽんになって、人文学っぽい装いでまとめられた、というイメージがあります。Wikipediaの新反動主義の項目などを眺めていると、技術者や実業家がはまっているのかなというイメージになりました。

木澤 少なくともブログで長文を書ける程度の知性がないと「ノット・フォー・ミー」となりそう。

ゲームにおけるジェンダーバイアス

暁 この章で自分は、ゲーマーゲートのところが興味深かったですね。ゲームにおけるジェンダ

†35 リドリー・スコット監督によるSF映画。1982年公開。宇宙開発のために生み出された人造人間「レプリカント」たちが、劣悪な環境で働かされる中で不満を増大させ、人類に反旗を翻し地球に潜入。それを見つけ出し排除するための捜査官「ブレードランナー」と死闘を繰り広げる、という物語。フィリップ・K・ディックの小説『アンドロイドは電気羊の夢を見るか?』を原作としているが、原案では? というくらいにアレンジされている。2017年には続篇『ブレードランナー 2049』が公開された。(暁)

†36 アメリカの作家H・P・ラヴクラフトの小説群を元にした、架空の神話体系。

ーバイアスを批判した人がネットでめちゃくちゃ叩かれたという話。日本でもこういうのありますよね。でも、そういうゲーム批判が実際にゲームに反映された例もある。たとえば任天堂の『ファイアーエムブレム』シリーズが僕は大好きなんですが、その第13作目『覚醒』(2012年)ではキャラクター同士が異性婚しかできなくなって批判されたんですよね。それで、次回作『if』(2015年)で少しだけ同性婚できるキャラを実装したということがありました。まあその申し訳程度感が賛否両論を巻き起こしたわけだけれど、言わないよりは言ってみたほうが運営に届く確率は上がるので……。『ファイアーエムブレム』シリーズは元々同性キャラのペアエンドなどもあったので、自分としても『覚醒』のこの方式には違和感がありました。個人的には悲恋エンドや、恋愛・結婚ではない男女の関係性を復活させてほしいんですよね。[†37]

江永 要望は要望として出したり、作中の要素から道義的な問題を取り出したり、設定を深読みして思考実験したり、それこそ、フォーラムというか色んな意見を出せる場があるといいんですが。ネットの掲示板で色々あるかもしれないけど。掲示板があっても、ユーザー同士で意見の強引な統一や潰し合いに陥っちゃうと、キツいですね。

ブロックチェーン行政の可能性

暁 既存の国家に拠らない、ネット上でのブロックチェーン国家ができるかも、という話が面白かったです。ブロックチェーンなら手続きや証明とかの手間がなくなって、行政・利用者の手間が省けていいのになぁ。現行の行政って煩雑な手続きに追われてしまって、より良い政策実現とか考える余裕がないようなので。

ひで 市民・マスコミの監視の目があるから、どんどん手続きが煩雑になって、サービスの質が低下していくというのは、誰も幸せにならないですよね。

木澤 ２０２０年に逝去した文化人類学者のデヴィッド・グレーバーは、著書『官僚制のユートピア――テクノロジー、構造的愚かさ、リベラリズムの鉄則』や『ブルシット・ジョブ――ク

†37　この読書会の後に発売された『ファイアーエムブレム　風花雪月』（２０１９年）では、同性ペアエンドや恋愛によらない男女の親愛など、様々な関係性が実装されました。またモブキャラのジェンダー比なども大幅に改訂され、その話の筋書も含めて、「新しいファイアーエムブレム」を見せてもらったなと思いました。個性豊かな生徒たちと過ごす学園生活、譲れない正義のぶつかり合い、かつて親しかった相手と殺し合う苦しみ、知られざる大陸の〝本当の歴史〟などを楽しみたい方には、ぜひお薦めしたい作品です。

ソどうでもいい仕事の理論』の中で、官僚制的な手続きやペーパーワークが、行政のみならず企業にまで蔓延していることを繰り返し指摘していますね。現代のマネージメント資本主義は、ブレイクスルーへの可能性を秘めた詩的テクノロジーを抑圧し、代わりに「根本的に保守的な経営者エリート［managerial elite］、すなわち、短期的で競争力ある実利的発想を口実に、革命的な可能性をはらむものすべてを剝奪する企業官僚の支配強化」（『官僚制のユートピア』199頁）に終始した。その帰結とでもいうべきものが、「目的と目標」「結果主義」「ミッション・ステートメント」をめぐる新しいタイプのマネージメント型官僚主義のヘゲモニーであり、取り繕うだけの目的のために生産される虚無的なペーパーワーク、誰もが「意味がない」と自覚している非生産的な労働——グレーバーがいみじくも「ブルシット・ジョブ」と名付けたもの——の際限のない肥大化というわけです。ブロックチェーン国家に象徴されるテクノロジーが、こうした構造的不毛さを打破する詩的テクノロジーの一環を担うことになるのか、それともならないのか、気になるところではあります。

ひで　『serial experiments lain』の主人公、岩倉玲音がビジュアルとして使われていたインターネット上の新宗教、TSUKI Projectの話はすごく面白かったです。

木澤　日本ってそういうのないですよね。

暁　宗教に対するアレルギーがすごいからでしょうか。

木澤　あと「TSUKI Project」はわりとダイレクトにSFを参照している。

江永　宗教ではないけれど、異世界に転移したり転生したりして、そこから成り上がりするタイプの小説、ある種の「なろう系」小説とかは、救済感がある気がします。神もちょいちょい出るし、その割には世界の管理とかスキルがどうとか、SFというかゲームっぽい感じもあります。

木澤　日本では「TSUKI Project」の代わりとしていわゆる「なろう系」やVTuber[†38]があるのかもしれませんね。

暁　今生に救いはないので異世界転生するしかない、みたいになるとヤバいですよね。

ひで　あと地下アイドルにエネルギーを注ぎ込んでいたりとか。

†38　バーチャルYouTuber。CGを用いたキャラクター図像に音声を付して、VR（バーチャル・リアリティ）空間上の動画配信者として振る舞う人々。

暁 そういうコンテンツがまさしく信仰の拠り所で、偶像（アイドル）崇拝の対象なんでしょうね。

ひで 童貞救済を掲げるVTuberの「しましろより」[†39]は成功はしませんでしたが。

江永 教祖の養成とか教義の制作は、難しいですね。何が信じられやすいのかという問題と、何かを信じるとはどういうことなのかという問題が、絡み合っている気がする。

木澤 最近だと地球平面説のコミュニティとかありますよね。地球が丸いというのは実はNASAの陰謀で、本当は地球は平らなんだと主張しているかなりトチ狂った人たちがいまアメリカで急増しているらしくて。Netflixにその名も『ビハインド・ザ・カーブ－地球平面説－』というドキュメンタリーがあるんですけど、地球平面説の支持者同士をマッチングさせる出会い系サイトがあったり、地球平面説の支持者同士で内ゲバがあって、お互いに「アイツはNASAの手先だ！」って言い合ったり、陰謀論者同士がお互いにお前は陰謀側だと指弾し合うという地獄的な情況が顕現しており、観ていてかなり暗い気持ちになりました。

江永 そういえば、まだ入手はしてないんですが、気になる陰謀論を見つけて。高山長房『人類はアンドロイド！——電磁波によって完全にコントロールされる世界』っていう本です。いまではミヒャエル・H・カーター『SS先史遺産研究所アーネンエルベ——ナチスのアーリア帝国構想と狂気の学術』やゲイリー・ラックマン『トランプ時代の魔術とオカルトパワー』などでも知られているであろう出版社、ヒカルランドの書籍ですね。紹介を見る限り、怪電波＋爬虫類人＋イルミナティの登場する、よくある陰謀論なんですが、「この世はほぼ奴らの作った組織だから、仮面社畜になるしかない。そんな世界でも金を得て楽しく生きることはできる」と、ライフハック本みたいになっていく。

木澤　いまや陰謀論の世界も資本主義リアリズムなんですかね。所詮この資本主義に「出口」（Exit）はないっていう。なんかどん詰まりな気持ちになりますね。

ひで　成功している宗教って勧誘行為がルーチンの中に組み込まれているんですけど、TSUKI Project はどうなんですかね？

木澤　そういう勧誘プログラムはないですね。

ひで　その点、鳩羽つぐちゃん[†40]はクラウドファンディングで２０００万円を集めてるからすごいですよね。

暁　西荻窪行きたくなりますもんね。つぐちゃんのねんどろいど、買おうか迷っています。

†39　YouTubeチャンネル名は「架空の教祖しましろより」。動画では「純潔な民たちを救済するという天啓を受けてバーチャルな世界にやってきた、架空の宗教の架空の教祖です。よりどころのないみなさんの灯台になるのが目的です」と主張、第三宇宙が生命体に定めた義務である「他の生命とのつながりを強固に持ち、子を成し繁栄すること」をまっとうできなかった人間は罪人として地獄に送られていたのだが、その状況を哀れに思い救済の手を差し伸べてくださったにょるめるぽってす様を信仰する。

我有化と連帯

ひで ネットミームに現実が上書きされていっているという議論でぼくが想起したのは、有名ですがOKサインとピースサインの話です。OKサインが「W・P（ホワイトパワー）」、ピースサインが「Two Genders（女性と男性以外の性は存在しない）」という意味のジェスチャーであると主張する画像が4chan[†41]を発祥として拡散、一部の差別主義者が実際にOKサインやピースサインを差別的な意味で使用した。そのせいで、現在ではこれらのジェスチャーは差別的とされる場合があります。

暁 メタ宗教の空飛ぶスパゲッティ・モンスター教[†42]も、一部がガチになっちゃったという話をふと思い出しました。

江永 ワード・ポリティクス、ではなくて、アプロプリエーション（我有化）と呼ぶのがよいのでしょうか。たとえば、「クィア」[†43]という呼称が、かつては侮蔑語としてマジョリティから押しつけられるものだったけど、それを肯定的な意味で使い直す。押しつけられるのではなく、その呼称を、自らのものにして定義し直す。そういう方法をアプロプリエーションと言うことがあるみたいなので。

木澤 オルタナ右翼によるアプロプリエーションの有名どころとしては、「みじめな人々

White Power

Two Genders

［deplorables］」というのがありますね。これは、2016年の大統領選挙期間中にヒラリー・クリントンが演説の中で放った「みじめな人々の集まり［basket of deplorables］」というフレーズから来ています。元々は民主党に対立するドナルド・トランプの支持者たちをこき下ろすために用いられた呼称だったわけですが、トランプ支持者たちはこの「みじめな人々［deplorables］」という言葉を「トランプの〝みじめな人〟であることを誇ろう［Proud to be a Trump "Deplorable"］」といったポジティブな意味に転化させることで「連帯」に用いた。結果的にメディアやSNSを通して広く拡散されたことで、「Deplorable」という呼称は、それまで周縁的な存在であり、お互いにつながりのなかった、白人至上主義者、移民反対論者、一部の共和党員、陰謀論者、そしてオンライン上のアンチ・フェミニストやインセル[†44]、アンチ・ポリティカル・コレクトネスのトロール（いわゆる「荒らし」）

たち、といった諸コミュニティを相互に接続させ、オルタナ右翼というひとつの集合的概念を前景化させるためのひとつの符牒、いわば空虚なシニフィアンとして機能したわけです。事程左様に、オルタナ右翼は60年代以降における左派のアイデンティティ・ポリティクスを我有化している側面は大いにあると思います。

†40　２０１８年2月28日に初めて動画投稿を行った。内容は身体をカメラの前でフリフリさせてから「鳩羽つぐです。西荻窪に住んでます。オワリー」と喋る簡素なものだった。どこか儚げな容姿のキャラクター、あどけない動作、舌足らずな声が話題を呼び、「オワリー」は一部界隈でミーム化した。２０１８年4月15日に投稿された5作目「買い物」では西荻窪駅前の観賞魚屋の前で話すシーンがあり、ひでシスを含む多くのオタクが聖地巡礼を行った。２０１８年8月20日に開始されたクラウドファンディングでは、鳩羽つぐの夏休みの記録映像（30分）や絵日記のコピー、教科書の音読などがリターンとして設定され、目標金額８００万円に対しまたたく間に支援者１８５９人と２０８２万円が集まり再度話題となった。

†41　英語圏の画像掲示板群。日本の画像掲示板「ふたば☆ちゃんねる」に着想を得て２００3年に設立された。英語圏のユーザーにとっては匿名で投稿できる点が画期的だった。当初は日本のマンガやアニメを語り合うコミュニティだったが、その後急速に拡大。現在では多様なトピックを扱う板群によって構成されている。

†42　アメリカのある州の教育委員会が、学校で進化論だけでなくインテリジェント・デザイン説（知性ある何者かによって生命や宇宙が創られたという思想）を教えようという方向に動いたときに、それに対する批判・皮肉として生まれたのが「空飛ぶスパゲッティ・モンスター教」。インテリジェント・デザイン説に対抗し、知性ある空飛ぶスパゲッティが宇宙を創造したという主張をしており、信仰を示すためにスパゲッティの湯切りボウルを被る。信仰というよりはある種のジョークだったわけだが、近年アメリカで「信徒」が「免許証の写真に湯

切りボウルを被ったものを使いたい」として免許センターに何度も掛け合った結果、ついにそれが認められた。我々はメタがベタになっていく過程を見せられているのかもしれない。

†43　英語queerのカタカナ読み。「奇妙な」という意味の形容詞として使われてきたが、特に19世紀後半から同性愛（者）を指す蔑称としても用いられた。1980年代にはゲイの人々を中心に、あえて蔑称とされていたこの語を打ち出しポジティヴな意味合いを込めるグループが生じた。一般に言って、多くの社会運動には、揶揄や蔑称を批判して禁止する姿勢とともに、揶揄や蔑称を卓越性や固有の誇りへ転化しようとする姿勢も見出される。クィアをどのような意味で、どう評価して用いているのかにはところによりズレがある。たとえばクィア・ネーション（1990年結成の社会運動団体）や、クィア理論（フェミニスト系文化研究雑誌『Differences』の1991年特集に代表される）などのトピックや、テレビ番組の『クィア・アイ』（2003年初代版、2018年よりリブート版が放映）、あるいは音楽メディア、ピッチフォークで2012年に取り上げられた「クィア・ラップ」ジャンルなどが関連している。日本でも、それらが折々に紹介され、立場により様々な価値づけが行われてきた。本書第6章も参照。

†44　英語では「incel」。混成語であり、「involuntary celibate（非自発的な独身主義者）」に由来する。おおまかなニュアンスとしては日本でいう「非モテ」に相当するといえる。「インセル」も「非モテ」と同様に、男性異性愛者たちを主な担い手として、ゼロ年代以降にインターネット上の電子掲示板などを利用する形でカルチャーとして発展した。ただし、現在ではアメリカの2014年アイラビスタ銃乱射事件の犯人をはじめ、幾名かの大量殺人犯がインセルを標榜してきたため、「非モテ」よりもはるかに問題含みの呼称となっている。最初に「インセル」が用いられたのはカナダの大学生アラナが90年代に開設したサイト「アラナの非自発的な独身生活プロジェクト［Alana's Involuntary Celibacy Project］」のコミュニティ内であったとされる。アラナの目的は悩みを持つ「非モテ」の人々の相互扶助であり、メンバーは異性愛男性に限定されていなかったという。アラナは2000年にはサイト運営から離れていたが、「インセル」の語が憎悪を募らせる異性愛男性グループの呼称となっている状況を受け、サイト「ラブ、怒りではなく——インセルを超えて［Love, not anger - Beyond Involuntary Celibacy］」を2018年に新たに開設した。（江永）

江永　そうですね。そうしたメソッドを我が物にしている印象があります。

木澤　マジョリティ側のアイデンティティ政治というか。左派だったら黒人やLGBTといったマイノリティが自分たちのアイデンティティを主張してきたという歴史があるわけですけど、いまや白人が白人としてのアイデンティティを主張するようになってきている。白人というアイデンティティは彼らにとって一番手近なアイデンティティですから。

マーク・リラという左派知識人は、リベラル左派のアイデンティティ・ポリティクスの失敗がオルタナ右翼の台頭とドナルド・トランプ大統領をもたらしたと批判していますね。アイデンティティ・ポリティクスは結局、連帯ではなく分断をもたらしただけだと。だから、これからはアイデンティティではなく普遍的な価値を打ち出していかないと左派はダメだと主張している。フェミニズムやLGBT理論でも最近は交差性とか言って階級や人種の視点を導入して相対化しようとしているらしいですけど。

ひで　大阪のレインボーパレード[†45]に参加したときも、沖縄の基地問題のブースを出している人がいました。「共に生きる社会」という観点では、脱原発も基地問題も外せないんですよね。

江永　そこのあたりだと、最近考えさせられたことがあって。日本でアイン・ランドを紹介しているアメリカ文学研究者の藤森かよこは、実は日本で90年代に開かれたシンポジウムに基づくらしい論集『クィア批評』の編著者で、この論集には「リバタリアン・クィア宣言」を寄稿していたりします。

それこそ、元々クィア理論は、ジェンダーやセクシュアリティの差異とエスニシティ（民族的帰属）や階級の差異とが入り乱れる中で、違う人々が連帯できる点、また逆に無理にひとまとめにしてしまうとまずい点を探す、みたいな動きが出発点に含まれていたはずなんですが、さらにそこからリバタリアニズムへと伸びていく方向もあるのか、と。

SNS上などだと、アイデンティティ政治みたいな話題が通俗的に広まっていくにつれて、自分の視野に入る限りでは、差別のあらわれを摘発して誰彼のマジョリティ根性を炙り出す、という方面、要するに、敵叩きや裏切者探しにどうしても関心が向きがちだと感じているのですが、それだけではなくて、どんなところにも相応のマイナー性というか、普遍ならざる普遍性みたいなものがあり、それを活かすべく押し広げるといった、仲間づくりや呉越同舟のような方面でも、こういう批評理論が使えるはずなんだよな、と。「リバタリアン・クィア宣言」の内容自体は、連帯よりむしろ味方っぽい相手にも議論を吹っ掛けていくよ

†45　性の多様性を祝う「レインボーフェスタ大阪」内で行われるパレードプログラム。レインボーフェスタの公式キャラクターは虹色の身体をしたオウムのクィクィ。食べ物、飲み物の販売ブースだけでなくセクシュアリティの多様性に関連した作品展示・活動報告・物品販売を行うブースを出展できる。２０１９年度の参加者数は約1万人、パレード参加者数は１３００人とのこと。２０２０年には第15回目が開催される予定だったが、新型コロナウイルスの感染が拡大している状況に鑑み延期となった。

うな論調なんですが、それを読みつつ、連帯するとはどういうことか、と改めて考えさせられました。

思弁的実在論へ

江永 そういえば、ニック・ランドから思弁的実在論への流れは、今日、まだ話していませんでしたね。

木澤 思弁的実在論について簡単に確認しておくと、要するにカント批判から始まった哲学運動とさしあたりは言えそうです。カントは一言でいえば物自体には直接アクセスできないと言った人で、それ以降の哲学では対象は常に主観との関係性の上でしか論じることはできないということになった。こういった立場は相関主義といって、カント以降ポスト構造主義までこのカント主義から完全に脱せていないという批判から思弁的実在論はスタートしている。

ムーブメントとしての思弁的実在論は２０００年代以降に出てくるんですが、ニック・ランドは80年代後半の時点ですでに「カント、資本、近親相姦の禁止［Kant, Capital, and the Prohibition of Incest］」という初期の論文の中でカントを批判している。一言でいえばランドは、カント主義における対象＝他者を主観性へ還元する表象作用に、啓蒙主義以降における帝国主義の端緒を読み取ろうとしている。つまり、カント哲学のうちにすでに他者の植民地化の契機が存在していたと批判しているわけです。こうした近代を特徴づけるカント主義における相関的循環の〈外部〉へ突破して他者＝物自体へ直接アクセスしようというのが、ニック・ランドと思弁的実在論者が共に共有しているスタンスと言えるのではないかと思います。

この点から、思弁的実在論と加速主義を架橋する存在としてのＣＣＲＵ[†46]という見方が出てくる。思弁的実在論と加速主義は一部主要プレイヤーが被っていて、それはレイ・ブラシエとイアン・ハミルトン・グラント。二人とも90年代にはＣＣＲＵに所属していて、その際グラントは加速主義の聖典の一冊とされているジャン＝フランソワ・リオタール『リビドー経済』や、ジャン・ボードリヤール『象徴交換と死』を訳したりしています。ちなみに思弁的実在論と加速主義を語る上で外せないイギリスの学術系出版社アーバノミックの編集者ロビ

†46　Cybernetic Culture Research Unit（サイバネティック文化研究ユニット）。１９９５年にニック・ランドがサディ・プラントとともにウォーリック大学内に設立した、学生主体でかつ非公式の集団。大陸哲学、ポスト構造主義、サイバネティクス、サイエンス・フィクション、クラブ・カルチャー、オカルティズムといった広範なジャンルを学際的に踏破する特異な思索を暗号的かつ秘教的なテクストとともに生成した。当時在籍したメンバーとして、マーク・フィッシャー、kode9（スティーヴ・グッドマン）などがいる。

ン・マッケイもCCRUに所属していました。

用語としての加速主義は2008年に批評家ベンジャミン・ノイズがブログ上で提唱したものですが、ムーブメントとしては2010年9月にロンドン大学ゴールドスミス・カレッジにおいて開催された加速主義についてのシンポジウムがメルクマールと言えます。そこでの登壇者の名前を挙げると、マーク・フィッシャー、レイ・ブラシエ、ベンジャミン・ノイズ、ニック・スルニチェクなど。ニック・ランドの論文集『牙をむくヌーメナ』の刊行に合わせる形で開かれたということもあり、ランド的な加速主義の検討と乗り越え、という側面もあったようです。

また話が横道に逸れるようですが、加速主義といえば、シンギュラリティ[†47]界隈が結構頻繁に映画『マトリックス』を参照しているんですよね。たとえば『マトリックス完全分析』という、レイ・カーツワイル[†48]やニック・ボストロム[†49]も寄稿している結構面白い評論集があったりします。

『マトリックス』の脚本がボードリヤールの『シミュラークルとシミュレーション』を参照していることは有名ですけど、それが結構でたらめなんじゃないかという批判も一方ではあるんですよね。ボードリヤールは現実はすべてシミュラークル化していて、現実とシミュラークルを区別すること自体に意味がない、なぜなら現実はすでに消滅しているから、ということを言っているわけだけど、『マトリックス』では現実世界に帰還することができる、レッドピルを飲んで覚醒さえすれば、という話になっている。ここに至って、『マトリックス』は虚構の世界／真実の世界という古典的な二項対立に回帰していて、その2つの世界を媒介するのはレッドピルであり、またそれによって覚醒した超人的な救世主である、という……。

このレッドピルというガジェットが、いまではインターネット・ミームとなり、とりわけオルタナ右翼に愛用されているというのは示唆的な話だと思っています。

ひで 『マトリックス』では二項対立に回帰してしまっているのウケます。加速主義者の言うシンギュラリティって、実際のところそんなにすぐ来ないでしょ？

木澤 レイ・カーツワイルは2045年って言っていますね。

暁 結局、現実を理想の社会に近づけるには、ピーター・ティールみたいに何らかの形で財を築

†47 技術的特異点。人類に代わりAI（人工知能）が文明の主役になる時点。

†48 アメリカの作家、発明家、未来学者（フューチャリスト）。1948年生まれ。シンギュラリティに関する言説で有名。著書に『ポスト・ヒューマン誕生――コンピューターが人類の知性を超えるとき』など。

†49 スウェーデン生まれの哲学者。1973年生まれ。オックスフォード大学教授。理論物理学、計算神経科学、AI研究などをバックグラウンドに、「AIのコントロール問題」についての積極的な提言を行う。著書に『スーパーインテリジェンス――超絶AIと人類の命運』など。

いて、自分の信条に近い政治家に投資するしかないんですかね……。それかその社会からExit（脱出）するしかないのかな。世知辛いですね。

木澤　ティールはともかく、僕ら一般人はニック・ランドのように上海にExitするか、マーク・フィッシャーのように資本主義リアリズムのもとで鬱病になって消耗していくか（そしてその帰結としての自殺という究極のExit）の二択しかないのかもしれませんね……。

江永　アルバート・O・ハーシュマン[†50]だと、Voice[†51]（発言）、Exitの他に、Loyality（忠誠）って言っていましたよね。滅私奉公ではなく、しかし組織側がExitされたり内部告発されたりしたら現に困るように、組織内の地位なり権能なりを掌握しておくこと。それに賭けたい気もします。

†50 ドイツ出身の経済学者。1915年生まれ、2012年没。著書に『離脱・発言・忠誠——企業・組織・国家における衰退への反応』など。
†51 新反動主義においてExitと対置される概念。選挙やデモ活動を通じて「声を上げる」こと、すなわち民主主義を指す。

第 2 章

中国

[課 題 図 書]

梶谷懐／高口康太
『幸福な監視国家・中国』
NHK 出版新書、2019年

暁 ひでシスさんのPCのステッカー、かっこいいですね。

ひで 先日、香港へ行ってデモに参加してきました。そのアメリカ大使館前デモの最中に有志からもらった「時代革命・光復香港」のシールですね。香港のデモはどちらかというと左寄りの主張なのに、ここでカエルのぺぺが使われているの面白くないですか。

木澤 元々はアメリカのオルタナ右翼のミームだったぺぺが香港デモでは反権力のイコンとして使われているということですね。ただ、香港デモもオルタナ右翼も「反権威」という点では一致している。

最近流行りのポピュリズムにもそういう側面がありますよね。伝統的な右派や左派でなく、むしろ「下」に属する運動として、つまり既成政党を右も左もひっくるめて「上」＝「権威」の存在として括

ひでシスのPCステッカー

り、それらを「下」から批判してみせるのがポピュリズムの基本戦略なんですけど、ポピュリズムもオルタナ右翼も香港デモも「下」からの運動という点では共通していると言えるのかなと。

ひで なるほど～。

中国異質論へのアンチテーゼ

ひで まずはザクッとした本全体の雑感について話し合いましょうか。前半はテクノロジーの話をしているんだけども、後半は政治哲学や倫理の話をしていましたよね。中国の最新のIT・経済を扱いつつもこういう文系的な話をちゃんとしている本は初めて見ました。

江永 後半では近年のいわゆるナッジ[†1]とかマーケットデザインとかの話や、アーキテクチャを整備して統治を改善しよう的な分野の議論などを、テクノロジーだけでなく、公共哲学とか批判理論とかと架橋する形で紹介していて、よかったですね。法哲学や政治哲学、行動経済学などの分野と言えるのでしょうか。

木澤 ここら辺の分野の本をもっと掘ってみたくなりましたね。意外な収穫というか。おかげでAmazonの欲しい本リストが大変なことになってしまいましたが……。

暁　僕もそう思います。西谷格『ルポ　中国「潜入バイト」日記』やジェイミー・バートレット『ラディカルズ』を読んで、理論に裏打ちされた中国や日本のルポを読んでみたいな〜と思っていたところなので、合致しましたね。

木澤　この本の特色というか基調低音としてある一貫した主張に、中国異質（他者）論的な考えに対するアンチテーゼがありますよね。中国は全体主義かつ権威主義的な監視国家で、欧米的な自由が保証された国に住んでいる我々とはかけ離れている、よって所詮は（？）対岸の火事に過ぎない、といった、中国を徹底して自分とは無関係な「他者」として表象する言説に対するアンチテーゼ。そうではなく、むしろ中国の情況を我々の情況とあくまで地続きなものとして捉える広い視座に立つことで、欧米や日本でも進展しつつある問題を考える上でもとても有用な見取り図を提示している。そういった点でもとても信頼できる本だなと思いました。

もう少し具体的に言えば、「個人」の自律性や熟議ベースの「市民的公共性」を前提とした、言い換えれば「自由」と「幸福」の一致が可能と素朴に信じられていた19世紀以来の近代リベラリズムが、20世紀から現代にかけて、AI等の新たなテクノロジーの登場やグローバリズムの加速化に伴い機能不全を起こしていて、そうした意味で現代中国は近代リベラリズムに対するひとつのオルタナティブを指し示している、という。本書の主要トピックでもある、AIやビッグデータによるアルゴリズム的統治性というポストヒューマン的な方向性はまさしくそのひとつだし、その意味では我々の未来とも決して無関係ではないはずですよね。

ひで あああ。たしかにAIで統治をやるのってポストヒューマンなんですね。

江永 通俗的な水準で言えば、公共哲学は人間レベルで止まっていた、という見立てになるのでしょうか（ただ、ステークホルダー・デモクラシー論などで知られる松尾隆佑の論文「権力と自由——「自

†1　英語ではnudge（ひじで小突く、促す、合図する等の意）。行動経済学者リチャード・セイラーと法学者キャス・サンスティーンの共著による『Nudge［邦題：実践 行動経済学］』（2008年）以降に普及した、人間の認知バイアスを利用したデザインによって、誰かの指示によらずに人々の意思決定や行動の誘導を試みる思潮「ナッジ理論」、またその実践のことを指すと考えてよい。自己決定権を至上とするはずのリバタリアニズムと個々の愚行に対して介入するパターナリズムという2つの主義を調停しうるものとして、しばしば採用されている（なぜこれで調停になるのかは、リバタリアニズムが市場での売買の意思決定を、少なくとも理念上は強制されたものと見なさないのを想起すると、わかりやすい）。ただし認知バイアスといっても払拭しうる偏見というよりは錯視のようなものに近い機序が想定されているはずで、その意味では、坂道での傾斜の誤認といった事態の人的要因（のひとつである錯視）を解明し、交通事故の減少のために錯視の起こりづらい道路デザインの変更を提案する計算錯覚学の試みなどとも通じ合うものがあるかもしれない。なお、マーケットデザインも、たとえば効率のよいマッチングや資源配分のために制度を設計し修正するという姿勢の点で、ナッジ理論などと似た話題を扱っているように思えるが、選択アーキテクチャの水準で分配的正義の実現に寄与することとしてマーケットデザインを捉えるならば、両者の立場には懸隔が見出せるだろう。

然の暴力」についての政治学」などを見るに、ヒューマンの側から非人間的なものを包摂する理論的な試みも進んでいたようですね)。個人がいて、個々人の熟議に根差すべき社会があって、という状態で理論が止まっていた。対して、現実はもっと先に行っていた、みたいな。極端な見立てですが。

暁　政治思想界隈だと「いまこそ熟議型民主主義の時代を!」と言う人もいますけど、所詮机上の空論というか、あまり現実に影響を与えられていないという敗北感はありますね……。

その点、人や徳でなくアルゴリズムが人を統治する時代が来つつあるという話は、課題もあるけど現実味もあって面白いです。AIや「信用スコア」が人の行動を制御するというのは伊藤計劃の『ハーモニー』みたいだなと。同作で、市議会議員のおばさん(当然スコアが高い)が席を譲ってくれたのに、主人公(優しいディストピアに反逆したい)が突然キレてドン引かれるシーンとか思い出しつつ読みました。

江永　人間をインダストリアルに統治する、って感じでしょうか。悖徳《はいとく》的な話かもしれませんが、気にはなってしまいます。自然権どうするか、みたいな話にもなるのでしょうか。教育を投資とする物言いからそう遠くないところに、教育を、人間を加工してよき市民なりよき国民なりよき労働者なりを生産する営みと捉える視点もある気がしますが、そういう見方で言えば、人間は教育に失敗しても廃棄できないですからね。製品は失敗したら(要求される品質を満たしていなかったら)廃棄して作り直したほうがロス込みでもコスパがよかったりしますが。

ひで 生産した人間を破棄するの怖い。最終生産物に使われる部品を、サプライチェーンが各段階で在庫を僅少にしつつ生産するトヨタ生産方式みたいに、労働者も最終需要に基づいて教育をもって製造していくわけですね。

江永 不謹慎な話を続けると、廃棄はできないけど追放はできたり、不法投棄というか、強制的に収容したりはできるわけですよね。いわゆる、スラムを念頭に置いて考えてみたりするならば（人間の尊厳的には本当にひどい話になりますが）。

　また、足りないからすぐ増産、ってわけにはいかないが、外部から輸入することはできなくもない。労働者のストックは減らしたいが労働者のフローは増やしたい、ということになりそう。人倫を踏み躙《にじ》るような物言いになってしまいますが。

　ともあれ、アルゴリズムって、言語に依《よ》らないのがいいですよね。

ひで 「アルゴリズムは言語に依らない」っていうのは、日本人が中国に行ったら芝麻《ジーマ》信用†2のアルゴリズムに従って中国人と同じような行動様式になる、っていう意味で言っていますか？

†2　アリババの開発した個人信用評価システム。アリババの電子マネー「アリペイ」での支払いや、ＥＣサイト「タオバオ」での購買行動、学歴や職歴や友人のネットワーク、ＳＮＳでの言動に応じて信用スコアが上下する。高スコアを保持していると、ローンの金利が下がったり、ホテル宿泊時のデポジットが免除されたりする。

江永 はい。言語というか、自然言語というか。それともコミュニケーションのスキルとか呼ぶほうが適切なのか。

言い直してみます。サプライチェーンマネジメントふうに、それまで面識のない人間たちを集めて協働させる状況を念頭に置くと、同じ行動をとらせるにしても、指示を出して説得するより、数字で誘導するほうがラクなんじゃないか、ということになりそうだ、と思いました。状況に応じて有効性は変わるでしょうが、新参の成員を教育するコストが担えない、かつ、成員の入れ替わりが高い状態だと想定すると、特定の手順に則った数字の増減を示すことで個々の挙動を誘導するほうが、個々人ごとに習熟度にばらつきがある（使いこなせる語彙の多寡が個々に分かれる）言語で指示を重ねて協働を目指すよりもラクそう。

アルゴリズムに従ってもらう、という仕方の統治が進んでいったら、人間の言語っていらなくなるんですかね。

ひで いや言語は残るでしょう。アルゴリズムによる統治はただの統治システムでしかなくて、国会議事堂や政治家がいなくなっても私たちの小市民的な生活は続行するんですよ。だから生活のための言語は残り続ける。

暁 言語とアルゴリズムというと、外国から出稼ぎに来た人たちが夜中に騒音を出してしまって、地域は言葉も通じない中それとどう向き合うか、という話を聞くけれど、アルゴリズムで「騒音を出したら点数が下がる！」っていうふうになったら一挙に解決されそうじゃないですか。

ひで ほんまそれですね。

功利主義と墨子

木澤 たとえばＡＩのアルゴリズムって内部がブラックボックスになっていて、どうしてその結果が出力されたのか外側にいる人間にはわからないって言われますけど、中国ではそういった一種の超越的な不可知論と「公共性」概念として重視されている儒教の「天理」概念が癒着した形で結びついている、という指摘は面白いですね。万物＝自然を通底して支配する超越的な法則としての天理＝ＡＩアルゴリズム、というか。

江永 中国思想と功利主義だと、墨子がホットになりそうな感じが個人的にはしています。ピーター・シンガーとカタジナ・デ・ラザリ＝ラデクの共著『功利主義とは何か』（原著２０１７年、邦訳２０１８年）でも、第1章冒頭で墨子が功利主義の先駆として挙げられていました。

墨子って一般には、平和主義と博愛思想という売り文句で知られているっぽいのですが、19世紀末から20世紀初めにかけて中国で再発見された際には、西洋近代の思想や科学的知見との類似性が注目されていたらしいです。私が読んだ感じだと、緊縮支持、（奢侈《しゃし》）文化不要論、有能者による支配、生産力至上主義、で、オルタナティブを許さない監視国家を推奨するという、近年のヤバいと言われそうな考え方のデパートみたいな側面もあるように感じられました。

木澤　墨子はどういった論旨で功利主義を導き出すんですか？

江永　「法儀」（第四篇）だと以下みたいな感じでした（これは墨子のメインとされる諸篇、いわゆる十論には含まれていませんが、十論のうちの「天志」上中下篇を要約した内容と言えます）。

どんなことにもモノサシというか則るべき法がある。統治のモノサシは何か。人間は、しばしばクソなのであてにならない。だから、天、つまり自然だ。天はすべてを有らしめてすべてを食わせている。ゆえに、天は人が互いに愛し利することを欲している。逆に、天は人が互いに憎み害することは欲していない。天はすべてを統括している。ということで天に従ういい人には幸福が与えられ、天に従わない悪い人には災禍が与えられる。

法儀篇はだいたいこんな感じです。

で、それを念頭に墨子の十論を雑にまとめるとこうなります。天に倣《なら》って愛と利を増やすのが大事。だから、生活への実利のないものへの経費は削減しつつ少子化対策しろ（「節用」）。無駄に費用がかかるものは廃止、葬式は簡素でいい（「節葬」）。いい音楽聴いて旨いメシ食ってるエスタブリッシュメントは自重しろ（「非楽」）。侵略戦争は豊かにならないのでダメ（「非攻」）。身内しか大事にできない奴はダメだから土着の共同体は解体、家族も身分も解体、自他の区別もダメ、誰もが、自分が誰であれ、みんなを天に従って愛して利するのでなければならない（「尚賢」「兼愛」）。階層は全部スペックで決めること。天の人間版の代行者が高スペ人間ハイエンドの天子となり、天子の代行、その代行、代行の代行、と連なる、高スペから低スペまでの監視社会のみが正しく治まるので、みんなでより下位の不正を監視して、より上位（より高スペな存在）からの指令には服従すること（「尚同」）。これらができないのは努力不足であって宿命とか持ち出したらダメ、人間の自己責任（「非命」）。もしズルしようとしても天はもちろん監視しているし鬼神が天罰くだしに行くから、絶対に（「明鬼」）。――正確な要約と言うにはネオリベ感を強調しすぎてしまいましたが、概ねこんな主張です。墨家の、主君や家族を愛するとかイデオロギーやんけと批判するところには、人類種の特権視は有害なイデオロギーだから撤廃せよと迫るタイプの、ある種の功利主義的な種差別批判と同じようなすごみを感じさせられます。

天の意向に逆らう有害な奴は、鬼神がやってきてボコボコにする。天や鬼神は人間ヒエラルキーの上位にあるわけですね。人間のトップがいて下々まで監視の目が張り巡らされるわけですが、ヒエラルキー組織の途中の奴がおかしかったらソイツ以下が末端までダメになるので、天が災禍を与えるし、鬼神がやってきてボコボコにするという理屈になっている。

ひで　あ、墨子の言う「鬼神」って実在の役職じゃなくて想像上のものなんですね。

江永　はい。というか、人間よりハイスペックな連中で、実在する利害関係者たちという設定になっているはずです。天や鬼神の利に反する人は罰や災禍をくらう。天が単に君主などの徳と相関する自然ではなく、まさに唯一の人格神のようになっている（見えてしまう）し、鬼神が実在すると主張しているところは、墨子の思想でも特にヤバいところです。

暁　キレキレの説明、ありがとうございます（笑）。補足すると、かつての中国では一般に、天に選ばれたのが天子であって、天子の統治が悪いと「天命を失った」として天災が発生するとされた。だから元号を変えたり天子を入れ替えたりするというのはわりと共通見解なんですが、そこで天や鬼神を擬人化（？）するというのは墨子さん斬新すぎますよね。ちょっと世に出るのが早すぎた感じ。余談ですが、こういう天命などの概念が出てくる骨太な中華風ファンタジーが、２０１９年に18年ぶりに新刊が出て話題となった、小野不由美『十二国記』シリーズです。とてもおすすめです。

　ところで、墨子って「愛」のイメージもありますが、武装集団でもありますよね。そもそもなんで武装集団だったんですか？

江永　『機動戦士ガンダム００』のソレスタルビーイング[†3]みたいな感じです。雑に言うと。侵略戦争をする側が懲りるように、防衛側に加担してボコる。誰彼問わず、侵略戦争を起こす奴の敵に回る。という感じです。そういえば、『ガンダム００』には量子コンピューター「ヴェーダ」が登場しますが、墨子の言う「天」は、地球環境を掌握し統治を司る超ＡＩ（哲学者のニック・ボストロムが「シングルトン」と呼ぶものがそれに相当するでしょうか）というか、いわゆる「コンピューター様」†4だと考えるとしっくりくるのでは？　と思ったりします。理想化されたコンピューターとユートピア／ディストピアの構想というのはかなり相性のよい感じがあり、たとえばフレドリック・ジェイムソンは論考「アメリカのユートピア」の中で、「想像できないほど複雑なコンピュータ・システムと結合して、あらゆる個人的、集団的治療と共にあらゆる形態の雇用も処理し組織するだろう」新しい機関、「精神分析斡旋局」なるものを提案したりしています。†5

†3　アニメ『機動戦士ガンダム００』（２００７年放映開始）に登場する武装勢力。科学者によって創設され、「武力による戦争の根絶」を主張し、世界中の武力紛争に独自の武力により介入することを試みた。科学者自身の企図は、いずれ訪れるであろう地球外の知性体との交流を見据えた、地球上の人類の意思統一であったとされている。

†4　ＴＲＰＧ『パラノイア』（１９８４年）の設定を念頭に置いた発言。同作はすべてのトラブルの原因を（存否不明にもかかわらず）共産主義者による策謀として解釈する（狂った）コンピューターによって日常生活が全面的に管理された地下都市を舞台としている。近年の日本のネット文化にも影響を及ぼしており、たとえば同作を元ネタとする、うたＰ『こちら、幸福安心委員会です。』（２０１２年）などの作品も制作されている。

†5　スラヴォイ・ジジェク編『アメリカのユートピア――二重権力と国民皆兵制』96頁。

「天」を、人類を超えた超知能にたとえるのと同様に、古代の卓上遊戯をシミュレーションの一種と捉えうるのも興味深いことだなと感じます（転倒した言い方かもしれませんが）。魯迅が短篇小説にしていますが（「非攻」1934年執筆）、墨子が新兵器を開発した大国の責任者と戦争シミュレーションで勝負してリアル戦争を止める話とかがあります（「公輸」第五十篇）。

ちなみに墨子は、侵略戦争を起こす奴を死なせるのは、昔の聖人も（暴君といった）天に背く敵を誅《ちゅう》していたしOKで、例外です、という正当化をしていたはずです。ノリが荒らし対策に近い。ネットの荒らしは「人間」として相手にせずに「トロール」として削除していこう、みたいな態度にすら通じるところが見出せそうです。

なお、墨子とそのフォロワーの行く末に関しては、正確な記録が残っていないらしいです。ただ、コミュニティで内部分裂があったり、防衛戦で負け、契約不履行したからと自決した連中もいたとの逸話もあったり、なかなか長くはやっていけなさそうな武装集団の雰囲気が、残存文献から醸し出されている模様です。

あと、儒家を倒すための想定問答集めいた文献があるんですけど、めっちゃ性格の悪いインテレクチュアル・ダークウェブ言説[†6]みたいな感じでした。独自の論理学とか、軍事的な技術にも関わりそうな自然科学的な知見とか（「経」「経説」「大取」「小取」などの諸篇や、「公輸」以下の諸篇。科学史家が墨子を高く評価したりするところ。ただ文の欠落や乱れも多い）もあり、また「非儒」篇など、いわば「儒家の偽善は完全論破なんだが？」とでも言いたげな文章も残されている。

暁 なるほど。特殊な理論を形成し、その後の消息がわかっていない……。墨子は、異世界転生者だったのかもしれないですね。

†6　略称はIDW。意味が厳密に定まっているとは言いがたいが、アイデンティティ政治、ポリティカル・コレクトネスなどを問題視し、大学などの高等教育機関や新聞などのマスメディアで覇権的な立場にある（と主張される）いわゆるエスタブリッシュメント層へと対抗する、といった姿勢を示す（と見なされる）タイプのネット論客に対する総称として理解するのが適当だろう。自称他称を問わず、日本で訳書があり、かつ、このグループに関連づけられる人物としては、ジョナサン・ハイト（バージニア大学心理学教授）、ジョーダン・ピーターソン（トロント大学心理学教授）、そしてスティーヴン・ピンカー（ハーバード大学心理学教授）を挙げることができる。また、ソマリア出身の元オランダ下院議員で『もう、服従しない――イスラムに背いて、私は人生を自分の手に取り戻した』の著者アヤーン・ヒルシ・アリや、『なぜ人はニセ科学を信じるのか』の著者マイクル・シャーマーも関連づけられている。近年（とりわけ2016年アメリカ合衆国大統領選挙でのドナルド・トランプの選出以降）アメリカ合衆国で注目を集めている白人至上主義や、トランプ支持者などの主張と類似した見解が示される（また、個々の論客がそうした人物と友好関係を築いているように映る）場合も少なくないため、IDWとオルタナ右翼が同一視されることもある。以下の文章が理解に資するだろう。木澤佐登志「欧米を揺るがす「インテレクチュアル・ダークウェブ」のヤバい存在感」（現代ビジネス、2019年1月17日）https://gendai.ismedia.jp/articles/-/59351、C・ローウィー「「大きな思想」と「小さな日常」が乖離するとき――ダークな思想を持った人たちの演出について」。

木澤　嫌な異世界転生モノですね。

暁　統治と功利主義がこうやって根づいていた中国が、いま『幸福な監視国家・中国』に書かれているようなアルゴリズム社会になっているのは面白いです。

江永　そうですね。儒墨だけではなく、道家や法家とかも含めて、現代政治と絡めながら評論や研究をする流れが膨らんでいったら面白いな、と思います。哲学者のアイディアを現代の機構でこそ実装できるというようなニュアンスを込めて「〇〇2．0」といった言い回しがなされる場合がありますが、すでにルソーやカントの「2．0」が論じられているのですから、たとえば「墨子2．0」とかもあっていいと思います。

木澤　墨子関係でおすすめの入門書ってありますか？

江永　角川ソフィア文庫の草野友子『ビギナーズ・クラシック　中国の古典　墨子』ですね。抄訳ですが、本文を引用し解説するだけでなく、墨家やそのテキストの概略を簡潔にまとめていて、コラムのほか、近年出土した文献の情報、読書案内に索引までしっかりしています。また中公クラシックスの『墨子』もよかったですよ。これも抄訳ですが、解説（末永高康）が面白かった記憶があります。また、湯浅邦弘『諸子百家――儒家・墨家・道家・法家・兵家』（中公新書）なども広く諸子百家が説明されています。

人間を信じるからこそ……

江永　この『幸福な監視国家・中国』の後半の話って、ルソーの社会契約論などを取り上げた東浩紀『一般意志2．0――ルソー、フロイト、グーグル』で語られていた「熟議なしの統治」という夢が、まがりなりにも一部は実現されたんだというふうにも解せる気がします。不本意な形での実現ということになりそうですが。これだけだと誤解を招くので補足します。『一般意志2．0』自体は、「無意識民主主義」を提案する本です。それは、情報技術の進展によって直接民主制を再興する「新しい熟議民主主義」でもなければ、メンバーの経歴か動向を随時収集してサービス改善に活用するプラットフォームビジネスじみた「データベース民主主義」でもありません。『一般意志2．0』第11章では、「大衆の呟き」つまりビッグデータを利用して可視化される非選良（非専門家）の見解によって、選良（専門家）による議論が暴走し独りよがりになる事態を防ぐものとして、「無意識民主主義」が構想されています。第13章では「ツイッター民主主義」とも呼ばれていますね。で、私が言った「熟議なしの統治」っていうのは、「データベース民主主義」のことです。

『一般意志2．0』は人間を信じている本なので、教育にアルゴリズムの力を利用できると論じていたんですよね。『一般意志2．0』第15章で、この本が目指す統治の実現したユートピアに住む人物が例示されています。その人物は学歴のない無職で、ひきこもっていて身の回りの社会問題とかに無関心だけど、オンラインゲームをやるうちに、ひょんなことから森林破壊という環境問題の存在を知って、自分でめっちゃ勉強して環境活動家というかネット論客になる。

そうした、うっかり独学でネット論客になる人々がする「政治」と、インフラを整備する企業と化した国家がある、という状況を『一般意志2．0』は思い描いていました。

暁 うーん、ネガティブなネット論客というか、ネットで「真実」に目覚めちゃったり党派性に染まりきっちゃう人とかはいますよね。ネットを介して真面目に勉強できる人って多分少数派で、思想家の考える熟議型民主主義とかは一般人の教育・思考レベルを見誤っているのがダメなんじゃないかと思ってしまいます。エリートが期待するような方向に行ける人はそんなに多くないし、地方の公立学校でいじめられていた人間から見れば、熟議なんて無理ってわかるはずなのです（ひどすぎる私見）。そこにある種のユートピアや希望を見出したくなる気持ちはわかりますけども。東氏はTwitterもやめちゃいましたしね……。[†7]

木澤 人間をいまだに信じているからこそTwitterに耐えられなくなるのかも。

暁 たしかに。ネットで異なる思想や知恵を見つけて学んでいくのがあるべき人の姿だと思ってしまうと、異なる意見の相手を袋叩きにするだけで対話の成立しないいまのTwitterが嫌になるというのはわかる気がします。

江永　人間ってダメだよね、っていう話で言うと、開発経済学系の本で『貧乏人の経済学――もういちど貧困問題を根っこから考える』ってのが面白そうでした。いわゆる貧乏人が傍《はた》から見てお金の使い方をミスっているように映るのは、実は当人からすれば合理的判断の結果であった、というのを解き明かしていく。

暁　著者のバナジー教授らが２０１９年にノーベル経済学賞を受賞していましたよね。気になっている本です。

※以下、各章ごとに振り返りつつ、意見交換していきます。

第1章　中国はユートピアか、ディストピアか／第2章　中国ＩＴ企業はいかにデータを支配したか

信用スコアか、「内定辞退率」販売か

ひで　芝麻信用スコアと政府のやっている社会信用スコアが日本の報道では混同されている、とい

†7　東氏はその後、「期間限定で復活します。コロナウイルスによる混乱が目に余るからです」（２０２０年３月５日）としてTwitterを再開している。

う指摘がされていて、この本は信用できるなと感じました。ただ一方で、現在は民間の信用スコアと政府の信用スコアが別口で管理されているといっても、未来の方向性はいま一般で報道されている内容と合致しているんでしょうけど。

江永 信用スコアって、お金で買えるんですかね。

ひで ある程度はお金で買えるんじゃないですか。献血するとか募金するとかでスコアは上昇しますし、一方で借りたお金をちゃんと返せない貧乏人はスコアが下がってしまいます。

江永 最近、暗号通貨に関連して、あらゆるものが証券化されていくだろうという話をしている記事に出会いました。[†8] 信用スコアもそうなるのだろうかと気になっています。

ひで あらゆるものの証券化に関しては、たとえば奨学金を債権化して売る、というアイディアがありますよね。「俺は高等教育を受ければこれだけ追加的に多くお金を稼ぐことができる、という主張をするから、その未来を奨学金という形で買ってくれ」と主張する、という。

江永 ただ、信用スコアのほうが、就活サイトでCookieを使って面接で落とすよりもよいのかもしれませんね。[†9]

ひで リクルートのあの事件はマジで邪悪です。

江永 中国だと信用スコアでおおっぴらになされていることが、日本だとベールをかけられて小賢しい方法で行われていた（あるいは行われている？）だけなのかもしれません。

第3章 中国に出現した「お行儀のいい社会」

税金をあえて納めない

暁 中国政府の社会信用スコアが実質機能しておらず、「紙の上でのディストピア」になってしまっているという話が出てきましたけど、日本のマイナンバーでも同じことが起こっていますよね。

ひで そうですね。日本でもマイナンバーができるときの触れ込みは「個人情報を串刺しにすることで事務効率を上げる・コスト削減」って話だった。それなのに、たとえば所得をマイナンバーに紐づけていても、確定申告や健康保険料算定基準の書類は自分で作成して出さなきゃいけない。

江永 マイナンバーを推進した側に、ディストピアにするほどの能力とか余裕とかがなかったの

†8　坂井豊貴（慶應義塾大学経済学部教授）へのインタビュー記事「これから待ち受ける、あらゆるものが証券化される「超金融資本主義」の未来」（FinTech Journal、２０１９年９月11日）https://www.sbbit.jp/article/fj/36928

か、そもそもそういう管理が目的ではなかったのか。[†10]

木澤 行政が無能なおかげでディストピア社会化を免れている、というのもなんだか皮肉というか。

暁 でもそのせいで、マイナンバーを出しても煩雑な手続きをやらなきゃいけないという実害が出ている。むしろ諸々面倒になっていますよね……。ちゃんと管理社会にしてほしい。まあ文書もろくに管理できない現状では厳しいのでしょう。

木澤 税申告しなきゃいいんじゃないですか？

ひで それはダメですよ。マルサの女（国税査察官）がアルゴリズムでなく人間力を使って後から追い詰めてくるので。

ところで、税を納めないといえば、フリーランスのエンジニアとかだと、「俺はエンジニアでもあり旅行ライターでもあるんだ」って言って旅行に行きまくって旅行ブログを書きつつ全部経費で落として税金を納めないという方法もあるらしいですよ。

暁 それ合法なんですか⁉

ひで ＯＫらしいです。黒字事業と赤字事業を抱えているだけ、みたいな感じらしいので。

暁 っょぃ……。

木澤 税金をあえて納めないという選択は、アメリカとかだと「市民的不服従」の伝統として立派（？）に存在しているんですけどね。たとえば、批評家のエドマンド・ウィルソンは所得税を10年近く納めていなかったことがバレて、内国歳入庁の追及を受けているんですけど、その後開き直って『冷戦と所得税——ある抵抗［The Cold War and the Income Tax: A Protest］』という本を書いて、市民の税金がソ連との軍拡競争に蕩尽されていることを猛烈に批判してみせた。とてもかっこいいですよね。良心的納税拒否。批評家はかくあるべきという感じがします。

†9　Cookieとは、ウェブサイトを閲覧したユーザーのブラウザに一時的に保存される情報。本来は「ウェブサイトに○○というアカウントでログイン中である」「通販サイトで○○と××をカートに入れている」という情報の保持に用いる。
　2019年8月、就職情報サイト「リクナビ」を運営する株式会社リクルートキャリアが、学生の「内定辞退率」を予測しクライアント企業に販売していたと報じられた。同社のプライバシーポリシーは「個人を特定したうえで、ユーザーが本サービスに登録した個人情報、およびCookie（クッキー）を使用」としていた。ここでリクナビは顧客企業に、就活生に対するウェブアンケートの実施を指南するなどして就活生のブラウザにCookieを挿入、ログイン前からの行動履歴を含めて「分析・集計」を行い、顧客企業に「内定を出した場合に辞退される確率」等の結果を通知した。これが個人情報の第三者提供に当たるとされ、個人情報保護の観点から問題視された。事件を受け、同社からプライバシーマーク（個人情報の取り扱いについて一般財団法人日本情報経済社会推進協会の審査基準を満たした事業者に付与される）が外された。（ひで）

†10　この問題を考える上では、羅芝賢『番号を創る権力——日本における番号制度の成立と展開』が非常に有益だろう。

暁　この章（104頁）でも少し言われていますが、Apple等大手企業による事前検閲も最近問題になっていますよね。それでソーシャルゲームのキャラクターのデザイン変更とかもありますし。そう考えると、『アズールレーン』[11]って色々とホットな作品だと思うんですよね。中国でできない表現を日本でやろうとしているとか（たまに露出度の高いキャラクターがAppleの検閲に引っかかるのでは……などと言われてはいますけども）、最近だとユニコーンちゃんが手で「6」のサインをしているのが香港の人に「五大要求だ！」[12]って言われて、本社が否定するみたいな騒動もありました（ちなみにこの6のサインは「キャラクターソングシリーズVol.6」にちなんだものでした）。

木澤　どうでもいいですけど、『アズレン』の赤城と加賀のスキルの「先手必勝」って明らかにパールハーバーのことですよね。最初見たとき笑っちゃったんですけど。こういうところは日本の『艦これ』[13]には（良くも悪くも）真似できない。

暁　スキルにも史実ネタをガンガンぶち込むのがあのゲームですからね。結構あの二人強くて、一時期は長門と一緒によく使われていました（笑）。アズレンは日本艦めちゃめちゃ充実していますし、運営は多分単純に、日本のカルチャーが大好きなんだろうなって思います。中国で出すには日本艦を敵にしないといけない事情があったのだと思いますが、運営によるアズレン生放送などを聞いていると、ずっと日本の美少女ゲームの話ばかりしていることもあり、愛を感じます。ゲームとしてはお色気感が強いですが、駅の広告として出すときは細心

†11　艦船を擬人化した美少女キャラクターを編成して、敵と戦う横スクロールシューティングRPG。中国のゲームメーカーが開発したスマートフォン向けゲームアプリで、株式会社Yostarが2017年から日本語版を配信している。突如現れた異形の敵・セイレーンに対抗するため、人類はユニオン（モデルはアメリカ）、ロイヤル（同イギリス）、鉄血（同ドイツ）、重桜（同日本）の四大勢力によって連合組織「アズールレーン」を結成。しかしセイレーンの技術をめぐって対立し、鉄血と重桜はアズールレーンを離脱、「レッドアクシズ」を結成した、という筋書。2019年にはアニメも放送された。同じく艦船擬人化ゲームである『艦隊これくしょん』（KADOKAWA）と異なり、ゲーム自体にストーリーがついており、課金はガチャよりもキャラクター衣装に、というシステムが特徴。また、楽曲提供にアリスソフトなどのゲーム楽曲で知られるShade氏、キャラクターデザインにも美少女ゲーム出身の絵師を複数起用するなど、美少女ゲームへの熱い想いが伝わってくるのも大きな特徴だろう。

Yostarからはこのほかに、麻雀を楽しめる『雀魂 - じゃんたま -』や、鉱石病と呼ばれる不治の病に侵された人々の一部が差別に耐えかねて蜂起、感染者を擁する組織ながらそれと対立するロドスの奮闘を描く『アークナイツ』なども配信されている。

†12　2019年夏から香港の逃亡犯条例改正案反対のデモで掲げられた5つの要求。①逃亡犯条例改正案の完全撤回、②デモを「暴動」と認定した香港政府見解の取り消し、③警察の暴力に関する独立調査委員会の設置、④拘束・逮捕されたデモ参加者らの釈放、⑤行政長官選や立法会選での普通選挙の実現である。この座談会を行った2019年はまだ平和的であったが、2020年7月には国家安全維持法が導入され、初日に「香港独立」の旗を持っていたデモ参加者が逮捕されるなど、状況は悪化している。

†13　正式名称は『艦隊これくしょん - 艦これ -』。2013年4月にローンチされたDMM.comのブラウザゲーム。「艦娘（かんむす）」と呼ばれる、女性に擬人化された軍艦のキャラクターを編成して敵と戦闘して勝利を目指す、カードゲームとシミュレーションゲームを合わせたようなゲームシステムが特徴。後発の『アズールレーン』にも影響を与えている。

の注意を払っているという話もしていましたし、表現のこととか、中国発のコンテンツとして日本で流行しているのも含めて批評性があるのかなと思います。

評価システムの影響

江永 信用スコアの計算方法がわからないっていうことは、これはオカルトが流行りそうですね。ブラックボックスのあるゲームは常に裏技のウワサを生み出す気がします。

ひで QAサイトに書き込まれた「妊娠した妻が最近夜になると台所で壁にぶつかっているんですが」っていう質問に対して「それは乱数調整をしてるんですよ」って回答するポケモンコピペがありましたね。

暁 この壺を買うとスコアが上がる云々……みたいな雑な商売も流行りそうです。

江永 「小説家になろう」をはじめ、一次、二次創作を問わずウェブ上の作品投稿プラットフォームって、作品のアクセス数や読者のつける評点などでいくつかの数値がつけられていたり、それがランキング表示や検索エンジンといった機能に活用されたりするんですけども、あれって信用スコアに近いですよね。公的な統治じゃないけれども、草の根レベルで、そういう評価スコアが使われてもいる。

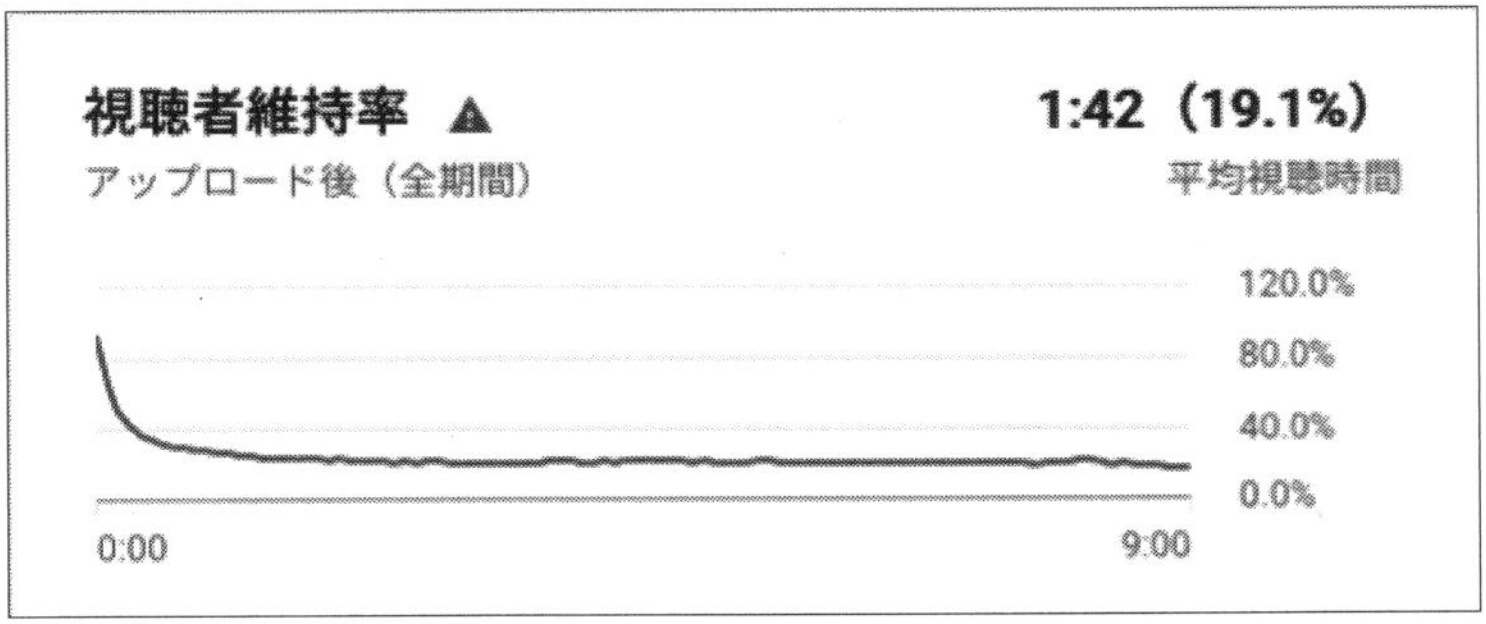

ひでシスがYouTubeにアップロードしたある動画の視聴率維持データ

暁　「なろう」は作者じゃなくても時間ごとのビュー数とか見られるので便利ですよね。商業化する場合、出版社側もそうやって人気が一目でわかるから扱いやすいのかな。

ひで　YouTubeも同じですね。自分で動画をアップロードすると、ユーザーがどこで抜けたとかそういうデータがすべて見られるんですよ。

木澤　第2章で「モノ軸のEC」と「ヒト軸のEC」っていう話がありましたよね。なぜ中国のアリババがAmazonやeBayの参入に対抗できたかという話。中国のタオバオでは商品単位ではなくショップ単位で評価スコアが決まってくる。なので、（Amazonのように）「何を買うか」ではなく「誰から買うか」が重要になってくる。一度信頼できるショップを見つければ、ずっとそこから買い続ければいいので、買い手側にリテラシーがあまり要求されないというのもある。

実はこういう「ヒト軸のEC」のあり方ってダークウェブのブラックマーケットとも非常に似ているんですよね（だからどうしたという話ですが）。ブツのクオリティをネット越しに見極め

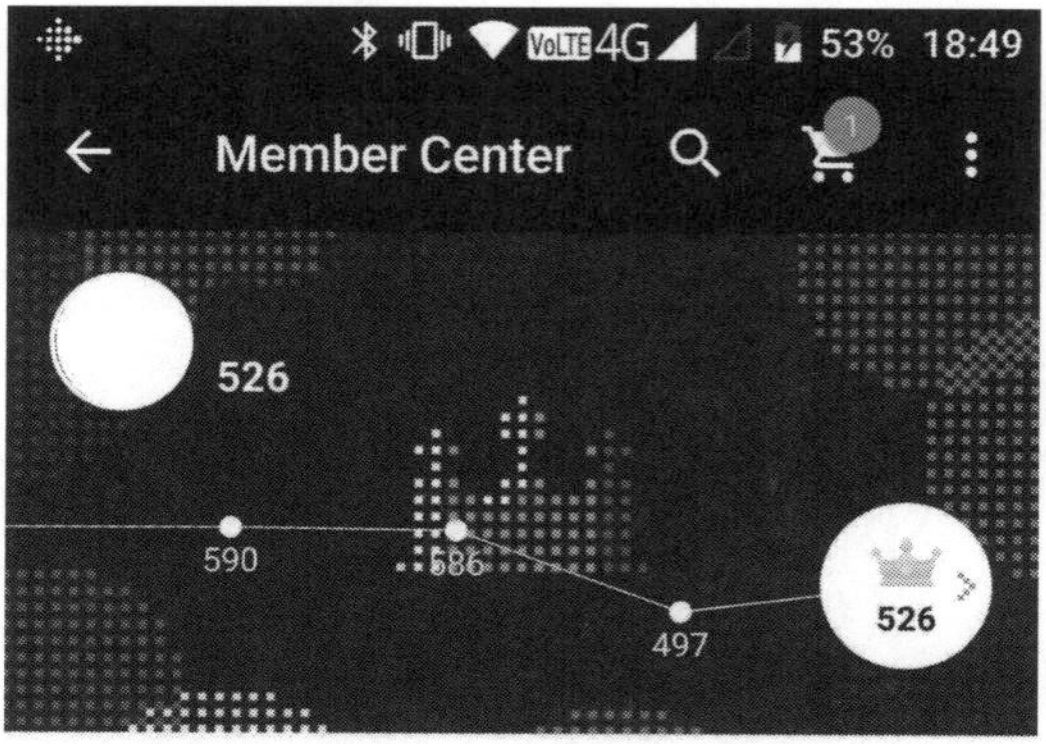

ひでシスのAliexpress。スコアがなぜか下がっているが、理由はわからない。

るのは至難ですし詐欺も多いから、必然的に信頼できるプッシャー（麻薬密売人）に顧客が集まる。「ヒト軸のEC」はブラックマーケットではうまく機能している。それこそタオバオのように、顧客がプッシャー＝ショップの信用評価をする仕組みがあり、悪い評価がつくと売上に響くから良質な品質やアフターケアを保証するインセンティブが売り手側に発生するようになっている。

ひで ぼくタオバオの世界版のAliexpressをかなり前から使っているんですけども、これもシステムはヒト軸のECですね。購入者がショップを評価するだけではなくて、購入者側もショップから評価されます。ちなみにダークウェブって購入者側も評価されるんですか？

木澤 どうだったかな……。そこら辺はマルチシグネチャー・エクスローみたいな暗号化技術を用いたアルゴリズムによって購入者側の不正を防止するのがベーシックなやり方だと思います。それこそダークウェブは法も公共空間も存在しないので、個人と個人を仲介するためには、こういった評価システムやアーキテクチャによるアルゴリズム的統治に頼らざるを得ない。このあたりは現在の中国とも似てくるのかもしれませんが。

暁 でも同時にAmazonでは評価のステマも問題になっていて、評価を信用していいのか？ということを判断するのにリテラシーが要求される時代ですよね。難しい……。それはそれとして、婚活もこの人物評価システムを導入してほしい。

ひで それめっちゃ思います。同じマッチングアプリ上で二股とかかける奴とかってなんやねんと思う。入会時に20万円ぐらい払う結婚相談所だとそこら辺をケアしてくれるんですけど、始めるコストの低いマッチングアプリはレモン市場（売り手と買い手の間の情報の非対称性が大きい市場）になってしまっています。

第4章 民主化の熱はなぜ消えたのか

検閲と読書会

ひで ぼく思ったんですけども、この読書会みたいなものって中国で行えないですよね。信用スコアが下がりそうですし、再教育キャンプにつれていかれるかもしれない。

暁 少なくともネットにアップロードはできないですね。

江永 たとえば『毛沢東語録』[†14]を読むとか、黙認されそうな図書で行うならば大丈夫なのでは？

ひで ぼくが中国人だったら『毛沢東語録』読書会をやっていたかもしれない。

江永 もっとも、読書会を娯楽としてやるのは結構難しいのかもしれませんが。

ひで ぼくら日本でこの読書会をやっていて弾圧されるかもみたいな感覚はまったくないですからね。

江永 どちらかというと、私刑が発生したら怖いなと危惧したりしています。

それはさておき。第4章の冒頭で指摘されていた、検閲するときに「めんどくさくする」っていう手法は面白いなと思いました。

ひで 金盾の壁越え（VPN）[†15]の話ですよね。そうやって「なんとなく」で人々を誘導するのがリバタリアン・パターナリズム[†16]だと。たしかに、健康的なメニューをレストランのメニューの一番上に大きく書いておくと、みんながその食事を食べて健康になる、みたいなのと構造としては似ている。

江永 ゲーミフィケーション[†17]も面白かったですね。トークンエコノミーは、自分にはとても身近に感じられます。夏休みの朝のラジオ体操のスタンプラリーとかとも似ている。

ひで ゲーミフィケーションだとちょっと関係ないですが、いま京大の熊野寮祭で処分者スタンプラリーっていうのをやっているんですよ。京都大学熊野寮の地下には中核派のアジトがいまだにあります。メンバーは大学から処分されたり放学されたりしていて、彼らは学内に入ると警備員がやってきて立ち退かされるんです。で、本人たちが学内に入ってメガホンで演説をできないから、せめて寮祭にかこつけて「顔写真入りスタンプラリー」のビラを配布して

†14　中華人民共和国の初代主席である毛沢東の著述からの引用をまとめたもの。1966年から一般向けの出版が開始され、70年代末に公式の出版が停止されるまで広く普及し、いくつかの言語にも翻訳されていた。

†15　金盾は中国国内の包括的な情報管理システム。その中でももっとも有名なのはグレート・ファイアウォールと呼ばれるもので、インターネットを中国本土の境内・外で検閲によって遮断している。たとえば中国国内からは自由な言論空間であるTwitterやFacebookにアクセスが行えない。この〝壁越え〟を行う、すなわち中国国内からアクセス禁止されたウェブサイトを閲覧するために使える技術のひとつにVPN（Virtual Private Network）がある。中国国外に置かれたネットワーク空間に、中国内から暗号化されたトンネリング技術を使って自コンピューターを追加するものである。ひでシスの経験では、2018年ごろはVPNは速度低下・接続断などが時々起こるもののまだ使えていた。国際情勢によってグレート・ファイアウォールの規制は強められたり弱められたりするため、VPNをつなごうとしてもまったくつながらない時期や地域もある。

†16　リチャード・セイラーとキャス・サンスティーンによる造語。2003年に初めて提唱された。ざっくり言えば、人間は自分で自分にとっての最善の選択が必ずしもできるわけではないという前提の下で、他人の選択に強制的な指図をしない点でリバタリアニズムであり、個々人の選択が当人にとって最善のものであるように誘導する点でパターナリズムであるというような立場。近年の受容と評価に関しては、那須耕介・橋本努編著『ナッジ!?——自由でおせっかいなリバタリアン・パターナリズム』を参照。

いるんです。面白くないですか。やっぱりこういうのをやって本人に触れ合うと、相手がどんな人間でも親しみを覚えますよね。

江永 あと、習近平政権になってから出てきた言葉で「ポジティブエネルギー」というのを見て、自己啓発的な言語センスを感じています。すべてが証券化するという話ではないけれど、色々な質があるとも言えそうなものも、片っ端から力（エネルギー）なる名称で、量的なものに置き換えられる対象として捉えようとする姿勢が感じられる。

第5章 現代中国における「公」と「私」／第6章 幸福な監視国家のゆくえ

統治功利主義の可能性

木澤 このあたりから俄然内容が法／倫理哲学寄りになってきますね。功利主義や、幸福と自由のトレードオフなどを大きな軸として、中国における監視社会化の是非が考察されています。

功利主義は、ベンサムの定義によれば「すべての人々の最大幸福」を人間の行為の唯一の正しい目的であるとする、というのを基本原理としています。つまり「社会の幸福が最大になること」が目指される。この功利の原理は「最大幸福の原理」とも呼ばれています。

もちろん、こうした古典的功利主義には批判も多い。社会全体の「幸福」の総量＝集計値にのみ関心を持つということは、それ以外の要素、たとえば人権や平等（再分配）や民主主義などはそれ自体では価値を持たない、より正確には手段的価値しか持たない、と言えます。こうした、全体の幸福をさながらＧＤＰ（国内総生産）のように単純に加算集計して、その値が大きければ大きいほど良いというアプローチは、功利主義の中でも総和主義と呼ばれています。新海誠監督の映画『天気の子』を例に取れば、ひとりの少女を生贄として犠牲にすることで社会全体の幸福量が増大するのであれば、（功利的には）それで良しとするのが総和主義の態度ですが、クライマックスにおける主人公の決断はそれに対するアンチテーゼになっているわけですね。でも本書を読んでいると、中国だけでなくグローバルなレベルで功利主義の方向に向かっているという感覚を覚えます。

ひで　中国共産党の定義する功利主義の幸福っていうのは「快」なんですよね。一方で映画『ジョ

†17　娯楽の文脈で発達したある種のゲームにおける枠組みや着想を、教育、労働、商売といった非娯楽的なものであると従来考えられてきた分野にも応用すること。もっと端的には、日常生活や社会の様々な場にゲーム的要素を導入すること。近年では特にビジネスの場で用いられることが多い。詳しくは井上明人『ゲーミフィケーション――〈ゲーム〉がビジネスを変える』などを参照。また、トークンエコノミーとは、トークン（たとえばポイントなどの交換可能性を持つ好子）を用いた、望ましい自発的行動の頻度増加を試みるテクニックを指す。暗号通貨も一種のデジタルトークンであると考えることができる。

ーカー』で低所得者層が見出したのは「自己決定権」なんです。中国が功利主義において「快」しか評価基準にしていないことをぼくはめちゃくちゃ批判しています。

木澤　快＝幸福と自己決定＝自由のトレードオフ関係を描き出したのが伊藤計劃の『ハーモニー』。要するに、自律的な意識（自由意志）は不幸＝苦痛の元なので、意識というハードウェアを消去することで人類が絶対的な「ハーモニー＝社会の最大幸福／快楽」に到達するという図式。

江永　著者の遺作長篇となった小説ですね。悪性腫瘍が全身の複数箇所に転移したりしていて、抗癌剤投与と放射線治療を受けながら書き上げたという。

暁　その彼が健康ディストピアである『ハーモニー』を書いたというのがすごいですよね。

木澤　もちろん『ハーモニー』には法哲学的な土台もあったと思います。たとえば、伊藤計劃が『ハーモニー』を執筆する際におそらく参照したと思われる元ネタのひとつに、法哲学者の安藤馨が当時26歳という若さで書き上げた『統治と功利――功利主義リベラリズムの擁護』という、鮮烈であると同時に難解で知られる書物があります。（『幸福な監視国家・中国』の中でも言及されていますが）安藤氏は功利主義の中でも統治功利主義と呼ばれる立場の擁護者で、これはアーキテクチャによる支配の浸透をむしろ積極的に評価しようという立場です。

まず前提として、功利主義が抱えてきた問題点のひとつに帰結主義の限界というのがあります。帰結主義は、行為の評価・正当化に際して行為の帰結のみが重要であるとするもので、これの対極に義務論があります。ところで、帰結主義は行為から生じる帰結についての完全な情報を行為者が持っていることを前提にしています。ですが、当然というべきか人間の知識や認識能力には限界があるので、帰結主義は現実的でないわけです。言い換えれば、個人の選択や行為は往々にして非合理的であり、そこに理性的な個人やホモ・エコノミクスを暗黙の前提に置く19世紀以来の近代リベラリズムの理念からの乖離が少なからずある。

では、どうすればいいか。ひとつは、行為の決定手続ではなく評価基準として功利主義を採用する間接功利主義です。ここから、行為を評価する人と行為を遂行する人が分離されるべきであるとする主張、より具体的には、統治者が効用計算を行って制度やルールを設計すれば十分であり、被治者が功利主義に従って生活を送る必要はない、彼らは社会の規則に従っておけばよい、とする考えが出てくる。これが統治功利主義です。[†18]

ものすごく乱暴に要約すれば、安藤馨はこの統治功利主義を徹底的に突き詰めた結果、アーキテクチャによる完全な統治のもとでは「人格」や近代的な「個人」は無用なものとなるだろう、という過激（?）な、と同時にきわめて『ハーモニー』的な結論を引き出しています。

†18　瀧川裕英／宇佐美誠／大屋雄裕『法哲学』を参照。

もちろん統治功利主義にも問題は存在します。たとえば、上述したように功利主義（帰結主義）が人間の認知能力を超えたものを不可避的に要求するとすれば、当然統治者側にも全知の能力が要求されるはずです。言い換えれば、統治者は人間を超えた存在、すべての帰結が予知可能である神のような存在でなければならない。しかし、この問題もＡＩの飛躍的発展によって乗り越えられるのは時間の問題かもしれません。シンギュラリティ（！）の到来と、神となったＡＩが統治するアーキテクチャのもとで、「自我」を消去した人類が完全な幸福＝ハーモニーを生きる、という未来像……。

また安藤によれば、自他の区別、諸人格をへだてる境界こそが快楽＝幸福の最大化を妨げている要因であるといいます。たとえば大半の人は、今日の自分と明日の自分をほとんど区別しないので、そこでの快楽の最大化＝功利計算はほとんど失敗しませんが（例：明日の食費のために今日の食事は少なめにセーブする等）、自分とは異なる人格＝他者に対しては、そこには厳然たる区別を設けます。つまり、私たちが他者の快苦を概して自分のものとは等しく計算しないことによって、人類全体の幸福の最大化に不可避的に失敗してしまっている、ということです。

であるならば、功利主義的な観点からすれば、これらの「障害」は取り除かれるべきである、という結論が当然（！）導かれる。すなわち、すべての「人格」の間の境界を取り除き、他者の快苦に対して自らの感覚とまったく同じように配慮することが可能となること。

法哲学者の大屋雄裕は『自由か、さもなくば幸福か？――二一世紀の〈あり得べき社会〉を問う』の中で、こうした構想を「感覚のユートピア」と名づけ、「我ら人類がすべてソラリスの海へと溶けていくこと」と表現しています。

伊藤計劃の『ハーモニー』、スタニスワフ・レムの『ソラリス』……。このリストにもうひとつ付け加えるとしたら、やはりミシェル・ウエルベックの『素粒子』でしょうか。あの小説の結末も、クローニング技術が発展したシンギュラリティの果てにおいて、自他の区別が廃された、すべてが単一のクローンとなって快の中に溶け込んでいくユートピアの未来世界が描かれていました。

暁　『キノの旅　the Beautiful World』[†19]でもありましたけど、同一クローンだらけの世界だと、ひとつ病原菌が入ったら全滅しそうですね。それもまたある種の幸福ではあるのかな……。

木澤　「自由」とか「個人主義」とか「アイデンティティ」とか、そういう近代リベラル的な価値

†19　時雨沢恵一によるライトノベル。主人公・キノと言葉を話す二輪車・エルメスが、個性豊かすぎる国々を旅する様子を描く。ここで記述したのは暁のもっとも好きなエピソードである第3巻第3話「同じ顔の国」だが、他にも「人を殺すことができる国」「徳を積む国」などアクの強い国が多数登場する。笑いあり涙ありの道中で、極端に見える文化・風習も、実はわれわれの社会の抱える問題と遠く離れていないことを気づかせてくれる作品。

観が人間の不幸の源泉なんだということをウエルベックは言いたいわけでしょうね。それらを捨て去って神の領域に参入して初めて人類は「愛」に到達することができる。

暁　人類補完計画[†20]そのものですね。

ひで　ハァ〜〜〜。ホントに悲しい。そりゃみんな同一者になれば善も愛も得られますよ。

木澤　『素粒子』の種本というかウエルベックが意識しているのは、テイヤール・ド・シャルダンとかジュリアン・ハクスリーらによる進化生物学的テーゼですよね。ジュリアン・ハクスリーは『すばらしい新世界』の著者であるオルダス・ハクスリーの兄で、シャルダンの『現象としての人間』に序文を書いたり、「新しい神性」とかいう優生学とキリスト教神学をマッシュアップしたような宗教的なテクストを書いていたりする、なかなか香ばしい進化生物学者なんですけど。実際、ハクスリーは自身が提唱する「進化的人間主義」を新しい宗教であると主張しています。一方、カトリック司祭でかつ古生物学者のシャルダンは、人類の生物進化とともにいずれ人類の集合精神は地球や神と一体化してオメガ点に到達する、みたいないわゆる「ヌースフィア」の概念を唱えて、のちのニューエイジ・カルチャーやロシア宇宙主義に多大な影響を与える。キリスト教と進化生物学って実は相性がいいんですよね。

暁　あ、ロシア文学界でも似たような話があったなと思ったら、そういう流れだったんですね。キリスト教ガチ勢にとってセックスは罪なんだけど、人類の維持のためには必要な悪で、これをせずに済ますためには、人類が進化するしかない。だから進化を目指すぞ！　みたいな思想が一時期流行していたと聞きました。

江永 日本だと北一輝[†21]が似たようなことを書いていましたね。社会民主主義が人類と神類の間をつ

†20　ここでは『新世紀エヴァンゲリオン』旧劇場版でのニュアンスを意図している。簡潔にまとめると「出来損ないの群体として生き詰まった人類を、完全な単体生物へと人工進化させる計画」のこと。

†21　社会思想家。1883年に生まれ、早くに右眼を患いやがて失明。日露戦争前後の愛国的な雰囲気の中で社会主義と国家主義に接近し、23歳で1000頁近くの著作『国体論及び純正社会主義』（1906年）を刊行（北輝次郎名義。発売5日後に内務省より発行禁止処分を受けたという）。その後、中国革命同盟会に入党し（1912年に中華民国初代臨時大総統となる孫文が中心となった政治結社。同時代には頭山満など右派のアジア主義者が中国などでの革命を支援する例が見られた）、1911年には上海へ渡航し1915年、1916年とルポルタージュ『支那革命外史』を執筆した（帰国は1920年）。帰国後、本格的な刊行の前に発禁処分となっていた『国家改造案原理大綱』（1919年執筆）を『日本改造法案大綱』と改題の上で1923年に刊行（一次的に憲法を停止して戒厳令を発し、現行の日本における「政治的経済的特権階級」を撤廃するべきだ、などといった、クーデターあるいはテロリズムの推奨とも解しうる内容で知られた）。1937年、二・二六事件の理論的指導者のひとりとして死刑に処された。北は1916年頃から『法華経』を愛読、著作内でも引用するようになり、晩年はもっぱら法華経を読誦する生活だったという。また、晩年の『霊告日記』には夢や幻覚の記録に加え、トランス状態で書かれたと思しき内容が散見される。思想史的な位置づけに関しては嘉戸一将『北一輝——国家と進化』を参照。なお、社会進化論と国家論という組み合わせ自体は、たとえば加藤弘之（1836-1916年）のような先行者もいる。田中友香理『〈優勝劣敗〉と明治国家——加藤弘之の社会進化論』などを参照。そして、『法華経』愛読に関連する、明治から第二次世界大戦期にかけての国家主義と日蓮主義の関係については、大谷栄一『日蓮主義とはなんだったのか——近代日本の思想水脈』を参照。

など思想であり、真善美が極まっていったら、類人猿から人類が出てきたみたいに、進化の果てに類神人が神類になるんだ、と。神類は排泄作用と交接作用（食事と生殖）から解放されているらしい（『国体論及び純正社会主義』第8章を参照）。

木澤 ニーチェもびっくりですね。ダーウィンの進化論を素朴に（？）突き詰めるとそういった超人思想に行き着くというか。

「合理性」とは何か？

江永 そういえば、「道具的合理性とメタ合理性」（181頁〜）という箇所があったと思うんですが、なんか引っかかったんですよね。「アルゴリズムに基づくもう一つの公共性」（183頁〜）とかも。なぜ、目的自体を再設定するメタ合理性を持たなければならないとされるのかうまくのみこめなくて。

ひで 社会制度の設計は別として、社会っていうのは別に目的があって作られるわけではない、という意味での引っかかり方ですか。

江永 いいえ。たしかにそういう問いも立てられそうですが。ええと、メタ合理性は、なぜ人間的だと言い切れるんでしょうか。

ひで チンパンジーは「あれ」「それ」とかいう指示語や言語中の再帰を持っていないから、メタ合理性を構築できないのに対して、人間なら構築できるからじゃないですか？

江永 ただの合理性とメタ合理性があるときに、なぜメタ合理性がより人間的だと言えるのか、また、なぜおすすめできるのか、というのがわからない。たとえば形而上学（メタフィジックス）が物理学（フィジックス）より上位だという見方に疑義を差し挟めるのと同じ程度には、メタ合理性が合理性よりよいという見方にも疑義を差し挟めると思います。難癖じみた物言いになってしまいますが……。

木澤 ここで想定されている市民というのはおそらく西洋近代的な市民ですよね。

江永 たしかに。一読したとき、ここで「メタ合理性」が働かない存在者としてチンパンジーを持ち出す、というレトリックが、なんか文明化されていない人間はおサルさんだから、みたいな偏見にずれ込んでしまいそうな気配がなくもないと感じました。もちろん著者の言いたいことがそういう話でないことは承知していますが、この修辞をあの箇所であのように使用するとそうした解釈の余地が残存してしまうのではないか、といった懸念は抱いてしまいます。

暁 それです。ここを読んでいてチンパンジーをバカにするな！　って思ってしまいました（うがった見方をしてすみません）。チンパンジーにはたしかに人間と同じような力はないかもしれないけど、道具的合理性に限らず、人間とはまた違う彼らにとっての合理性はあるだろうと。チンパンジーの数字記憶力は人間の大人より優れているという実験結果もありますし、抽象画も描けるんですよね。

また、人間の中でも我々のように、必ずしもここで書かれたような「人間らしい」社会を構築するためのメタ合理性を信奉しているわけではない人間もいるじゃないの、と思いました。

江永 たしかに。この部分、「チンパンジーみたいな」人間を、「人間らしい」人間の一段下に置く書き方になっているようにも映ります。

暁 人間には価値観によって諸々の判断を下すためのメタ合理性がある、という話はいいのですが、そのメタ合理性って人によってだいぶ違うと思うんですよね。市民的公共性に接続するタイプのメタ合理性を持っている人もいるでしょうが、自分的にはルソーの言う特殊意志のようなものに過ぎないと思います。でも著者は「いや一般意志でしょ」って思っているっぽくて、それが江永さんの感じた違和感の正体だったのかなと思いました。

木澤 統合失調症のゴリラが描いた絵とかあったら見てみたいですけどね。

江永 合理性が2段になっているのと対応しているということなのか（ちなみに185頁の図だと、この二層構造にさらにヒューリスティクスが加わっている。いわゆる直観的な判断に相当するレイヤーですね）、行動経済学への言及があって、脳に2つのモードがあるってこと（174頁）でしたけども、なんで2つなんですかね。

ひで システム1とシステム2の話ですね。哲学と心の諸科学を自然主義から読み解いていく本（植原亮『自然主義入門――知識・道徳・人間本性をめぐる現代哲学ツアー』）を読んだ限りでは、別に根拠があって脳のモードが2つだっていうわけではなかったはずです。3つかもしれない。

第7章 道具的合理性が暴走するとき

「天理」としてのアルゴリズム

ひで 道具的合理性が暴走すると日本も中国みたいになるんですかね。ぼくは嫌なんですが。

江永 でもクローン人間を作るハードルは下がるかもしれないですよ。

暁 デザイナーベイビーも生まれていましたね。[†22]

ひで あーたしかに。ぼくはマッドサイエンティストなので、人間のクローンを作ったり遺伝子操作をやったりはしてみたいんですよね。ただ特定集団の人権を蹂躙するのはいただけない。

木澤 ウイグルなどで起こっている出来事ですね。まあ、日本の入国管理局も似たようなことをしているようですが……。

江永　ハンガーストライキなさっていた方を、餓死に追いやったりとか。[†23]

ひで　もうやってたのか……。

江永　エグい話はここまで種々話題にあがりましたが、この本の中で言うと、再教育系の話はエグかったですね。スローガンを毎日読むようにと強いられたり、単純労働を強いられたり。

暁　この本は「中国はジョージ・オーウェル『一九八四年』的ディストピアではない！」って主張でしたが、ここだけはマジで『一九八四年』みたいな感じですよね。

江永　２０１９年秋に上演された演劇で、ソポクレス『アンティゴネ』のｎ次創作と言えそうな作品があって（劇団お布団の『IMG antigone copycopycopycopy.ply』）。クローン人間を取り扱ったディストピアＳＦめいた内容で、印象に残りました。

　ざっくりとあらすじを。反体制デモなどをしていたら犯罪者にされ、人権を蹂躙された人物、アンティゴネがいて、彼女を虐待するために施設で彼女のクローン人間（といっても現在のバイオテクノロジーの延長上にあるのかはわからない、人格や身体がマジでコピペ的に複製できる、という設定です）が大量に作られていき、クローン・アンティゴネたちに対する体制側からの拷問が加速していくのですが、そのうち、大量の奴隷たちの管理施設のような状態になっていく。で、連行されたアンティゴネを探す妹のイスメネが、その施設で、単純労働をさせられたり、食用に加工されたりする、人権のないアンティゴネのクローンたちの現状を説明される。最後のほうは、地下のアンティゴネのクローンを使って、経済的には国は復興し、イスメネは昏睡状態になり、その間にうまいこと国民に地下の施設を必要悪として認めさせるつもりです、とナレーションが入る。体制側からするとハッピーエンドの話でした。

ひで そのストーリーでハッピーエンドに落ち着くんですね。

江永 もちろん演出とか含めて全然ハッピーではない幕引きを迎えますし、ベタに体制側目線で、よかったとまとめるような劇評はなさげですが。先ほどインダストリアルな統治云々と述べた際、頭にちらついていたのはこの劇のことでした。

木澤 中国における儒教的な「天理」による公共性の追求は、逆説的にもアルゴリズムによる人間行動の支配を(倫理的にも)正当化する方向に傾くだろう、という著者の予言的見解はとても不気味であると同時に興味深いですね。「天理」としてのアルゴリズムが人間に代わって統治する、という話は先の統治功利主義やアルゴリズム統治性とも関わってくる。近代リベラリズムに端を発する功利主義を突き詰めたひとつの帰結としての、AIによるビッグデータ

†22 南方科技大学の準教授(当時)であった賀建奎は、HIVへの耐性獲得が見込まれるゲノム編集を施した双子が誕生したと2018年に公表した。2019年末、深圳市南山区人民法院は違法医療行為の罪で同氏とその協力者2名とに懲役刑並びに罰金刑を言い渡したという。事件の概要と問題点の整理としては、八代嘉美「ゲノム編集という名の「パンドラの箱」」などを参照。

†23 長崎県の入国管理センターで2019年6月に40代のナイジェリア人男性が餓死した。男性は一時的に外に出られる「仮放免」などを求めてハンガーストライキを行っていた。(ひで)

が支配するアルゴリズム／アーキテクチャ的統治と、そのもとでの最大幸福の追求。この方向に進んでいるのが現在の中国なわけですが、そしてそこには通常言われてきた意味での「自由（＝プライバシー）」や「人権」はたしかに存在しないかもしれませんが、かといって、かつて夢見られた自由と幸福の単純な一致や熟議を前提とした市民的公共性の理念が機能不全を起こしているのは決して中国だけの例外問題ではないはずなので、いずれ我々も選択を迫られるだろうと思います。

ひで 皆さんは、中国型の監視社会と日本社会、どちらで暮らしたいですか？

暁 うーん、僕はどっちも選びたくないです……。第三の道を選びたい……。

江永 何を選ぶにせよ、仕様がよくわからないと選べない。もっと詳細が知りたい。いまなら限定で初期ログイン人類（新生児）に自由意志を無料配布してます！　みたいな感じで、より詳細な仕様が可視化されたら面白そうだなと思ったりもします。

自由意志、自動機械と責任みたいな話題で連想が生じたのですが、先頃アメリカで、Uberの自動運転車が横断歩道を渡らない人間を人間と認識できなくて轢《ひ》いてしまい、死に至らしめる事件がありましたね……。[†24]

ひで あんなん自動車の前に飛び出す奴が悪いでしょ。電車の前に飛び出したら死ぬのわかってるでしょ。一緒ですよ。

暁 自動運転車の跋扈《ばっこ》する世界では、人間は横断歩道を渡るしかないですから。アルゴリズムに合わせて人間が行動を変えるしかないのでしょうね。

幸福の定義

木澤 いまさら白状すると、最大幸福を追求するための功利主義、と言ったときの「幸福」がどうも僕には具体的にイメージできないんですよね。通常の古典的功利主義では、幸福とは「苦痛が少なく快楽が多い状態」だったりすると思うんですが、たとえばすべての人格が溶け合った「感覚のユートピア」としてのソラリスの海における「幸福」ってじゃあ果たして何なのか。どうもここには、ソラリスの海に向かって「あなたはいま幸福ですか?」と尋ねることに似たナンセンスさを感じます。そもそも現在の僕たちと、未来の果てに到来する(?)ソラリスの海としての僕らの間には、乗り越えられない共約不可能性(=コンタクトの不可能性)が存在しているはずで。また、そこにおいては「幸福」と「愛」は果たして区別される

†24 2018年3月に、Uberの自動運転テストカーが道路を横断していた歩行者を死亡させる事故を起こした。米国家運輸安全委員会の報告では「システムは横断歩道のない場所を横断する人を想定していなかった」とのこと。(ひで)

のか？　等々。たとえば自らを苦痛に晒すことによる「愛」の形も当然あるわけですよね。功利的な計算システムを内破させるイレギュラーとしての「愛」。愛にできることはまだあるかい？[25]　という問いがここで俄然アクチュアリティを帯びてくるかのようであり……。幸福の海に沈む感覚のユートピアの只中において、「セカイなんて、狂ったままでいいんだ！[26]」と叫ぶこと。

ひで　じゃあ木澤さんは具体的にどういう社会を望むんですか？

木澤　うーん、ＬＳＤ（幻覚剤）で好きなときにトリップできる社会ですかね。というのは冗談として、苦痛がゼロであることが「幸福」であるとしたら、ベッドの上で脳にモルヒネを常時投与しながら生きることと、あるいは「感覚のユートピア」の海、または水槽に浮かぶ脳との間に実質的な差異はないのかもしれない。

こうした快楽功利主義に対する異論としては、たとえばロバート・ノージック[27]が提起した「経験機械」という思考実験がありますよね。自分が望むどんな経験でも与えてくれる機械――経験機械――に一生つながれて生きていたいと思う人間はさほど多くないだろう、というのがノージックの見立てで。ここから、効用とは「快楽」ではなく「選好充足」であるとする選好功利主義がプレゼンスを高めてくるわけですが、いずれこのあたりについては深く考えてみたいですね。

江永　何がやりたいことか、というのは大事そうですね。たとえばニック・ランドは、資本主義が、生命と生物学的な知性を費やして、人間の予期を超えて広がる新たな生や知性の平面を創造した、と語っていて、つまり主語が資本主義で、さらにそれを人外的な目線で評価している。[†28] 人外目線というと論外な態度に思われるかもしれませんが、たとえば種差別的偏見のない功利主義とか、宇宙的価値としての平等とかを考える際の目線と、そこまでかけ離れたものでもないのではないか、と私は懐疑してしまいます。

私は、私が何かの役に立っていることを私の幸福と呼びたい気持ちがあります。私が自覚できようとできまいと、私が何かの役に立っていたほうが、より幸福です。自己決定というか、自己効力感はあったほうが私はうれしいです。けれど、そのうれしさは幸福であることなのか、私にはわかりません。

†25　RADWIMPS「愛にできることはまだあるかい」の歌詞から引用。なお、同曲は映画『天気の子』の主題歌でもある。

†26　映画『天気の子』作中における主人公の台詞。

†27　アメリカの哲学者。1938年生まれ、2002年没。それまで無政府資本主義などの曖昧なイメージで捉えられていたリバタリアニズムに一貫した政治哲学的な土台を付与した。主著は『アナーキー・国家・ユートピア――国家の正当性とその限界』。

†28　ニック・ランド「超越論的厭世主義の批判［Critique of Transcendental Miserablism］」（2007年）を参照。

暁 ひでシスさんにとっての幸福は、やはり自己決定権の追求ですか？

ひで そうですね。

暁 僕にとっての幸福は、生活に困らないだけの健康とお金があること、異物が排除されない世の中になることですね。衣食住足りて礼節を知るというか、最低限そこが満たされないと生きるのは苦痛でしかないので。同時に、みんなの幸福を優先する幸福最大化社会は、僕みたいな人間がはみ出し者になっちゃうっていう自覚があって、嫌なんですよね。先ほどの木澤さんの話にもありましたが、たとえばみんなが日常系萌えアニメを見たいと決まってしまえば、ハートフルよりもハードコアなアニメが好きな僕の幸福は無視してもいいってなりかねない。かつて教室の片隅で震えていた自分を思い出し、つらくなります。「俺は青空よりも陽菜がいい！」[†29]と思うし、『沙耶の唄』[†30]的に言えば周りの「肉塊」たちが正しいとされる世の中で、帆高のような少数派による価値の転換、「愛」による革命が起きることを望んでいるのかもしれないです。

木澤 「幸福」の定義をいまこそ練り直さないといけない機運が出てきましたね。

†29　『天気の子』にて、主人公の帆高がヒロイン・陽菜に向かって叫ぶクライマックスシーンの台詞。主人公はここで世界秩序よりもヒロインひとりの方が大切であると宣言している。セカイ系好きの一オタクとしては、ぐっとくる名場面である。

†30　2003年にニトロプラスから発売された（アダルト）美少女ゲーム。アニメ『魔法少女まどか☆マギカ』で一躍有名になった虚淵玄氏の過去作としても知られ、以前、当読書会でも題材として取り上げた。主人公の郁紀は、交通事故によって両親および自分の正常な知覚を失い、人間や物、世界が全て汚い肉塊に見える（感じる）ようになってしまった医学生。そんな彼を、以前からの友人たちは心配するが、主人公目線で彼らは肉塊でしかなく、その優しさは届かない。一方で、彼は入院中に「沙耶」と名乗る少女に出会う。狂った世界で、彼には彼女だけが美しい少女に見える。郁紀は彼女を愛し、彼女の願いを叶えるためにどんどん狂っていく……という物語。あるひとつのエンドでは、ヒロインの沙耶が背中から翼のような花弁を広げ〝開花〟することで、鱗粉をバラ撒き、世界の在りようを塗り替えた。

雑談①

『天気の子』と神新世

映画『天気の子』（新海誠監督、2019年7月19日公開）の感想を語り合います。ネタバレ全開なので未見の方はご注意下さい。


木澤　『天気の子』を観ましたけど良かったです。立川シネマシティの「極音」（極上音響）上映で2回観て、パンフも買ったし小説版も読みました。パンフレットには新海監督が今作に込めたオブセッションが端的に表明されていて興味深かったので少し引用してみます。

「今回の作品の柱としていちばん根本にあったのは、この世界自体が狂ってきたという気分そのものでした」

最初の一文の時点で素晴らしいですね。さらにこう続きます。

「世界情勢においても、環境問題においても、世の中の変化が加速していて、体感としてはどうもおかしな方向に変わっていっている。そう感じている方はすくなくないような気がします。ただ、それを止めなかったのも僕たちです。今の世界は僕たち自身が選択したものでもあります」

さらに、エアコン等の二酸化炭素排出問題などを挙げながら、そうやって世界の形を選択し変え続けてきた大人には世界の有り様に何らかの責任を負っているけど、若い人たちにとって、いまの世界は選択の余地すらなかった、と。生まれたときから世界はこの形で、選択のしようもなくこの世界で生きていくしかない。

「やりたかったのは、少年が自分自身で狂った世界を選び取る話。別の言い方をすれば、調和を取り戻す物語はやめようと思ったんです」

本当に素晴らしいですね。おそらく新海監督は前作『君の名は。』で色んな批判を受けて狂っちゃったんでしょうね。小説版『天気の子』のあとがきでも、「老若男女が足を運ぶ夏休み映画にふさわしい品位などはもう一切考えなかった」と完全に開き直ってみせています。実際、本作のエピローグを見てみても、明らかに何か吹っ切れたような、一種の清々しさ(=尊さ)を感じました。

一方で、パンフレットで環境問題に触れ、劇中でも「人新世」というタームを終盤でチラ見せさせたりしているのにもかかわらず、奇妙なことに劇中では環境問題やエコロジーについての直接的な言及は皆無なんですよね。そのギャップがちょっと驚きでした。

そもそも「人新世」というのは、大気化学者のパウル・クルッツェンによって広く普及したタームで、1万8000年続いた完新世という安定の時代が終わり、人口とエネルギー使用の増加、工業化が加速度的に進んだ20世紀半ばの「グレート・アクセラレーション」を経た、人間の活動が地球環境に不可逆的な影響を与える現代という時代を言い表すために提唱されたものです。ところが、『天気の子』では「人新世」は完全にアニミズム化されている。というのも、天気は結局のところ「神」の気まぐれで、(巫女《みこ》以外の)人間が介入できるものではない、ということになっているから。だから、劇中では世界が狂っている原因＝責任が奇妙にも宙吊りにされて、「神」という超越的な存在に投げ返されてしまっているように見えるんです。一方で、天気の巫女の役割は「もともと狂っていた天気」をコントロールするというもので、代々彼女たちが人柱となることで世界の調和が現在までなんとか保たれてきた。

ここで「責任」の位相が若干ズレているのがわかりますか。大人たちは後の世代に責任を押しつけて現実を見ないようにしてきた、という「責任の引き受け」のテーマがここで出てくる。終盤に「世界はもともと狂っていた」という台詞が出てきますが、正しく「人新世」的に言うなら「世界を狂わせたのは人類の活動のせい」なので、これは「人新世」が唱える学説とは真逆です。このあたり、新海監督が「人新世」を意図的に誤読しているのか、気になるところですが、環境問題にあまり言及すると下手に政治臭が出たりシリアスになってしまうのでエンタメ的な文法で昇華しようとしたという推測も立てられそうです。

それと、『天気の子』ではどうも天気が祖先霊と結びついているみたいなんですよね。序盤にヒロインが屋上の神社の鳥居をくぐるときも、足元に盆踊りの精霊馬が2体祀《まつ》ってある。実は『天気の子』は「お盆映画」だということがここで判明するわけですが、びっくりするのは祖霊が雲の上にいるというヴィジョン。日本の祖霊は西洋のように天国といった超越的な世界に行くのでもなく、また仏教のように輪廻転生するのでもなく、この地上に留まり続けるのだ、という祖霊信仰の存在を指摘したのは柳田國男ですが、『天気の子』では中盤における線香の立ち昇る煙のイメージにも仮託されているように、死者は天の上に昇っていくという、しかしそこは天国ではなくあくまでこの世における雲の上である、という独特の死生＝世界観が描かれている。

江永 そのあたりの霊魂表象の系譜を掘り下げてみたくなりますね。それこそ、記紀にはヤマトタケルが客死してから魂が白鳥と化して翔《と》んでいく場面があるし、万葉集の水江浦嶋子を詠んだ長歌でも箱から出た白雲が飛び去ると浦嶋子が老けて萎びて死んでしまう姿が描かれているとか、いくつかの挽歌では煙とか霞《かすみ》の表現が見られるとか、宙を飛ぶ霊魂みたいな水準で捉えて、文献や図版を渉猟していけば、イメージの系列を作りうると思います。†1

†1 なお、作中の気象神社で天井画とともに提示される図像は、17世紀前半の『大日本国地震之図』を参照したものと推定されている。同作で天井画や図像を担当したアニメーション美術監督の山本二三は『新海誠監督作品 天気の子 公式ビジュアルガイド』の中で、中世日本での龍に対する認識を様々な図像から読み解いた黒田日出男『龍の棲む日本』に言及している。

盂蘭盆会《うらぼんえ》（お盆）においては、仏教伝来以前の祖霊信仰と仏教の教えに由来する内容が混《こん》淆《こう》していたらしくて、[†2] ちょっと判然としませんが、たしかに、祖霊は山とか海の彼方とかにいるとされていたはずで、空の上にいるという話は（少なくとも自分は）あまり聞き覚えがありません。空の上に（亡くなった名もなき市民たちの？）霊魂がたむろしているイメージって、むしろ、ここ半世紀くらいのオカルト、スピリチュアリズムの文化の影響を考えた方がいい気がしています。たとえば、ジェームズ・ヴァン・プラグ『もう一度会えたら――最愛の人天国からのメッセージ』の翻訳が1998年で、テレビ特番『江原啓之スペシャル 天国からの手紙』の放映が2004‐2007年で計10回ありました。現今の「天国」表象のいくつかには、スピリチュアルの文脈に由来する側面があるはずです。[†3]

そういえば最近のスピリチュアル本で瞠目すべき本を見かけました。サンマーク出版から出ている、すみれ『かみさまは小学5年生』です。[†4] どうも池川明の胎内記憶説と関係深い本らしくて、この胎内記憶説っていうのは、妊娠した人や新生児のケアをするための知識と輪廻転生思想の混合物みたいなんですけど（これは個人の提唱した珍説というにとどまらず、どうもオットー・ランク[†5]の出産外傷の話みたいに色々な系譜を推測できるものです）[†6]、この本、流産を経験した人を慰撫するために（？）、「あかちゃん自身が流産を経験したくて地球に来てることが多いよ」とか書いてあるんですよね。すごい転生言説。ある種の「なろう系」小説よりエキセントリックなノンフィクション（？）が読めるとは、と驚きました。この著者（すみれ）の本が40万部（シリーズ累計）も買われて読まれているらしく、そうなると、少なくともデイヴィッド・ベネターが提唱したような意味での、快苦、利害に基づく倫理的態度としての反出生主義（本書第5章を参照）がどうこう、どころの話ではなくなってしまう気もします。

木澤 新海誠とスピリチュアルって結構重要なテーマですよね。『天気の子』でも『君の名は。』でも作中にオカルト雑誌の『ムー』がプロップ（小物類）として出てくる。これは監督の一種の開き直り、あるいは自意識過剰的な自虐ネタとしてかもしれませんが。

ひで 日本にはちゃんとした宗教がないからサンマーク出版とかが伸びる余地があるんですよね。新海誠もちょっと頑張れば新興宗教を開くきっかけになるような映画を作れるんじゃないですか？

†2　民俗学的には、御魂祭（盆と年末に死者を迎える習俗）には仏教由来ではない要素が認められるとされている。同行事の由来に関しては、竺法護（239‐316年）の訳として伝わってきた仏典『盂蘭盆経』（釈迦の十大弟子のひとり目連の救母譚が語られている）との関連が長く指摘されてきたが、イラン系ソグド人の祭祀に由来する等の異説も存在する。なお目連の救母譚と似た挿話としては、パーリ語の仏典『餓鬼事経』に所収の舎利弗（十大弟子のひとり）の救母譚が挙げられる。

†3　江原啓之ブームを扱った研究書としては、堀江宗正『ポップ・スピリチュアリティ――メディア化された宗教性』などがある。

†4　産婦人科医。1954年生まれ。「分娩の記憶」（第16回保団連医療研究集会での発表、『月刊保団連』730号〔2002年〕に掲載）以降、胎内記憶に関する著述を盛んに発表している。

木澤　『天気の法』……。

系譜原理を断ち切る

木澤　やはり、『天気の子』を観ていて気になってくるのは「責任」の引き受けの問題です。というのも、この世界においては、「責任の引き受け」とは、もともと狂っていた、ありのままのカオティックな世界の肯定と受け入れを意味し、かたや「責任の放棄」は、そうしたありのままの世界を受け入れることができずに、巫女という人柱を立てることで負債を若い世代に繰り越していくことを意味する。選択肢はこのどちらかしかない。これは見ようによってはとても受動的かつ宿命論的です。まるで旧約聖書を読んでいるようです。『天気の子』に描かれているのは「人新世」というよりは「神新世」なのではないか、という気がしてきます。

江永　大槻ケンヂの小説『ステーシー』（1997年）を思い出します。作中では少女たちが突然

†5　オーストリアの精神分析家。1884年生まれ、1939年没。フロイトに感化され、後のウィーン精神分析協会へつながる水曜会に1905年に参加。国際精神分析協会成立（1910年）以降、C・G・ユングや

A・アドラーといった人物がフロイトと袂を分かって独自の流派を形成していくなか、E・ジョーンズやS・フェレンツィなどの人物からなる、精神分析本流のための秘密結社的な集会の一員になる（同集会のメンバーには、フロイトから指輪が贈られたという）。フロイトから後援を受けつつ、ローエングリン（アーサー王）伝説に関する研究で博士号を取得。文学や神話における近親相姦や、分身のテーマを論じるなど、精神分析の医学以外への応用ないし拡張に貢献した。しかしながら、1924年出版の『出生外傷』にまとまることとなる自身の理論的見解を展開する中で、フロイトの提唱したエディプスコンプレックス説からの逸脱を詮議されるようになる。1920年代以降は、フロイト派と阻隔を来しつつもセラピストそして著述家として主にフランスやアメリカなどで活躍した。ランクの理論は、来談者中心療法を提唱したことで知られるアメリカの臨床心理学者、カール・ロジャーズなどに影響を与えたとされている一方で、原初療法で知られる精神療法士のアーサー・ヤノフや、『暴力なき出産』の著者で産科医のフレドリック・ルボワイエなどの言説と関連づけられることもある（John F. Crosby + Marjorie E. Crosby「原初的出生外傷――ランク、ヤノフ、ルボワイエ［Primal Birth Trauma: Rank, Janov and Leboyer］」『Birth: Issues in Perinatal Care』3巻4号［1976年］所収）。さらに言えば、フレドリック・ルボワイエは、1970年代頃からの自然分娩運動の中で水中出産の唱道者として知られるようになった産科医、ミシェル・オダンに先行する人物としても知られているのだが（ただしルボワイエはオダンによる水中出産の実践に対して批判的だった）、きくちさかえ編『DVD付 みんなのお産――39人が語る「お産といのち」』に登場する39名の人物の中には、ミシェル・オダンと池川明が含まれてもいる。

†6　胎内記憶に関する先行の著作としては、七田眞・つなぶちようじ『胎内記憶――バース・トラウマの秘密』や吉本隆明『新・死の位相学』、あるいは『ベケットの解読』にはじまる真名井拓美の一連の著作などを挙げることができ、六部殺し（全国にある66の札所を巡礼する「六部」を金品目的で殺害した農夫をめぐる怪異談）のような民話も加えてよいならばさらに遡れるはずであるが、こうした胎内記憶言説の系譜に関連して、たとえば英隆／コリーヌ・ブレ『水中出産』のような分娩論の類と、ブライアン・L・ワイスなどで知られるであろう前世療法の文脈が、日本の産科学や助産学において、どのように結びついて今日に至るのかについて、私は十分な知識を持ち合わせてはいない。

死してゾンビになって復活するのですが、人間（作中世界ではもっぱら成人男性）には理由がわからない。話の通じない狂暴で有毒なステーシー（少女ゾンビ）を、人間は電動ノコギリなどで解体することしかできない。でも状況は物語の結末に向かう中で激変します。終盤にようやく説明が入るのですが、なぜこのような事態になったかというと、作中の合衆国大統領いわく「主軸による微調整期間」（主軸なるものは、いわば作中世界の、ソシャゲ的な意味での「運営」であり、おそらくは、地球運営ゲームをやっている「神」です）のミスで起きたバグだった、で、修正は終わりましたんで、とにべもない。

この問答無用なアップデート感は、異常（?）な気象を、擬人化された元号を象徴するキャラクターの操作ミスとして（職場での新入社員のミスのように）捉える創作文化[†7]とも通じあっているように映ります。ただやはり「運営」には「ミス」の責任があり、同時に、「ミス」からの復旧の権限、つまりは環境の回復可能性や制御可能性も想定されている（小説『ステーシー』は、老いて死滅していく旧人類ロストが、ペット化したステーシーとともに、旧人類から見ると「奇形」的な特徴を持ち単為生殖する新人類ハムエたちの主導する新たな社会秩序を悄然と受け入れるという、異様に和やかな宿命論的雰囲気で閉幕します）。

『天気の子』が「天気」をモチーフに取り上げたのは、何か機運の高まりに乗っていることのように思えますし、のみならず、「天気」の独創的な捉え方がそこにあるように感じられます。通例の「人新世」って、環境問題を再び公害に引き戻すというか、うまく責任を負う主体が特定できなくなった環境破壊に対する人類の、責任と呼びたくなるような何かを、人類（の文明）全体の罪責性に帰する仕方で再興する議論とも捉えられる気がするのですが、そうは言っても気候変動の人間の責任って、どこからどこまでがどういう因果関係なのか錯綜していてよくわからないし、かといって、たとえば隕石の衝突みたいな、不意に外から到来する事故というわけでもない。どうしたら気候変動に関する個々の責任を認め、与えてしまった被害をあがなうことができることになるのか、判然としない。「神」（匿名的な祖霊た

†7　いわゆる「令和ちゃん」のこと。沓澤真二「5月にあるまじき暑さ→「新米元号『令和』が気温設定間違えた」説が拡散→元号の擬人化キャラ「令和ちゃん」がトレンド入り」（ねとらぼ、２０１９年5月24日）https://nlab.itmedia.co.jp/nl/articles/1905/24/news130.html、匿名記事「酷暑原因は〝令和ちゃん〟…ＳＮＳが擬人化祭りなぜ起こる？」（ORICON NEWS、２０１９年6月1日）https://www.oricon.co.jp/special/53092/、およびコンタケ「「体調崩す」「加減覚えろ」　気候管理下手の令和ちゃん、7月梅雨、8月夏、9月秋のデジタル管理を導入し2年連続ドジっ子ぶりを発揮」（ねとらぼ、２０２０年9月1日）https://nlab.itmedia.co.jp/nl/articles/2009/01/news153.html などを参照。ちなみに元号「令和」の擬人化イラスト自体は、師走ほりおや muku など複数の作家から２０１９年4月1日時点でそれぞれ発表されており、muku のイラストを採用したキャラクターグッズが秋葉原などで発売されもしていた。ほかに元号擬人化ものとしてはＫＡＤＯＫＡＷＡ編『ようこそ令和さん！　元号擬人化アンソロジーコミック』などがある。なお、ここの発言時に念頭に置いていたのは、こましょの、しらあえ、スタネ粉などが２０１９年5月24日にTwitter上のそれぞれのアカウントで発表したイラスト。

ち?）の恣意からなる「神新世」というのは、えげつない見方ですね。

木澤　『天気の子』のラストでは「僕たちはここ（東京）に住み続ける」という形で責任の引き受けを示すんですけど、これが上海にExitしたり宇宙に脱出したりしていたら新反動主義になりそうだなと思いながら観ていました。

ひで　東京に住み続けるのは人類の気候変動に対する責任の取り方というより、資本主義・市場主義の大きな流れの中でレガシーと共に生きていく方がコスパが良かったから、みたいな解釈をぼくはしていました。ボーイミーツガール物語における男女関係と世界の行く末の関係についてですと、たとえば『最終兵器彼女』[†8]は、主人公が彼女との柔らかい関係と世界の存亡を天秤にかけて彼女を選び取ろうとする、って話でしたよね。

暁　『最終兵器彼女』は彼女を犠牲にした上に世界も救えない話でしたが、『天気の子』は世界を犠牲にして彼女を救う話になっていますね。新海誠監督の『ほしのこえ』[†9]もですが、セカイ系諸作は大体ヒロインを喪失してしまう筋書きになっているので、ある種の寝取られ物に近いカタルシスがあります（つまり、ヒロインを世界に寝取られるということ）。一方で、『天気の子』の結末はそうではない。『天気の子』はセカイ系っぽい構造をしていますが、それまでのセカイ系のお約束を覆したことで、「何周もループした後にようやく迎えられたトゥルーエンド」感を出している。それがゼロ年代美少女ゲームっぽいと言われた理由のひとつだったのかな、と思いました。

そして、この映画って愛による救済を描いていますよね。児相から逃走する描写のように、公助への忌避感があるから、みんな自助・公助で大切な人間だけを助ける世の中になっている。だから愛されない人間は切り捨てられていく。愛にできることはまだあるが、愛されない人間は生きていくことすらできないのかもしれないな、と思ってしまいました。

木澤 あと、『天気の子』は意外と保守的というか、最終的に主人公含め主要登場人物のほとんどが警察に逮捕されているんですよね、驚くべきことに。警察に逮捕されることで成熟するというか、大人になるためのイニシエーションとして警察に1回はシバかれておかないと、みたいな。イニシエーションとしての3年間の保護観察処分。『君の名は。』では発電所を爆

†8　2000年1月から2001年10月まで『ビッグコミックスピリッツ』で連載された高橋しんの漫画。謎の敵に襲われる街で、主人公シュウジは思いがけず、交際相手のちせが身体を兵器化した異様な姿で戦っている場面を目撃してしまう。最終兵器として戦いを重ねる度にちせは心も身体も蝕まれていく。東浩紀『波状言論―美少女ゲームの臨界点』では「セカイ系」の代表作として新海誠『ほしのこえ』、秋山瑞人『イリヤの空、UFOの夏』とともに挙げられた。

†9　2002年に公開された新海誠監督初の劇場公開作品。国連軍のメンバーに選ばれ宇宙へと旅立ったヒロインと、地球に残った主人公が、離れ離れになっても携帯メールで連絡を取り合っていく様子を描く。しかし、地球から離れるほどにメール送受信の時差は大きくなり、やがて二人は……という物語。本作もまた、『君の名は。』における時差、『天気の子』における年齢差のように、登場人物間の時間のギャップが物語の重要な一要素となっている。

破テロしておいてお咎《とが》めなしでしたからね。このあたりに、新海誠の「成熟」（？）を見る思いがします。

ひで やっぱり警察を角材で殴ったり転び公妨（警察が被疑者と身体を触れたまま自ら転倒することで、公務執行妨害をでっち上げること）をされたりするのは大人になるために必要な儀式ですからね。

木澤 それとさらに驚くべきこととしては、今回は珍しくヒロインが主人公より年下なんですよね。だけども、その事実はなんと終盤まで開示されない。今作でも前作同様、年齢錯誤トリックが効果的に使われていて、クライマックス直前、パトカーの中でヒロインが自分より年下であったという事実を警察から伝えられる。「なんだよ、俺が一番年上じゃねえかよ……」。新海作品における年齢の非対称性は思いの外重要です。すなわち、この瞬間主人公の内側で「転回」が起こっている。主人公はこの瞬間「少年」から「青年」へと移行しているんですよ（エピローグで須賀が主人公を「少年」ではなく「青年」と呼びかけているという些細な事実は殊《こと》の外重要だと思っています）。言ってみれば、ここで主人公は家父長制（！）に目覚めかけている。で、「覚醒」した主人公は警察権力を振り切りラプンツェルの塔からお姫様をものすごい勢いで見事に救い出してみせて、（この間に3年間の保護観察処分が挟まりますが……）「僕たちはきっと大丈夫だ」って手を握りしめてやる。大人（青年）として。

江永 全然大丈夫じゃなさそうな感じしかしませんが、大丈夫じゃなくても「大丈夫だ」って言う

んですね。[†10]

暁　劇中歌の『大丈夫』でも、「君の「大丈夫」になりたい「大丈夫」になりたい　君を大丈夫にしたいんじゃない　君にとっての「大丈夫」になりたい」と歌っているので、大丈夫じゃないけど大丈夫だと言ってみせるのが「大人になる」ということなんでしょうかね。

木澤　それが家父長制における責任の取り方なのかも……。

江永　家父長制と責任、というと江藤淳『成熟と喪失――〝母〟の崩壊』の「治者の文学」を連想しますが、[†11]『天気の子』の勘所をカオティックな世界の肯定にあるとまとめてよいのなら、江藤の言う「治者」のありかたと、『天気の子』の主人公のありかたとを、比較してみたくもなります。

木澤　一方で、そういった家父長制や「治者」から遠く離れたところに『天気の子』の可能性を探ってみたいという気持ちもあります。

†10　この読書会の後『天気の子』を視聴しましたが、東京が大変なことになったとはいえ、東京は世界じゃないし、国家体制や市場経済が崩壊したわけでもなさそうだし、たとえば『最終兵器彼女』のように世界規模で死体の山が築かれたわけでもなさそうだし、なんなら逮捕されたはずの主人公が運営していた「晴れ女」サービスのウェブサイトまで利用可能な形で残っていたので、観る前に想像していたよりは「大丈夫」だったかもしれない、と思いました。

たとえば、系譜原理からの切断という観点をこの作品に導入してみることで見えてくるもの。先祖の存在は「生」に対して超越論的である、みたいな議論があるんですよね。というのも先祖が存在しなかったらここにいる自分もまた存在しないからだ、というかなり身も蓋もない話なんですが、だからこそ一定の説得力はあって厄介とも言える。その系譜原理を切断するのが加速主義なんじゃないかなと思っています。たとえばニック・ランドは「暗黒啓蒙」の最後でミュータント的な「生」の存在を提出している。これは祖先の無限の系列と遡行から成る系譜原理的な超越論性からExitした、ポストヒューマンかつ超‐超越論的な「剝《む》き出しの生」と解釈することもできるんじゃないかと思っていて。そして僕は『天気の子』をそういう側面から見たいんです。すなわち、雲の上における祖先霊の世界からの徹底的な切断と分離、起源から継承され続ける「負債」の際限なき再生産からの切断、神の裁きからの決別としてのクライマックスにおける「決断」を肯定してみたいのです。

†11　文芸批評家の江藤淳は第二次世界大戦後の文学を扱った評論『成熟と喪失』（初出『文藝』1966年8

月・1967年3月、全8回）において、自己と外界すなわち他者との敵対的な二元論を前提とする、一種のアイデンティティ論ないしライフスタイル論を展開している。「もしわれわれが「個人」というものになることを余儀なくされ、保護されている者の安息から切り離されておたがいを「他者」の前に露出しあう状態におかれたとすれば、われわれは生存をつづける最低の必要をみたすために「治者」にならざるを得ない。つまり「風よけの木」を植え、その「ひげ根」を育てあげて最小限の秩序と安息とを自分の周囲に回復しようと試みなければならなくなるからである。

近代の政治思想が実現すべき理想として来たのは、近代以前の「被治者」を一様に普遍的に「治者」にひきあげようとすることである。しかし、この過程で現実におこったのは、いわば、人間を「往還から引っ込んだところに丘や藪を背にして、いかにも風当たりの心配なんかなさそうな、おだやかな様子で」立っている「藁葺の屋根」の下から引き出して、「隠れ場所というものがない」禿山の上に「全身をさらす」のに等しいことであった。これが政治思想だけによって実現された変化だとはいえない。その背後には政治思想の対立を超えた産業社会の進展があり、その結果としてもたらされた農耕文化の崩壊がある」（1993年講談社文庫版、243‐244頁）。江藤は、このような状況認識の上で、その状況に応答して、自分たちの在りかたを言葉で捉えようと試みるような作品を「治者の文学」として論じている。なお、江藤の議論は社会学者の上野千鶴子によって「女も男も「近代化」と「産業化」の価値を手放しで疑わない60年代の半ばに、産業化のなかにある女にとってのこの構造的な背理」――上野がある種のフェミニズム思想家の言説に見出す、自然性と同一視される限りでの女性性を消去しようとするといった傾向に現れている、「自己のアイデンティティの確立が、構造的な自己破壊と結びつくような「解放」に胚胎する背理のこと――「を、はやくも指摘した江藤の見識に、驚かざるをえない。江藤は、七〇年代以降あらわになった日本の女の変貌とフェミニズムの存在理由を、その芽のうちから的確に読み取っていた」と評価されている（文庫版『成熟と喪失』解説271‐272頁を参照）。さらに、上野の江藤評を踏まえつつ、江藤や上野の問題意識をその後の戦後文学――三島由紀夫、村上春樹、村上龍など――の読解と接続しようとした論考として、大塚英志『江藤淳と少女フェミニズム的戦後――サブカルチャー文学論序章』が挙げられる。

闇の科学

第2部

健康と生産性を手に入れたければ、睡眠法を試すよりも身体を取り替えてしまえばいい。「ダイバーシティ」を求めるのなら、宇宙へとテイクオフしよう。最先端の科学技術がExit（出口）の扉を開く。デフォルトの外部をめぐる探検。

第　3　章

A I ・ V R

［ 課 題 図 書 ］

明日、機械がヒトになる
ルポ最新科学
海猫沢めろん
AI
×
Human Intelligence
ヒトと機械の境界が
溶け始めた！
AIからロボット、3Dプリンタまで
講談社現代新書

海猫沢めろん
『明日、機械がヒトになる
――ルポ最新科学』
講談社現代新書、2016年

第1章 SR——虚構を現実にする技術

変性意識をテクノロジーで実現する

江永　この章だけのことではないですけど、著者が変性意識の話とかをしてくれるのはありがたいと思いました。ふつう、テクノロジーの紹介本だとこういう話題を入れてくれないので。

著者の海猫沢めろんの小説家デビュー作『左巻キ式ラストリゾート』が、メタミステリとかSFとかと、オタク・オカルト・サブカルを混ぜた怪作だった覚えがあったので、そういう方でないと書けないような切り口から捉えられたテクノロジー紹介本だなとしみじみ感じました。特にこの章はフィクションへの言及も多く、『攻殻機動隊』『インセプション』『マトリックス』といった映画や、岡嶋二人『クラインの壺』[†1]の話が出てきます。

本全体の構成としては章ごとに海猫沢さんが各分野の研究者を訪ねて話を聞く形になっていて、第1章の取材相手はＳＲ（代替現実）を研究する脳科学者の藤井直敬さん。

木澤 いきなりアイソレーションタンク[†2]の話とか出てきますよね。最新テクノロジーの話かと思っていたら突然70年代のカウンターカルチャーの文脈にぶっこまれる。

†1 井上泉と徳山諄一からなるコンビ「岡嶋二人」名義で書かれたＳＦミステリ小説（１９８９年。コンビは本作で解散。その後、井上泉は「井上夢人」名義での著書多数）。近未来的なＶＲゲームを扱っている。「クラインの壺」は数学者のフェリックス・クライン（１８４９-１９２５年）が示した曲面。大雑把に言えば、チューブの裏と表をねじれた状態でつなげるような要領で（これはいわゆるメビウスの帯に相当する）、チューブの内側と外側をねじれた状態でつなげたような形になる曲面のこと。クライン『代数関数とその積分に関するリーマンの理論［Ueber Riemann's Theorie der Algebraischen Functionen und ihre Integrale］』（１８８２年）では、ゴムホース［Kautschukschlauch］の一方の端を、その端口が内側に貫通するような形でもぐりこませ、一端の内側ともう一端の外側がつながるようにくっつけることでその像を得られる、というような説明がなされている（80頁参照）。壺と称される理由としては、もっとも流布した像がワインボトルを変形させたような形であるからとも、「クラインの面［Kleinsche Fläche］」のウムラウトが見逃され「クラインの瓶［Kleinsche Flasche］」と誤読されたまま広まったからとも伝わっているらしい（フランシス・ボナホン『低次元幾何学——ユークリッド平面から双曲結び目まで［Low-Dimensional Geometry: From Euclidean Surfaces to Hyperbolic Knots］』〔２００９年〕95頁を参照）。日本では、浅田彰「クラインの壺」（『現代思想』１９８２年7月号、のち『構造と力——記号論を超えて』〔１９８３年〕に所収）などによって、近代（モダン）なるものを思考する際の手掛かりとなるイメージとして流布した。

江永 他の本だと、オカルト的、スピリチュアル的な話に踏み込んでいたとしても、「マルクス主義みたいなものとは距離を取って技術を紹介します」という姿勢のものが主流である気がします。その辺の感性が特色あるように映ります。

木澤 著者の独特の身体感というか幽霊観が出ていて面白かったですよね。

（※ここで、ひでシスが持ってきたＶＲ機器「Oculus Go」をみんなで体験する）

ひで 触ってみてどうでした?

木澤 思っていたより映像のクオリティが低かったので没入感という点ではいまひとつかなと……。

ひで Oculus Goでビデオ通話をすると面白いんですよ。電話よりも全然リアル感がある。

しかし、本にはＶＲゴーグルを嵌《は》めたまま分散型視点に次々に移ることで幽体離脱感が出るって書いてありましたけど、そんなので幽体離脱感が出るんですかね。

江永 自分の身体と自分の視界が紐づいているという感覚は失われていきそうですね。

木澤 文中で藤井さんが解説されていますが、カメラの位置を何か所かに動かしていくのを繰り返していくと、部屋に自分が充満したような気になってしまう。神っぽい視点になってしまう、と。僕はここの記述を読んで『serial experiments lain』を想起しました。「遍在」

している岩倉玲音の身体＝視覚感覚ってこんな感じなのかもしれないなと。「遍在」というのは「充満」ということなのか、という。世界に「充満」してある神としての岩倉玲音……。

ひで 電球型の250度VRカメラって2000円ぐらいで買えるんですよ。これを色んなところにつけてVRゴーグルで視点を移りまくると楽しそう。

江永 変性意識を機械の力で実現できるかも、っていう見方は面白いですよね。道具に頼っていないか、みたいなことを気にして身体を調練していく方向の、テクノロジー嫌いの「自然派」も多い気がするので。

木澤 その点、アメリカ西海岸のカリフォルニア・イデオロギーとかだと、わりと変性意識をドラッグとテクノロジーでイージーにコントロールしようとしますよね。ティモシー・リアリー[†3]とかは当時Appleから出てきたパーソナル・コンピューターを自我拡張のモデルとして捉えていた。

†2　アメリカ国立精神衛生研究所（NIMH）で研究していたジョン・C・リリーが考案した、感覚を遮断させるための装置。密閉できる防音タンクには約25㎝の深さで浅く温水が張られ、タンクの扉を閉めると完全な暗闇になり、目を開けているかどうかさえも分からない状態となる。時間感覚を失うことによる変性意識状態についての報告も数多く行われ、同時代のニューエイジ・カルチャーやトランスパーソナル心理学とも共振し合った。

江永　日本だと土着の文化でそういう方向性に行こうとするのは少なかったのではと思っています。

暁　本書では、僧侶がテクノロジーと悟りの関係について関心を抱いて協力してくれた、という話はありましたね。

江永　そうでした。これは思い込みですね……。そういえば、終末期医療の患者にＶＲで思い出の場所を見せるという話も最近ニュースになっていましたね。

暁　あれを見た瞬間、『ソードアート・オンライン』[†4]だ！　って思いました。ちなみに同作にはクラインというキャラクターが出てきて、クラインの壺と関係があるとかないとか。この章にも『クラインの壺』の話が出てきたので、色々なところでつながっているんだなって。

第２章　３Ｄプリンタ——それは四次元ポケット

物質世界が「データの幽霊」に

ひで　「３Ｄプリンタで生産されたモノはセミの抜け殻みたいなもの、というのもモノの本質であるところのデータは常にアップデートされているので」っていうのが面白かったですね。

木澤　３Ｄプリンタで商品だけでなく何でも複製できるようになったら、物質世界からすべてのアウラが消失していく。そして物質世界がデータの影／幽霊みたいなものになっていくのに対して、データこそが本質＝リアリティになっていくかもしれない。
江永　思わず、ポストモダン思想とかの、シミュラークルの方がいいんだというような話は、ひょっとしてこういうことなのだろうかと感じさせられました。いや、単に粗いプラトン主義？　ともあれ、イデアの抜け殻としてのリアルな物体がある、みたいな。
木澤　暗号通貨の例に見られるように、最近ではデータの方が逆に複製しづらくなっているんですよね。公開鍵暗号という堅牢な暗号方式のおかげで。だから逆に３Ｄプリンタが発達した

†3　アメリカの心理学者。1920年生まれ、1996年没。ハーバード大学でシロシビンやLSDなどの幻覚剤が人間の意識に及ぼす影響を研究するも、このことが原因となって後に大学から解雇される。その後はサイケデリック・カルチャーの伝道師として各地で幻覚剤の布教に努め、60年代以降のアメリカ文化に少なからぬ影響を与えた。死後、遺灰は生前の本人の希望で宇宙に撒かれた。
†4　川原礫によるライトノベル。2022年以降の日本およびVRMMO（多人数参加型のVRゲーム）などを舞台に、主人公・キリトらがVR関連技術等を取り巻く暗黒面に立ち向かうさまを描く。元はネット小説であったが、電撃文庫から刊行されると爆発的なヒットを記録、アニメ化・映画化がなされるなど、一時代を築いた作品。本作の「マザーズ・ロザリオ」編では、医療用仮想現実マシンの被験者の少女・ユウキと、彼女率いる被験者たちのパーティー「スリーピング・ナイツ」が登場。余命わずかな彼女のために、主人公らはVRの内外で思い出作りを手伝った。

ら、物質世界こそがどんどんコピー可能でバーチャルなものになっていくのではないか。というのも、物質には秘密鍵も公開鍵も備わってないからです。

ひで　印鑑とか完全に複製可能ですから。印影を家庭用スキャナの1200dpiでスキャンすると簡単に元の印鑑を作れてしまいます。

木澤　紙幣とかも本来ならものすごく複製が簡単なはずで、それを凝った透かしとか作っていままで何とか誤魔化し誤魔化し流通させてきた。でも暗号通貨は秘密鍵が破られない限り複製／偽造はできませんよね。「3Dプリンタで生産されたものはセミの抜け殻」という比喩は本当に面白くて、リアリティ、あるいはイデアとしての常に更新され続ける生々流転のデータがどこか超越的な領域（＝イデア界）にしまい込まれていて、この物質世界はそのデータから一時期的に出力された、つねにすでに過去としての痕跡に過ぎない、という世界観。

　この話でなんとなく思い出したのは『ユーザーイリュージョン――意識という幻想』という認知科学の本です。その中で言及されているベンジャミン・リベットの実験によれば、人間の脳は常に0．5秒間遅れて世界を認識している、すなわち根源的な遅延が「現実」との間に横たわっている……。

暁　この辺を読んだときに、「デリダっぽい」と思いました。

木澤　デリダは「テクストの外部はない」と言ったわけですが、実はそのテクストの外部に「差延」としての世界それ自体が広がっていたという。

第3章 アンドロイド——機械はすべて人型になる

人間はとてもよくできたロボット

木澤 この章でインタビューに答えている石黒浩さん、典型的なマッドサイエンティストですよね。マルクス・ガブリエル[†5]が日本に来たときに石黒さんと対談したんですけど、ロボットを見せたときにガブリエルがめっちゃニガい顔をしていました。

ひで なんでニガい顔をしていたんですか？

江永 ドイツでは科学技術礼賛とナチズムの結びついたイメージが根強く、科学技術礼賛に対して拒否感があるらしいとの風聞を耳にしました。

ひで 石黒さん、「自分が老け顔になったときにロボットを修正するより、整形手術のほうが安

†5　ドイツの哲学者。1980年生まれ。ボン大学教授。ドイツ観念論をベースに、「新実在論」と彼自身が名づける、「ポストモダン以降」の時代における新たな形の哲学的プログラムを展開している。主著は『世界はなぜ存在しないのか』。

い」って言って整形手術していましたね。

江永 ポール・ド・マン[†6]が、自叙伝を論じる中で、自叙伝の企図から人生が生まれたり、自叙伝に書けるような行動をしようとする人生もあり得る、みたいな話をしていたのを想起しました。

木澤 日本の私小説作家にもそういうノリって結構ありますよね。

江永 もっと俗な言い方をすれば、あとでネタにするためにヤバいことをする、ということかもしれません。

暁 いまのSNSにもそういう人って溢れていそうですよね。インスタの加工後の顔に合わせて自分の顔を整形する、みたいな。

ひで 人間に似せたロボットをロボットって言っていいんですか？　ロボットは労働を行うためのものであって、人間に似せたロボットっていうのは人形やオートマトンなんじゃないんですか？

江永 そこで作られているのは労働用の人造人間として造形されてきたロボットではなく、どちらかというとピュグマリオン[†7]とかの神話に出てくる、理想の人間になる彫刻、要は人間的な人形なのではないか、という感じでしょうか。

石黒浩と、石黒氏が自分そっくりにつくった「ジェミノイド」。『Science』２０１４年10月号

†6　ベルギー出身の文学理論家。1919年生まれ、1983年没。戦間期のベルギーに生まれ、家庭は裕福であったが、兄が事故死したり母が自死したりするなど、恵まれない環境だったと伝えられている。おじのアンリ・ド・マンは一種の計画経済を構想した社会主義者で、ナチス・ドイツによるベルギー占領期間の対独協力的な姿勢から後年に批判を受けた人物だった。第二次世界大戦後、ポール・ド・マンはベルギーで出版社を創設するが、2年で2冊の本を出したのみで資金を個人的に使い込んでしまい、詐取により裁判で起訴される前にアメリカに移住する（このときアルゼンチンに移住した元の妻子とは実質的に別れ、アメリカで別の人物と重婚している）。公私ともに問題含みな経歴を抱えつつも、1960年からコーネル大学で比較文学の教員となることに成功し、1971年にはイェール大学の比較文学科に移籍し単著『盲目と洞察』を出版。フランスの哲学者ジャック・デリダとの60年代からの交流もあって、いわゆる「ポストモダン」の隆盛と概ね対応すると言えるであろう、英語圏の文学研究における「理論（セオリー）」の時代を代表する研究者、脱構築批評を代表する人物のひとりとして毀誉褒貶の評価を得ていった。ポストコロニアリズムの理論家として知られるガヤトリ・C・スピヴァクをはじめ、多くの研究者がド・マンに学んでいる。問題含みの経歴は生前ほとんど表沙汰になっていなかったが、没後の1980年代後半、占領期ベルギーの仏語新聞で発表していた記事（反ユダヤ政策支持の誹りを免れがたい記述が含まれていた）が、改めて取り上げられたことをきっかけにして、ド・マン個人の行状の是非と脱構築批評全般の是非がないまぜになった形で、スキャンダラスな論争が勃発するに至った。ド・マンに関する単著としては、たとえば、巽孝之『盗まれた廃墟――ポール・ド・マンのアメリカ』、土田知則『ポール・ド・マンの戦争』などがある。なおド・マンへの理論的批判としては、後年ジョージ・ワシントン大学第16代総長を務めた（2007‐2017年）スティーブン・ナップと共著で論考「反理論」（1982年）を発表した文学研究者、ウォルター・ベン・マイケルズの著作『シニフィアンのかたち――一九六七年から歴史の終わりまで』などが参照できる。

木澤　102頁で石黒さんが、接客業のマニュアルを、ロボット向けのプログラムだと思って書くと逐一書ける、とおっしゃっていますね。

ひで　接客業のマニュアル化って経営者としては普通の視点な気がします。コールセンターや店頭で決裁権のないバイトや社員などに現場で判断されたら困るので、できるだけ網羅されたマニュアルを渡す的な。

木澤　石黒さんはなんとなくもっとヤバいことを考えている気がする。

ひで　ロボットを労働をしてくれる物体として捉えるのなら、人間ってすごくよくできたロボットなんですよ。階段の昇り降りもできるし、窓を割らずに一番いい力加減で拭くことができる。

江永　こういう言い方は問題ありますが、人間がすごく扱いやすい道具は、人間ですよね。曖昧な指示でも動いてくれるし、動きの汎用性も高い。極論に映るにせよ、たとえば宇宙船に「人間をコールドスリープして積んでおいて、10年くらいかけて教育して出力すればロボットよりも壊れにくいロボットとして働く、というのはあり得ると思います」といった話も出ているようです。†8

暁　『攻殻機動隊』でも、「社会の諸々の規格は人間が一番使いやすい形になっているのだから、人間型のアンドロイドが合理的なんだよ」ってタチコマちゃんたちが話すシーンがありましたね。

江永 権威的な物言いで心ある振舞いをするよう人に強いる想像上の敵に対して石黒さんが放つ、「はっきり言うと、心もないくせに「心」なんて言うんじゃないよ、って思いますね」（89頁）という言は不穏さを帯びていますが、ここで言わんとしていることが、心って人権と一緒で教育しないと作ることができないし、作り方次第である程度可塑性のあるものだ、って話なら、理屈はわかる気がします。で、もし自由と人権は両立しないと言いうるのであれば、自由と心が両立しないこともあり得ますよね。まさしく、安藤馨『統治と功利』で論じられていた、自由も自律もそれ自体で尊いとは見なさずに扱い、統治技術が十分に発達するという想定の上ではあれ、抑圧装置としての「人格」からの諸意識の解放を目指すような、「人格亡きあとのリベラリズム」なるものに通ずる見方だと思います。

木澤 心が無条件で人間に備わっているという普遍的な前提的価値観がこれからも保証されるとは限らない。２０１８年のアメリカ中間選挙の期間中、ＳＮＳでオルタナ右翼が中心となって

†7　ここではオウィディウス『変身物語』第10巻で語られるキプロス島の王のことを念頭に置いている。この王は自らが象牙から彫り上げた女性像に恋をしたのだが、女神アフロディテが彼の願いを聞き入れ、像に生命を与え生身の女性に変えたとされている。

†8　落合陽一×中谷一郎「人間の手を離れたロボットは、ホロコーストを再現するかもしれない」（BEST TIMES、２０１６年10月9日）http://www.kk-bestsellers.com/articles/-/3351/4/ での落合陽一の発言。

拡散したミームに「NPC」[†9]というのがあるんですけど、左翼には心＝内面が存在しないって主張しているんですね。このあたり、哲学的ゾンビ問題[†10]などを思い起こさせますが。傑作だなと思ったのは、NPCミームの発端となった4chanの書き込みが、一種の輪廻転生理論をベースにしていること。つまり、この地球上には固定した量の魂しか存在せず、それは輪廻を通じて不断に循環している。だが地球の人口増加率は加速度的に上昇しているので、魂の数が足りなくなって、必然的に抜け殻の肉塊が発生しているはずだと。その魂のない抜け殻がいまのリベラルだって彼らは言っているんですよね。SNSを見渡しても、リベラルはBot[†11]みたいに常に同じことしか言っていない、みたいな。

江永　それに反論するのは、魂が実在しないとするか無際限に増えるとするか、何にせよ、形而上学的な議論がないと難しそうですね。

ひで　この本では「魂は実在しない」という主張も出していますね。

木澤　シンギュラリティが訪れたら、魂自体をオープンソース化して、人類がひとつの魂を共有できるようにすればいいんじゃないですかね、人類補完計画的に。魂の有無や質の差で喧嘩するのがバカバカしくなるかもしれませんよ。

未来予測と自由意志

木澤 究極の人工知能は未来に対する完璧に近い予測力を持っている、というようなことが話されていて、ニック・ランドっぽいと思いました。たとえば人工知能が何十年後かに「この世界は近いうちに滅びますよ」って予測を出したとき人間はどうするのかなと。そういう予測が出たら人間の行動も変わるじゃないですか。でもそうすると未来も変わるはずだから、その変化も当然人工知能の予測は織り込んでなきゃ駄目なはずですよね。結局、人間の側が何をやっても世界は滅ぶ宿命になっているのかどうか。そういった再帰性の問いに興味があります。

†9 Non Player Character。オンラインゲーム等においてプレイヤーが操作しないキャラクターのこと。

†10 オーストラリアの哲学者デイヴィッド・チャーマーズが提唱した思考実験上の仮説。言動や社会性の面でも、生理学・解剖学的にも普通の人間そのものだが、内面的な意識を持たないとされる存在のことを指すが、現実の人間がそのような存在でないと証明することはできない。

†11 自動化された一定のタスクを実行するアプリケーションのこと。LINEやFacebookメッセンジャーにおいて、企業などの公式アカウントが自動返信を行う「チャットボット」が典型。

ひで　アーサー・C・クラーク「90億の神の御名」というSF小説では、コンピューターの操作で世界が滅ぶんですよ。90億いる神の名前を書き留める仕事を何代にもわたって続けてきた僧侶たちがチベットにいる。その名前をすべて挙げ終わったとき、世界は滅ぶと予言されている。で、試しにIBMの技術者に神の名前を書き留める仕事を頼んでみたら、チベットの山にコンピューターを持ってきて1か月で終わらせてしまったんです。その後、IBMの技術者は山を降りながらふと星空を見上げると、夜空からは星が次々に消滅していっていることに気づく。

木澤　人工知能の未来予測の問題は、結局人間の自由意志の問題ではないかと思っています。完璧な予測ができるということは、そこに偶然が入り込む余地がないということですから、決定論的な世界ですね。156頁の、意識は認識が再帰したときに発生するものだという議論も興味深かったです。

江永　自由意志がないという話とも関わってくる。自由意志がなくとも、個々の言動その都度ごとで、見込まれていた仕様を満たせているか否か、また実際に満たせたか否かを考えられるならば信用度の見込みはつけられるわけですね。自らのいわば品質を保証できる度合いが、一貫性の高さと見なされている。

暁　僕は人間に一貫性ってないと思いますね。自己同一性を持っているふうを装わなければならないけれど、人間は本来「この人はこのひとつの思想で筋が通っている」というものではなくて、外に出すときにひとつを選択して出すようにしているだけなのかなと。

江永 たとえば私が5秒ごとに色んな思想に切り替わって色々なことを言う。でも肉体はひとつ。これでは一貫性があることにならないんですか？

ひで ならないでしょう。

江永 たとえば乱丁が起きている本は、それでも一冊の本ですよね。

ひで 乱丁している本は壊れているでしょう？

江永 たしかに、そうですね。うーん。まとめサイトみたいな具合で勝手に発言を拾って、複数の私を編纂してくれれば、というわけにはいきませんか……。ところで、第4章ではさらっと、長じて後に英語のL・Rの発音を学習するのはコストがかかりすぎる、「極論を言えば、死んで新しくやりなおしたほうがいいんですよ（笑）」（144頁）とあって、何か、まがまがしさを覚えました。

木澤 この一文に死生観が現れていて味わい深いですね。

江永 道徳についても「生存にプラスだから存在している」（146頁）とバッサリいきますね。

ひで ディープラーニングみたいな研究をやっていたら「道徳は生存にプラスだから存在している」という考えになってきそうですよね。教師ありディープラーニングは、大量のインプットデータとそれに対する答え（教師データ）を機械に食わせて、中の評価関数を作っていくものですから。この手法って進化論とかなり類似関係にありませんか。

デバイスに管理される幸せ

ひで　インタビュー先の矢野和男さん、日立製作所フェローとして「ハピネスの定量化」に取り組んでいる方ですが、加速度センサーのついた腕輪をもう10年も着けながら過ごしてログを取っているって書いてありましたね。皆さんFitbit[†12]着けましょう。めっちゃいいですよこれ。睡眠時間も正確に測れますし。木澤さんはどうしてますか？

木澤　寝たいときに寝るのが一番いいんじゃないですか？

暁　その通りだと思います。でも固定時間労働に支配されていると、寝たいときに寝られなくてほんとストレスなんですよね……。

江永　ジョナサン・クレーリー『24/7　眠らない社会』という本もありましたが、寝たいときに寝られないというのはひとつの社会問題である気がします。

ひで　ぼくは矢野さんの主張に対して強く共感しています。人間をセンサーで外的に測って、いい感じのアドバイスを加えてあげる機構って良いですね。

暁 社員が幸福な状態で働いた方が効率がいいという話でしたね。自分はここで、T型フォードのことを思い出しました。フォード社は社員の幸福度が高い方が仕事もうまくいくので、従業員の余暇とかもちゃんと取らせて管理しているらしいんです。んで、フォードが覇権を握って宗教化した世界を描いているのが、オルダス・ハクスリーの『すばらしい新世界』。十字架ではなく、フォードのT型を信仰する世界なんです。労働者に余暇を与えた方が自社の車を使って遠出するしウィンウィンという話もあって、ディストピア小説なんて言われてはいますが、むしろ日本企業は見習ってほしいですね。あと二者間の閉じた恋愛関係は個人のメンタルにも全体の幸福にも良くないから乱交しよう、とか出てきてめちゃめちゃ面白いです。

木澤 あの小説はディストピアSFって言われていますけど、ミシェル・ウエルベック『素粒子』の登場人物のように、あの小説の世界を一種のユートピアと受け取る人も現代では結構いそう

†12　2007年3月創業、2015年6月にニューヨーク株式市場に上場したウェアラブルデバイスを製造するスタートアップ企業、またはその企業が製造するデバイス。時計やリストバンド型のウェアラブルデバイスを腕に装着することで、歩数・活動量・心拍数・酸素飽和度などをリアルタイムで計測できる。また各種データから推定された運動量や睡眠の長さ・深さなどをスマホアプリで簡単に確認可能で、フレンドユーザーとランキングを競い合うなどのゲーミフィケーションも用意されている。

う。

暁　僕もそうですね。この章に書いてある、デバイスに「今日は新しい人と会いなさい」などと管理される幸福は、突きつめるとすばらしい新世界になるのではないかという感じがします。

江永　もし犯罪者がこのデバイスを使ったらどうなるんでしょう。

ひで　心身ともに健康な状態で犯罪を犯しまくる。

木澤　結果にコミットするわけですね。

江永　これはナイーブな感想かもしれませんが、自分としては、著者の「ぼくの仕事である「文学」というのは、一種のメタゲームであり、常に常識や定義が変更されていくものです。それは「法則化」されることへの抵抗も含んでおり、ぼくはそこに魅力を感じています」（197頁）という記述にグッときました。パターンの裏をかくというか、決まった型を特異な（常軌を逸するような）仕方で用いることの、幸せというか、よろこびって、あるのだなと思って。

ひで　ぼくは幸福はパターン化可能なものだと思っているんですが、幸福を逸脱に求めるやり方もあるんですね。

第6章 ＢＭＩ——機械で人を治療する

脳だけになりたい！

暁 めろんさんは脳だけになりたいと言っていますが（２０４頁）、自分も脳だけになりたいんですよね。僕はすぐ体調を崩すんですが、その度に身体の不健康が思考にまで影響するのが本当につらいので。

江永 ここの会話もすごみがありますね。「脳だけになって、体全部の機能を機械に取り替えれば生物の限界を超えられるかもしれない。西村さん［引用者注：この章のインタビュー先である、ＢＭＩ（ブレイン・マシン・インタフェース）研究者の西村幸男氏］はそういう欲望はないんですか？」。で、「全然ないです」……（２０４頁）。

ひで 西村さんも醒めてるな〜。

暁 たしかに、脳だけになったら感じ方もいままでとは違うんでしょうね。草薙素子[†13]みたいに「ネットは広大だわ……」とか言いながら以前の自分とは違う概念になったり、逆に『楽園追放』[†14]みたいにネットのメモリが足りなくて全然自由じゃなくなったりしそう。

ひで メルロ＝ポンティ[†15]的に、実存は身体性に支えられている、みたいな。

江永　私は接客業めいたことをやっていたことがあるんですけども、そのとき感じたのが、自分はどうも人と話すことによって幸福を得る身体みたいなんですよね。

暁　僕もこうやって皆さんと話して、新しい刺激が入ってくるのは楽しいです。

ひで　最近Twitterで流れてきたんですけど、6本指の多指症の人って脳に別の領域があって、5本指の人より指をうまく使えるんですって。脳は可塑性が高いから身体が拡張されるとその使い方を習得することができる。だからこういうのって後天的にも習得可能なはずなので、ぼくももう1本指や腕がほしいな〜と。

アシッド加速主義

江永　身体のサイボーグ化という話が出たので、加速主義の話をしたいのですが、ちょっと前から気になっていたことを。マーク・フィッシャーって、左派加速主義者と言ってしまってもいいのですか？

木澤　左派加速主義を代表するニック・スルニチェクはフィッシャーから影響を受けているらしいです。

江永　ただ、スルニチェクとかは、テクノロジーで社会主義を実現しようっていう感じですよね。

フィッシャーの議論ってそういう社会変革まで行かずに、資本主義リアリズムという現状の批判的なスケッチにとどまってしまっている気がしていました。

木澤 たしかにそうですね。ただ、絶筆となった『アシッド・コミュニズム［Acid Communism］』序文では、ある意味テクノロジーとしてのLSDが出てきますね。LSDで主体の認識を変

†13　士郎正宗の漫画『攻殻機動隊』の主人公で、全身を義体化したサイボーグの女性。本作は、幾度もの世界大戦を経て、問題含みではあるものの科学技術が大幅に向上した日本を舞台としている。そこで彼女は、頻発するテロや汚職などの犯罪に対する攻性組織として設立された公安9課（攻殻機動隊）の事実上のリーダーを務めていた。同シリーズは派生作品が多く、作品ごとに彼女の設定が異なるため、ここでは原作漫画において独自に発達したAI・人形使いと融合した素子が発したセリフを指している。が、振り返ってみると、押井守による劇場版のイメージも少し混ざっていたように思う。

†14　2014年公開のアニメ映画。監督：水島精二、脚本：虚淵玄。西暦2400年、地球は荒廃し、人類の多くは肉体と地上を捨てて電脳世界ディーヴァで暮らしていた。しかし、あるトラブルが発生したことで、ディーヴァの捜査官アンジェラ・バルザックは受肉し、地上に降り立つ。やがて彼女は、地上で暮らすエージェント・ディンゴと交流するうちに、安住の地とされたディーヴァが有限のメモリを奪い合う不自由な世界であり、徹底した管理社会であることに疑問を抱いていく。本作の終盤で、主人公らがある人工知能のことを「人類の一員である」と認めて宇宙に送り出すシーンは必見。暁はこの人工知能に感情移入していたため、ここで感極まって号泣してしまった。

†15　フランスの哲学者。1908年生まれ、1961年没。現象学の立場から身体論を論じた。著書に『知覚の現象学』など。

容＝加速させることで新しい共同体を実現させようという。これなんか左派加速主義ならぬアシッド加速主義ですよ！

ひで 加速といえば、本の中ではエンハンスメントの例として、めっちゃ強い義足をつけて健常者より速く走る話が出ていました。

木澤 ある意味ＬＳＤを飲むのもエンハンスメントですからね。

暁 僕も行動が脳の動きに追いつかないのをエンハンスメントするために、酒飲んでますね。

報酬系の自主管理

木澤 脳への刺激で鬱病が治るという議論（222頁）、でもこれをやると麻薬中毒みたいになると。グレッグ・イーガンの短篇「しあわせの理由」を想起しました。4000人分の神経回路をもとにした「義神経」の作用によって、どんな音楽を聴いても何を食べてもエクスタシーに達してしまう男の話。

ひで これ麻薬と同じですよね。ポチッと押せば快楽物質が出るって麻薬と同じですから。

木澤 それって何が悪いんですか？　単純に労働生産性が落ちるだけですよね。

江永 そういうふうに報酬系を自分で薬理作用によって簡単に操作できるようになると、報酬系のすね。

木澤 利用を前提とした教育制度とか、それで成り立っていた社会の諸々が、すべて崩壊しそうで

江永 社会はなくなってもいいんじゃないですか。

ひで たしかに、意思確認のプロセスがゼロの都市とか組織とかが作れるのか、作れたらどんな形になるのか、想像力をかきたてられます。もしかするとフーコーの言う「自己のテクノロジー」って、報酬系の自主管理（アウトノミア）の志向だったとまとめられるんでしょうか。

暁 最近、EMS（エレクトロニック・マッスル・シミュレータ）を買ったんですよね。筋肉に電気を流して、運動したのと同じ効果を与える装置です。でもアレって継続使用が難しいらしくて、なぜかというとリアルでやる運動みたいな達成感がないから。装置をつけると「ただ筋肉痛が起こって痛い」。ジムで行う筋トレだと得られる「やりきった」という満足感などの報酬がないから、EMSによる筋トレは習慣化することが難しいらしいです。

僕もジムに通っているんですが、「見た目を良くしたい」という正の願望では続かなくて、「ムカつく奴に目にもの見せてやりたい」という負の感情をエネルギーにした瞬間、ちゃんと続くようになったんですよね。あとは架空のご主人様に「筋トレで自分を痛めつけなさい」と調教されていると思い込んでやるのもいいですよ。

意識は「出力」に過ぎない

ひで　「意識は受動的な出力・結果に過ぎない」とする受動的意識仮説についてはぼくも賛同する立場を取るんですけど、自由意志を信じているアメリカ人には受け入れがたいんですね。一方でインド人はほぼ100％受け入れる。

江永　そうですね。この場だとスタンスの差はあれ、みんな概ねその仮説を受け入れる方向っぽくて、議論にならない。いま議論の上で他の方の仮想敵になろうと思って、自己プログラミングを試みているんですけども、なかなか難しい。

暁　完全にこの場に世間一般の視点がなくなっていて笑えます。そもそも「闇の自己啓発会」に集まっている時点で、世間になじめない人の集まりとも言えるかもしれませんが。

木澤　263頁の「幸せプログラミング」ってワードの強度ヤバいですね。

暁　「ハッピーワークショップ」（265頁）もすごいです。

ひで　272頁でちゃんと「全体主義につながらないか」ってツッコミが入っている。ただ、本ではこれは「大きな物語」のようなものって言っていますけど、大きな物語じゃなくないですか？　ソ連やアメリカが描いていたような世界に対するグランドデザインを持っていない、ただの各個人の幸せの追求ですよね。それに、たしかにワークショップを通して参加者は幸福になるかもしれないけど、その幸福は空虚な気がする。……人間の幸福度の半分以上は遺伝子で決まるという話からすると、幸福は感じられさえすれば良いものであって、中身が伴っている必要はないのかもしれませんが。

心のプラグマティズム

江永　この本、最初から最後まで、自由意志はないかも、みたいな話をしていましたね。

ひで　人間と機械の境目を探ろうとすると、機械だって人間の身体の延長だし、人間だって機械みたいなものだよって話になっちゃうと思うんですよね。だからこういう議論になるのも仕方ない。

一方、コミュニケーションというか、人類補完計画の方向性の話や、テクノロジーによって社会がどう変わっていくのかという話はあまり出ていませんでしたね。

江永　たしかに、介入して操作する対象が個人の身体の水準になりがちな印象を受けました。

木澤　僕がこの本から考えさせられたのは、先ほども言った、意識は常に0．5秒遅れているという話、そして3Dプリンタが権利上すべての物質を複製できるようになるという話。物質にはリアリティがない、アウラがない。世界は常に0．5秒遅れている仮現の世界。リアルなのは脳の神経伝達物質と、ブロックチェーン上に記録されている暗号通貨のデータだけ。

江永 世界とか現実というのがなくなるだけではなくて、色々な優先順位とか重みづけが根本的に変わってしまいそうですね。

木澤 結局、脳内の神経伝達物質などの唯物論的ファクター以外信じられなくなると、インテレクチュアル・ダークウェブの人たち（男女平等とかを否定する人たち）みたいになっていくのかもしれないなと思いました。

江永 概括的な印象として、インテレクチュアル・ダークウェブの論者たちって、自然法則と道徳法則の区別が融けてしまったような感じがします。人権は不合理な迷信だという物言いに陥りがちというか、不合理であることが自明に有害だという立場になってしまっている。人間なら等しく人権があるのが自然な事実だと見なすような相手を仮想敵にしているんでしょうけど、もしも人権が実は人工品でしかないと立証されたとしても、それだけでは廃棄する理由にはならないですよね。

木澤 たとえ虚構でも使えるものだったらバンバン使っていっていいじゃん、ということですね。一種のプラグマティズム。

ひで この本も「心があるということにしてもいいじゃない」って形で終わっていますしね。

暁　この本は「心があってもなくてもいいじゃない」という感じのスタンスだったので、「心がない、人間じゃない」と責められてきた自分としてはちょっと救われた気がしました。結局、心の存在は証明できないけど、その人が求めるような「心の動き」を見せることで、自分は敵ではないということを証明するしかないのかなと。

江永　理論に合わない実践を否定するのではなく、実践に合わせて理論を練り上げる。というのが大切なのだろうなと思いました。迷信だからとか、非効率だからとかで思考停止して、やたらに排除するのではなく、それの使い途《みち》や活かし方を少なくとも一旦は考えるべきなのでしょう。それが「心」であれ「自然権」であれ。

第4章

宇宙開発

[課題図書]

稲葉振一郎
『銀河帝国は必要か？
――ロボットと人類の未来』
ちくまプリマー新書、2019年

江永 しばらくポテチ食べててもいいですか。カロリーが足りなくて。

ひで いいですよ。

木澤 僕もここ1か月ぐらいシラフの状態がなくて、いまも少しクラクラしてます……。

ひで シラフじゃなくてもウェブの連載できるんですか……クリエイティビティには影響がなければいいんでしょうか。

暁 細かいところは編集や校閲がチェックするので大丈夫なんじゃないですか。

木澤 そうですね。

ひで ぼくもここ1週間ぐらい平均睡眠時間が4時間切ってるんですよね。

暁 僕も躁が続いてて脳がめちゃめちゃです。こんな社会で、シラフで健康に生きていられる人の方が異常者なんじゃないかって、最近結構思いますね。

イメージ／表象の重要性

ひで　今回の本は、全体的にどうでしたか？

暁　非常に稚拙な感想なんですけど、ＳＦ作品がたくさん出てきて、「これ読んだわ〜」「これ読んだことないな」っていうのが色々あって面白かったです。次の読書につなげられそう。『明日、機械がヒトになる』にも共通するような内容でしたね。

江永　アイザック・アシモフに対してぼんやりとしたイメージしかなかったので、あとがきの「アシモフ自身が語る通り、アシモフは小説家としては決して一流ではなく」（２１６頁）と始まる一文しかり、いわゆるアシモフ像に付着した権威をバキバキ剝いでいく著者の評言が印象的でした（他には第2章、とりわけ57－58頁の経歴まとめの記述など）。

もっとこの新書の大筋では、アシモフはその天才的な着想で「我々自身の欲望を水路づけし未来をつくった」（２１６頁）し、その点で言えば、従来から評価されていたロボットＳＦのみならず、一見地球上の政治や権力の発想や構図を引き写した寓意に過ぎなくも映る宇宙ＳＦ、とくに銀河帝国ものにも改めて評すべきところがあるのだ、と肯定的に評価されていたとも思います。〈自分の好きなものはいかなる点ですごいのか〉みたいなものとは異なる評価軸が導入された、丁寧なＳＦ批評にもなっており、敬すべきスタイルだなと思いました。稲葉氏の別の著作『ナウシカ解読　増補版』にはこんな一節もあって、SFを読むこと、書くことへの思いが伝わってくるように感じます。「本格SFの愛好者は現実感覚が不足しているというより、逆に過剰なのだ。要するに子どもっぽい、大人げないのだ。普通に、娯楽としてジャンルSFやファンタジーを愛好する読者は、虚構は虚構と割り切って、ごっこ遊びを楽しんでいる。それに対して本格SFファンは、そうした虚構の現実性――単にごっこ遊びとしてのリアリティではなく、そうした架空世界、架空の出来事の実現可能性、この現実世界との関係性について生真面目に考え、追究してしまう。普通に遊びを遊びと割り切って楽しむことができず、遊びの遊びを超えた現実的な意味をついつい求めてしまうのだ――」（206頁）。とはいえ、「欲望を水路づけし未来をつく」るという意味では、ファンタジーをはじめ、本格SF以外の様々な小説に関しても、そういう書き方、また読み方を試みる人々が存在していたし、これからも存在するだろうとも思います。

暁　最初に「銀河帝国」と聞いて、「『銀河英雄伝説』かな？」と思いましたけど、アシモフの方かー！　ってなりましたね。そういえば『銀河英雄伝説』にまなぶ政治学』っていう本も出ていました。

江永　大庭弘継と杉浦功一による本ですね。国際政治学などが専攻の方々の。他には、西田谷洋『政治小説の形成――始まりの近代とその表現思想』で、『銀河英雄伝説』が話のまくらとして引用されていました。私は同作の原作に触れたことがなく、n次創作しか読んでいないのですが、キャラや組織の立場や設定、主要な出来事の流れは何となく知り及んでいます。

暁　銀河帝国と自由惑星同盟、そしてフェザーン自治領周辺の政治的なあれこれの描写は面白いですし、ラインハルトとヤンという軍略の天才が対照的な道を歩むのも本当に面白いんですよね。脇役も味があって好きです。ただ、宇宙空間が舞台なのに、戦いとかがすごく平面的なんですよね。著者の田中芳樹さんは元々中国史が好きな作家なので、平原の戦いっぽい。行政機構なんかもキャラクター名に沿ったドイツ風ではなく中華風ですし。アニメではＳＦ的な肉づけを頑張っていましたけども、そもそも宇宙空間について掘り下げるタイプの話ではなく、いい意味でスペースオペラという言葉がぴったりの作品ですね。アニメも石黒昇監督によるＯＶＡ（通称石黒版）と、Production I.Gによる『銀河英雄伝説 Die Neue These』（通称ノイエ版）があるので、ぜひ見てみてほしいです。……脱線しました。本の内容に戻りましょう。

木澤　人間がロボットや宇宙などへの探求を突き詰めていった結果、逆にロボットの方が第零原則とか言い出して人類の定義について思い悩んだり、アウタースペースへの問いがいつの間にかインナースペースへの問いに回帰していくという構造が面白かったですね。とはいえ、外への思考＝志向が図らずも人間についての思考＝志向を深めることになるという再帰的な構造はある意味で普遍的でもあります。

　たとえば、１９６８年に編集者のスチュワート・ブランドが『ホール・アース・カタログ』というヒッピー向けの情報カタログ雑誌を出しましたよね。その創刊号の表紙は、宇宙船アポロ4号が1967年に撮影した地球のカラー写真だったんですけど、実はそれまで（宇宙飛行士以外は）誰も地球の姿を眺めたことがなかったんです。60年代といえば冷戦における宇宙開発競争の時代で、アメリカもソ連も我先にと宇宙空間の開拓を推し進めていたわけですけど、そこで振り返って地球の写真を撮ろうとは誰も思わなかった。

ブランドはこうした状況に苛立って、「なぜ我々はまだ地球全体を見たことがないのか？」と印字されたバッジやポスターを作ったりしてNASAに対して抗議活動を行った。そもそもブランドが『ホール・アース・カタログ』を立ち上げようと思ったきっかけは、「宇宙船地球号」で有名なバックミンスター・フラーの講演だったとされます。その講演でフラーは「地球を平らで無限な広がりとして認識すること、これこそがすべての過ちの始まりだ」という内容の主張をした。

地球平面説のような陰謀論が大手を振っている現在からすると隔世の感すらありますが、それはともかくとして、ある日（1966年2月）、当時28歳のブランドがノースビーチの3階建てアパートの屋上で、LSDをキメながら毛布を巻いて縮こまっていると、眼下のサンフランシスコ市街地のビル群が完全な平行に並んでいないことに気づいて衝撃を受けた。フラーの講演の記憶もあり、それは地球が丸いから曲がって見えるのだとブランドは直感した。これが上述のNASAに対する抗議運動にもつながり、最終的に人工衛星のカメラの向きを反転させるに至るわけです。

『ホール・アース・カタログ』の表紙は、人類がひとつの星のもとに生きているという実感を読者に与え、カウンターカルチャーを牽引する意識革命を促すきっかけになった。70年代以降のエコロジー運動やガイア理論などのカウンタームーヴメントの高まりは、こういったヴィジョンから生まれてきた、と言っても過言ではないでしょう。

暁 概念が見えるようになって初めて人間に統合意識が生まれるのって、近代国民国家の形成過程と似ていますね。明治時代の日本だって、それまでは諸藩がごちゃごちゃしていたのを「天皇は偉いんじゃゃ!」というふうに国家神道というわかりやすい物語を創り、国民意識を形成していった。東欧などもわりとそんな感じで、民衆にもわかりやすい言語や文化を〝発見〟して啓発することで、国民国家を創っていきましたし。

木澤 「可視化」というプロセスはやはり重要だと気づかされますね。イメージ/表象の重要性。トマス・ホッブズの『リヴァイアサン』初版の口絵もそうですね。あれには武力を象徴する剣を右手に、統治を象徴する王笏を左手に屹立する王冠を被った巨人が描かれていますが、その身

『リヴァイアサン』の口絵

体をよく見ると、それが多数の人間＝臣民の集合体であることがわかる。要するに有機的国家を表象する手段としてそうしたイメージが用いられている。

ひで リヴァイアサンの絵を中学校の社会科の教科書で初めて見たとき、統治形態をこうやって絵にできるのか、人間は国家の一部なのか、って感動したんですよ。

江永 あの口絵ですね。フランスの版画家アブラハム・ボスの手になるという。田中純『政治の美学――権力と表象』の第Ⅱ部第2章やジョルジョ・アガンベン『スタシス――政治的パラダイムとしての内戦』などが、あの図像の読み方を提示していて面白かった記憶があります。「可視化」のプロセス、イメージの制作過程の検討は、近年、イコノロジー（図像解釈学）研究の中でも重視されているように思われます。既成の思考を引き写すのみが図像の役割なのではなく、図像を制作しようとする作業が思考を深めたり、図像を参照するなかで解釈が変わったり、制作に伴って新たなコンセプトが形成されたりする側面もある、と。

田中上掲書でも紹介されている（シュミットのホッブズ論を評価する話の前座としてですが……）、ドイツの美術史学者H・ブレーデカンプは、色々な図像制作の過程を思考形成の過程に編み込んだ美術史みたいな著作をいくつも書いていて、たとえばライプニッツのスケッチ群を論じた『モナドの窓』とか、ガリレオの素描を論じた『芸術家ガリレオ・ガリレイ――月・太陽・手』とか、邦訳も多数あります（なおそのガリレイ論は、2005年に「発見」されて、著者も論の中でガリレイ作として論じていた、水彩による従来「未発見」だった素描を含むガリレイ

『星界の報告』（1610年）の特別版が、実は偽造された贋作だったと判明してしまった件でも有名なのですが）。で、ブレーデカンプには『ダーウィンの珊瑚』という著作があります。個人的にはこれが特に面白かった。

進化論と図像といえば、系統樹という、系統の分岐と各生物の類縁関係の分類を図示した樹木的表象が想起されると思うのですが、実は、チャールズ・ダーウィンの『種の起源』には「ダイアグラム」、つまり簡素な図式ないし一覧図しか記載されていないのだそうです。進化論における、いわゆる系統樹のイメージの源流は、どちらかというと、エルンスト・ヘッケル[†1]の著作の挿絵などに求められるらしい（もちろん分類体系を樹に擬する図像は、いわゆるポルピュリオスの樹など古来から確認されています）。

で、ブレーデカンプは、ダーウィンの珊瑚（のスケッチ）へのこだわりなどを通して、樹

†1　ドイツの医師、動物学者、哲学者。1834年生まれ、1919年没。進化論の普及に一役買った人物であり、『生物の驚異的な形』などに代表される美麗なスケッチでも知られる。進化論におけるいわゆる反復説を唱道したほか、優生思想や人種主義との関連が論じられることもある。ヘッケルを扱った近年の著作としては、三中信宏『進化思考の世界――ヒトは森羅万象をどう体系化するか』、佐藤恵子『ヘッケルと進化の夢――一元論、エコロジー、系統樹』、福元圭太『賦霊の自然哲学――フェヒナー、ヘッケル、ドリーシュ』などが挙げられる。フィクション作品にもヘッケルの着想がしばしば影響を与えており、たとえば夢野久作『ドグラ・マグラ』などはその好例と言えるであろう。

（の枝や幹）という表象が暗黙裡に持ち込みがちな階梯的な上下関係を批判しつつ系統分類を思考しようとする試行錯誤の痕跡として、ダイアグラム形成にまつわるダーウィンのスケッチ群などを辿っていくんです。[†2]

木澤 ヘッケルの系統樹って要は進化における「存在の大いなる連鎖」の視覚化なんですよね。結局ヘッケルは優生思想の方に行っちゃうんですけど。ここでもアナロジー的なイメージ／可視化が、翻って思想の方にフィードバックを与える役割の無視し得ない大きさがよくわかります。ちなみにヘッケルはゲーテの形態学から影響を受けた一元論者で[†3]、生命と無機物との間に質的分断を設けず、むしろ生命は無機物から発生した、という連続説を唱えた。そして、その無機物と生命の懸隔を埋めるミッシングリンク（原形質）を求めて世界中の海洋生物を調べていくんです。

ひで 無機物と生命のミッシングリンクといえば、最近東大が、「生命の発生はランダムネスから生まれた。ランダムな反応から生命を生むぐらい宇宙は広大だった」って発表をしていました。[†4]観測可能な宇宙という広大さの中でやっと生命が一群生まれるぐらいランダムネスが高いので、一方で他の地球外生命体と出会うことも難しいみたいでしたが。

江永 その発表も、空間的なモデルの更改、つまり宇宙の広大さに関する理解がインフレーション宇宙論によって変化したことが、ひとつのポイントですよね。人類が現状で観測しうる限りの広さにおいては、偶然生じるにしては確率があまりにも小さい（から説明として不十分）とされてきた事象（十分な長さのリボ核酸の誕生）が、従前よりもずっと広いと想定された宇宙の、そのどこかでなら、十分に生じうると言えることになった。図像やダイアグラムなどの制作と、思考の生成とには絡み合っている面がある。宇宙の理解が（特に光速や距離をめぐる知見と、それに支えられた時空間に関する覇権的なイメージの変遷が）ＳＦ制作とどう関わってきたのかは、『銀河帝国は必要か？』の主要な論点のひとつでもあったと思います。

ユートピア構想の耐久テスト

江永 著者の論述の特徴として、自著で以前展開した議論を圧縮して、今回展開する新たな議論の足場にする、という操作を明示的に行っていることが挙げられると思います。ということ

†2 なお、生物体系学、生物統計学の専門家の手になる著作として三中信宏『系統樹曼陀羅——チェイン・ツリー・ネットワーク』と『系統体系学の世界——生物学の哲学とたどった道のり』を重ねて挙げておきたい。三中には他にも多数の著作がある。

†3 ドイツの詩人、小説家、劇作家。１７４９年生まれ、１８３２年没。代表作に、ロマン派に大きな影響を与えた教養小説『ヴィルヘルム・マイスター』、『ファウスト』、『親和力』など。

で、少しずつ集めています（※著者の他の本を取り出す）。

暁　著者、ジャンル横断的な知識があるから色々書けてすごいですよね。あ、『ナウシカ解読　増補版』めちゃ読みたい！　帯に「どのようにしてハッピーエンドの試練を乗り越えるのか、バッドエンド依存症におちいる相応の根拠とは⁉」と書いてある。僕バッドエンドが大好きなので刺さりそうです。この本はどういう内容なんですか？

江永　さっき、『銀河帝国は必要か？』から、アシモフのフィクションが「我々自身の欲望を水路づけし未来をつくった」というくだりを引きましたが、おそらく著者にとってのフィクション批評というのは、欲望の批評なんですね。テクノロジーが夢を形にしていくものだとするならば、フィクションは夢見られる欲望の内実を問うたり突き詰めたりしていくものだと言えるでしょう。だから、経済思想や社会思想、制度や運用の現にある姿やあるべき姿を考える学問と、フィクションとりわけSFなど世界や社会のありようを思い描くようなものとが、ともに思考されることになる。ざっくり言うとそういう見方でフィクションを論じている本だと思います。

具体的な内容は盛りだくさんなので、一言で説明するのは難しいですね。著者によるこれまでのフィクション作品論・作家論のベスト盤に相当する本と言えるでしょうか。『ナウシカ解読――ユートピアの臨界』（初版1996年）の内容に加え、『オタクの遺伝子――長谷川裕一・SFまんがの世界』（初版2005年）第2章の長谷川裕一論、さらにいくつかのアニメ・漫画・小説作品の論を加えた大部の本です。そうした既出の論のみならず、伊藤計劃作品などを取り上げた、本書書き下ろしの第3部も充実しています。ハッピーエンドの試練やバッドエンド依存症については、明示的には冒頭とか第4部第1章のところで書かれていますね。虚淵玄が2000年代に「バッドエンド依存症」あるいは「ハッピーエンドが書けない病」にかかっていたという逸話から出発して、……広江礼威『BLACK LAGOON』（2001年-）が続きをなかなか書けないのはなぜか？　という話をしています。

暁　それは作者が同人誌書くのに忙しいかr……ゲフンゲフン。僕はアニメしか観てないのですが、一話完結型の時代劇のような物語なら無限に書けそうですけどね。

江永　そうですね。つまり、スピンオフとかn次創作なら権利上はいくらでも続けられるわけですよね。舞台や主要キャラや時系列が破綻しなければ。そこにある、つじつま合わせありきの世界構築が醸し出す空虚感を著者は問題にしています。それは本書で展開されている諸論に通底する観点で、というのも、不都合を排除したご都合主義的な拙《つたな》いユートピアの完成以外

†4　戸谷友則「宇宙における生命～どのように生まれたのか、そして命の星はいくつあるのか」（東京大学大学院理学系研究科・理学部HP、2020年2月3日）https://www.s.u-tokyo.ac.jp/ja/info/6688/。「宇宙は十分に広く、生命は非生物的な過程から自然に発生しうることを示しました。一方、このシナリオが正しければ、地球外生命を我々が将来発見する確率は、極めて低いと予想されます」とのこと。

の何をフィクション作品で描くことができるか、というのが著者の繰り返す問いだからです(こう言い切るのは乱暴かもしれませんが……)。仮に、SFを現実、というか、自然科学の知見に基づいて記述された世界の二次創作だと見立てることができるとすれば、その上で(本格)SFに代表されるかもしれない(現実の)二次創作を破綻させてしまう設定の綻び、またある種の躓《つまず》き(原作設定、あるいは現実的な法則がもたらしてしまうジレンマ)、こうしたものへの直面を「ハッピーエンドの試練」と呼んでいるとまとめられると思います。もちろん、〈現実〉世界の再現、シミュレーションであれば、まずそれを担うのは科学の専門家でしょう。創作者が担うのは、実存的にはこの世界がバグっているとしか言えないような状況、外部の他者とか、内部の矛盾とかの、異質な(としか思えない)ものに直面した私たちはどうするか、というような課題だということになります。二次創作で言えば、オリキャラや独自設定を持ち込んだり、原作設定を突き詰めすぎたりしてもわやにならない方法を編み出すことで、SF風に言えば、科学に則っているはずの世界に何か異質なものを持ち込むか、あるいは綻びを作るかすることですね。

そういうわけで、ユートピアないしディストピアの、バグや不都合が問題となります。著者はナウシカ論の結びでこのように述べています。「もしもすべてのユートピアを否定するものがあるとすれば、それは人間からいかなる虚像を紡ぐ構想力も奪う現実、しかもそれは外部の現実ではなく、人間が現に生きている世界の外側へと脱出することをも同時に不可能にしてしまうような既存の現実の圧力であるに違いない」(170頁)。著者はこのような圧力の典型として戦争があると続けています。その上でナウシカの物語をこうまとめます。「素朴に戦争の外にあろうとするのみではなく、人間の世界のなかに戦争が構造化されていることを知りぬいてなお、平和の価値を認め、戦争の外に出ようとするところに、ナウシカの成長の証を見なければならない」(177頁)。つまり、バグなり不都合なりと安易に縁切りしたご都合主義ではないものが描かれていると。著者はその後で、「他者を目の前にして、とりあえずは殺さない、殺し合わないということ。このタブーは戦争が戦争状態を呼びこまないための、戦争でさえも他者との出会いの場でありうるためのセーフガードになりうるのではないか」(181頁)とさえ述べています。ユートピアを否定するはずの戦争さえ、他者との出会いの場としてうまく折り合いをつけるような物語、それが言祝《ことほ》がれていると言えるでしょう。具体的な答えは、そのたびごとに異なるでしょうが、戦争のような危機の下で異質なもの(内部あるいは外部の他者めいた何か)と、うまくやっていく作法を発明することを、著者はフィクションに期待しているように映ります。

で、広江礼威作品の話に移ります。土地や時代の設定的に、『BLACK LAGOON』の舞台ロアナプラは、いずれ解消されてしまう自由都市みたいなんですね。時間的なイメージで言うとモラトリアムというか。つまり、この都市は、物語の展開的にも、時代の設定的にも、ずっと続くようにはなっていないわけです。「犯罪の自由都市ロアナプラは、冷戦終焉と九・一一のはざまに咲いた徒花、泡沫の夢のようなものであり、その遠からぬ終焉はあらかじめ定められているのだ。［……］物語は、どうしようもないカタストロフィをもって締めくくられることは、ほぼ確定済みなのである。問題はそのカタストロフィが、同時にいくばくかのカタルシスと、救いとともにあるものとなるのかどうか、である」（432‐433頁）。ここで二次創作ないしSF的な問題——設定ないし法則に忠実でありながらも、安易な破綻には落着させず、どこまでハッピーエンドを描き出すことができるか、が追求されることになります。

簡単にまとめれば、虚淵玄の作風に見られたとされる「「ハッピーな絵空事」に甘んじてうそ寒い思いを抱えるよりは、「破滅的なリアリティ」を見据えることの方が誠実」（422頁）というような心性が「バッドエンド依存症」なわけですが、これが「SFが「幼稚」であるとするならば、「世界内の人や出来事でなく、世界そのものを描く」という困難極まる超越論的な課題に己が直面している——というよりそう標榜してしまっていることにまったく気づかないからである。もちろんその幼稚さゆえの蛮勇が、まれにまぐれ当たりを引き当てることもある」（371頁）といった著者のSF観の下で深く読み込まれることで、二次創作における整合性の問題と二重写しになった、ユートピア的な社会実験の成否の問題と結びつくものとして再解釈されて、「ハッピーエンドの試練」という観点でまとめられている。——自分の関心に寄せての説明になりましたが、概ねこのような話をしていました。

早足の説明になったので、言い換えてみます。たとえば、現状がたとえ無問題に見えても、常にすでに隠蔽された搾取から成り立っているといった発想はあり得ますよね。少なくとも、現状のすべてを理想通りと理解するのでもない限りは。この、現状をそれに似せていくべき理想っていうのが、ユートピアだとする。で、そもそものユートピアの設計（前提や推論の進め方）に問題はないかという疑問も、あり得ますよね。物語はこういったユートピア構想の耐久テストとも考えられるわけですね。物語の展開とともに、登場人物たちを通して、その世界の不具合みたいなものが、可視化されたり把握されたりする。不具合の原因が登場人物レベルなら悪者を滅ぼして一件落着なわけですが、社会や世界のレベルなら？

不具合があるのはどうしようもない、とするならバッドエンドが来るわけですが、不具合をどうにかするために物語の設定をいじったり何かをなかったことにしたりすると、言うて物語だからご都合主義が通用するだけやんけ、と物語に醒めてしまう。あるいは、ユートピア物語にリアルな世界を合わせるために「設定」をいじくる「作者」ポジションをこの世界に召喚しようとする羽目になる。つまり超人的な支配者が待望される（先ほどあまり触れませんでしたが、特に『ナウシカ解読　増補版』第2部で中心的に扱われている、長谷川裕一作品などを通して、著者はこうしたクリエイターないしメタ的水準のアクターを取り扱う議論を展開しています）。さもなくばユートピアなんかなくて単に殺伐としたサバイバルだけがあるという思考停止に至ってしまうでしょう。――これは自分の問題意識ですが、ユートピアが内在的にサバイバルへと解体されてしまうのだとすれば、その裏返しに、サバイバルからユートピアを立ち上げる契機もあるかもしれません。

ＳＦジャンルをユートピア論的な問題意識で読むとこうした問題意識が立ち上げられると思うんです（このような、設定されたルールに従うモデルの耐久テスト的な物語享受に即した仕方で、ＳＦやミステリ、ファンタジーなどとメタフィクション様式の交差するラインとして、セカイ系、デスゲーム、なろう系などと括られる諸作品を辿るのは面白そうです――ジャンルごとの固有性の整理をないがしろにしている、と著者からも批判を受けそうですが）。

すみません、つい自分の所感を並べ立ててしまいました。本の話に戻りましょう。

第1章 なぜロボットが問題になるのか？

ロボットの用途と形態

ひで 「自律型宇宙探査ロボットは正当化できるか？」って出てきますけど、コレどういう意味なんですか？　稲葉さんの他の著書を読んでいないからわからなくて。

江永 正当化というのは大別すると二側面で妥当か否かの話っぽくて、権利の水準での話と、功利的というか、宇宙探査に必要か否かという話ですね。稲葉振一郎『宇宙倫理学入門――人工知能はスペース・コロニーの夢を見るか?』の第5章だと、たしかに「本格的な系外宇宙探査のためには、人格を有する自律したロボットがあることが極めて望ましい」(116頁)のではある。けれども、人格があって権利があって判断力もあるが自然人ではない者たちに、どうやって不正ではない仕方で宇宙探査に従事してもらうか、という問題が論じられていました。

ひで　なるほど……人格を持っているロボットを想定しているんですね。

暁　基本的に人型ロボットはコスパ悪いので作られなさそうだけど、宇宙開発を進める場合については生身の人間では厳しいので、機械にやらせようって機運が生まれるかもね、という話でしたね。『ブレードランナー』のレプリカントが創られた理由がこれですが、やっぱり倫理的問題があり、同作中で〝彼ら〟は反乱を起こした。そもそも人類が宇宙開発に対してどれほどのモチベーションを持ちうるかという話もあって、中国SF『三体』の著者・劉慈欣さんは以前日本に来て講演したときに、「環境汚染対策としての宇宙移住ってどうなると思います?」と聞かれて「なんだかんだで地球がどんなに汚染されても、火星よりは住みやすいから実現しないだろう」って答えていました。
個人的には人間の形をしたロボットって宇宙探索以外にも、セクサロイドとかがあり得るんじゃないかと思います。セクサロイドが人類を支配するようになる『無限射精拷問』とか面白かったですし、そういう可能性もあるのかなって。ちなみに同作は、Twitterなどで話題になった『搾精病棟』の著者（搾精研究所）の前の作品です。

ひで たしかに自動運転をするためのロボットは人間の形をしている必要ないですよね。ロボットは知能だけを自動車の中に埋め込まれて運転席にはモリゾーのぬいぐるみが座っていればいいので。一方でセクサロイドなら、セックス相手は人間の形をしていたほうが受け入れてくれる人は多そうですし、人間の形をしているのも合理性があります。

江永 人間の形、が何を指すのかにもよりますが、コスパを追求するんだったら、わざわざ無機物を組み合わせて人体の模造品を作るより、人権のない人体（そんなものがあり得るとして）を製造する（そんなことが許されるとして）方が容易そうに思えます。この本にも「むろんわれわれが知っている一番性能が高くて安上がりな自動機械は、人間、自然人そのものです」（47頁）とあったし。

ひで 人権のない人間……大脳皮質のない人間を遺伝子改良で生み出す、とか。

暁 ヤバすぎる……。セクサロイドなら人間相手にできないことができるし、見た目の年齢を固定できていいと思うんですけど（虚淵玄『鬼哭街』[†5]などを念頭に置いて話しています）。まあでもいまの意見は人間に近い存在に人権を認めない立場からの発言になるので、やはり問題はありますね……。バトーさん[†6]やミュウツー[†7]に怒られてしまう。

†5　ニトロプラスから発売されたサイバーパンク武侠片ノベルゲーム、およびそれを原作とする小説。ヒロインは魂を五等分にされた花嫁で、主人公はその兄。死してなお、ガイノイド（女性アンドロイド）に魂を移され凌辱され続ける妹を取り戻すため、主人公はサイボーグ武芸者たちに復讐のこぶしを振り下ろす。死闘の果てに、彼がたどり着く真実とは……？　という、実にこの頃の虚淵玄らしい物語。本作でヒロインの魂は様々なタイプのガイノイドに移植され、愛玩されたり破壊されたりしている。

†6　士郎正宗『攻殻機動隊』の登場人物。公安9課に所属する、全身の大部分を義体化したサイボーグの男性。押井守によるアニメ映画『GHOST IN THE SHELL　攻殻機動隊』（１９９５年）の続篇である映画『イノセンス』（２００４年）の主人公。同作において、犯罪被害者の少女が助けを呼ぶためにガイノイドに細工をしていたことについて、「犠牲者が出ることは考えなかったのか。人間のことじゃねえ。魂を吹き込まれた人形がどうなるかは考えなかったのか」と、怒りをぶつけるシーンがある。サイボーグである彼が人間と同等、あるいはそれ以上に人形の側に思いを寄せていることを吐露する名場面である。

†7　「誰が生めと頼んだ！　誰が造ってくれと願った！　わたしはわたしを生んだ全てを恨む……！」反出生主義者の魂の叫びにも思えるこの名言を生んだのは、人為的に生み出されたポケモン、ミュウツーである。彼を主役としたアニメ映画『劇場版ポケットモンスター　ミュウツーの逆襲』（１９９８年）は、人類の都合で造られた生命が人類に逆襲するさまを描く名作。２０１９年には3ＤＣＧによるリメイク映画も公開された。人類の傲慢さをくじく彼のような存在が現れる日は、もうすぐそこにまで迫っているのかもしれない。

ヒトにオリジナリティはあるか？　意識は必要か？

江永　第1章の6節や7節の、人間などには心とか意識とかがなぜあるか、ではロボットに同じような機能は必要か、といった面から物事を捉える語り方は、伊藤計劃『ハーモニー』を思い出させました、が、思えば著者自身が『ナウシカ解読　増補版』の第3部で『ハーモニー』を論じていました。

暁　「ロボットが人間の役に立つにはネットワークに接続していないといけないよね」というのが19頁にあったんですけども、それと対になるように「人間は接続されてないからオリジナリティがある」みたいに書かれていた。でも僕なんかは意識が常にTwitterに接続されているんですよね。スタンドアロンと言えるのだろうか？　とか、ネットに接続・依存しすぎると党派性に囚われてオリジナリティを失っていくんじゃないか？　とか考えてしまいました。

ひで　暁さんは「人間もTwitterで常につながっている」っておっしゃいましたけど、本書では「人間は手でアウトプットして目や耳でインプットするのであり、脳が直接つながっているわけではない」というように明確に区別されていました。

江永　たとえばこんなふうに出てきますね。「すでに示唆した通り、現在のネットワーク社会の延長線上にわれわれの未来を考えるならば、そこでの典型的なロボットは、常にネットワークにつながっているはずです。しかし人間の脳は、他人の脳とネットで直接つながったりはしていません。そしておそらくそのことは、人間の心の自律性と不可分なのです」(40頁)。ただ、論点がずれてしまうかもしれませんが、何がどう「つながって」いるのか、また「自律」しているのか。これらはそう自明でもないかもしれない。もっとも、いまではイーロン・マスクの立ち上げた[†8]Neuralinkとか、コンピューターと人間を端的に物理的に(?)つなげる試みもある、とも言えそうですけれども。

木澤 最近、アーニャ・バーンスタイン『不死の未来――現代ロシアにおける生と死のリメイク[The Future of Immortality: Remaking Life and Death in Contemporary Russia]』という、ロシアにおけるトランスヒューマニズムやロシア宇宙主義の最新動向を追いかけたルポルター

†8　南アフリカ出身の実業家。1971年生まれ。1999年にオンライン銀行X.comを設立。その後、同じく南アフリカ出身の実業家であるピーター・ティールなどが設立し、電子決済サービスPayPalで知られていた企業コンフィニティと2000年に合併した。それにとどまらず、宇宙開発、電気自動車、太陽光発電などの様々な事業へと携わるようになり、今日ではSNS上などでなされた物議を醸す多くの発言とともに、経済的にも政治的にも影響力を持つ人物として知られている。マスクは自身の人生や事業のありかたに影響を与えたものとして、アイザック・アシモフ、ダグラス・アダムズ、イアン・バンクスといった作家の書いたSF小説にしばしば言及している。

ジュを読んだんですけど、その中にNeuroNetというかなりぶっ飛んだプロジェクトが出てくるんです。そのプロジェクトは一言でいえば、『攻殻機動隊』における電脳化をよりスピリチュアルにしたようなバージョンです。

要約すれば、脳波によるBMIを用いて人々の脳を相互接続させることによってウェブ4.0、すなわちモノのインターネット（IoT）ならぬヒトのインターネットを実装しようという壮大かつ誇大妄想的な計画です。脳波によるコミュニケーションは、言語だけでなく、イメージ、経験、記憶、主観性といった非言語的なコミュニケーションも行えるとされています。BMIは現在でも医療やリハビリテーション、または娯楽の領域（たとえばNeuroSkyという企業はコンシューマー向けの脳波センサーなどを発売しています）ですでに活用されていますが、NeuroNetはそれらとは目的意識というか志の方向性がまったく異なります。

NeuroNetの大義（!）、それは一言でいえば「集合意識［a collective consciousness］」の確立です。これはロシアにおける新ユーラシア主義的なナショナリズムの一変種であると同時に、19世紀後半から20世紀にかけてのロシア宇宙主義やボリシェヴィズムの伝統をも受け継いでいるプロジェクトであると言えます。ロシア宇宙主義のヴィジョン、それはたとえば、宗教哲学者ウラジーミル・ソロヴィヨフが提唱した、神人性を獲得した全人類と全自然が団結してひとつの霊的な有機体となったときに地上に立ち現れる、完全な調和と統一が完成した神的な王国「ソフィア」のヴィジョンを継承しています。他にも、「協同の哲学」を唱えたボリシェヴィキのアレクサンドル・ボグダーノフは、輸血による血液交換を通じて、人々が類縁関係を結ぶことでひとつの集団的人間を創造することができると考えていました（結果、ボグダーノフは血液交換の実験が原因で命を落としていますが……）。NeuroNetの掲げる理想は、いわば人々の意識をひとつに結集させることで、ある種の「共同作業」を通じて困難かつ巨大な仕事を成し遂げる、言い換えれば集団作業によって「未来」を構築することです。もちろん、ここにはソビエト時代における、あの宇宙開発という大いなる事業、すなわちスプートニクに対するノスタルジックな夢——失われた未来が仮託されていることは指摘するまでもありません。

ところで脱線しますが、ここ最近YouTubeなどでソビエトウェイヴなるジャンルの音楽を目にするようになりました。これはシンセウェイヴと呼ばれる1980年代の電子音楽やイメージをフィーチャーした音楽のサブジャンルのひとつで、要はそれのソビエト版ということになります。これは実際に一聴してみた方が早いと思いますが、やはりどこかノスタルジックで、また宇宙やロケットのヴィジョンが用いられることも多いです。訪れることがなかった「未来」に対するノスタルジー……。

話を戻しますと、NeuroNetには宗教的かつスピリチュアルな要素も濃厚に見受けられます。ソロヴィヨフは、霊的な「神の国」は歴史の終わりにのみ実現するという黙示録的なヴィジョンを抱いていたと言われますが、NeuroNetの共同設立者のパヴェル・ルクシャも、人々の意識をNeuroNetを介してつなげば、破滅的なコンフリクトが発生することもあり得る、といった発言をしていて、さらに彼はその混沌を「最後の審判」のプロセスとさえ比較しているのです。彼らにとって、NeuroNetの実現は、ある種の集団的浄化（カタルシス）のプロセス、すなわち「救済」でもあるということです。そして、もし我々がその「最後の審判」を乗り越えることができれば、集合的弥勒菩薩［collective Buddha Maitreya］（！）の状態に到達することができるだろう、というわけです。

江永 えらい大味にキリスト教や仏教などのコンセプトをつなげてきましたね、NeuroNetの方々。いや実は精緻なロジックの筋が通っているのかもしれないですが。

暁 『キノの旅』のエピソードみたいな感じだと嫌だなぁ。脳内で考えてることが全部互いにわかるようにしちゃった人たちの村があって、「これ面白いねー」「は、つまらないんだが？」みたいな事案が頻発してヤバいので、結局みんな脳波が届かないように離れて孤独に暮らしている、という話があるんですよ（第1巻第1話「人の痛みが分かる国」）。

木澤 おそらくその『キノの旅』のエピソードでは個々人のアイデンティティがいまだに自律したものと捉えられていると思うんです。あるいは統合失調症のような状態ですよね。他者の思考や言葉が自分の脳に侵入してきてしまう。それに対してNeuroNetは、少なくともその最終局面においては、もはや自分と他者の区別すら意味をなさないというか、集合意識がそれ自体でひとつの実体をもった意識のように立ち上がってくる。「ソラリスの海」の話とも近いかもしれません。

暁　なるほど。デカめの一般意志、エヴァの人類補完計画みたいな感じですかね。

木澤　もちろん、NeuroNetがエヴァの人類補完計画や一般意志云々と異なる点は、そこにはロシアにおける諸々の地政学的／精神史的な土壌や文脈が重く横たわっているという点です。先ほども言ったように、意識の統合というヴィジョンは、ロシアにおいては往々にしてギリシア正教やナショナリズム、さらには共産主義の記憶などとも関わってくる。現に、NeuroNetは元は民間発のプロジェクトだったのですが、現在では国有プロジェクトのひとつに統合されているようです。

暁　ひぇっ。

ひで　ヤバすぎでしょ。

江永　相対的に見てロシアは領土が広い方だと思いますが、広い場に人が点在するようになっていくほど、ナショナリズムの醸成って意識の統合みたいな話に重点が置かれていきそうな印象があります。感性バラバラでもなんだかんだ一緒に暮らしている、みたいな感じにはならないわけで。

木澤　以前に扱った『幸福な監視国家・中国』と併せて読むと、興味深いヴィジョンが見えてくる気がします。つまり、地球では意識のつながった人々がソラリスの海を形成し、宇宙ではネットワークから切り離されたスタンドアロン型のロボットが働いている、といった……。

ひで　どこが興味深いんですか？

木澤　つまり、宇宙探査のためにロボットは自律性を備えて一種の自我を手に入れる一方、人間はネットワーク的な集合意識を形成することで個体としての自我は消失していく、という逆説的なプロセスですね。このことについては何もNeuroNetを持ち出すまでもなく、たとえば安藤馨は『統治と功利』の中で、統治功利主義の国家のもとでは近代的な個人、すなわち「人格」は無用のものとなる、と論じています。

安藤は、「人格」を近代の産物としての擬制的実体に過ぎないと喝破し、そして「我々の統治功利主義は……快苦を経験する意識主体としての人間を「人格」の圧政から――哲学的急進派が個人を家父長的圧政から解放しようとしたのと同様に――解放しようとする現代の急進派（ラディカルズ）という名誉ある地位を占めるだろう」と宣言し、「人格亡きあとのリベラリズム」を掲げるに至るのです。

安藤はデレク・パーフィット[†9]の議論を援用しながら、「人格」は意識主体の予期によって成り立っていると述べています。たとえば、「労働をすればお金が入るから、いまは労働という苦役を耐え忍ぶ」「犯罪を犯せば罰（＝刑罰サンクション）を受けるからやめておく」等々。このように自律的な「個人」は比較的長期の予期スパンを前提とした制度の下に成り立っています。

逆に言えば、我々の未来への予期がなければ正負のサンクション予告による現在の意識主体への統治は成立しえないということです。ですが、統治能力や統治技術（アーキテクチャ）がいまよりもさらに高度に発達して、統治の割当単位が「個人」よりもさらに精細なものに、言い換えれば、長期の予期を前提とした制度上のサンクションがなくとも統治が遂行できるようになったら果たしてどうなるか。

たとえば、そこでは被治者に対しても短期の予期スパンしか求められなくなり、未来に対する安定した予期を誰も行おうとしなくなるかもしれない。つまり、統治者が被治者の欲望をあらかじめ先回りして「配慮」してしまうような社会。先の例で言えば、たとえばベーシックインカムという形で、先回りしてお金を給付してしまう。言い換えれば、欲求主体に先んじた形で主体に「配慮」し欲求充足の効率的提供を行う（「配慮の論理」）。そこではもはや未来に対する予期は単に不必要なものとなり、ということは「自律」も「人格」ももはや不必要ということになる。

江永　それこそ、この本で整理されているアシモフのヴィジョン、心理歴史学による文明の調整や、ガイア＝ガラクシアやソラリアといった統合知性体の話を彷彿とさせますね。たしか

†9　イギリスの道徳哲学者。1942年生まれ、2017年没。オックスフォード大学オール・ソウルズ・カレッジ名誉シニア・リサーチ・フェロー。自己同一性、合理性、倫理学などを専門テーマとした。1984年の著書『理由と人格――非人格性の倫理』で注目される。一方で、建築写真家という一面も持っていた。

に、現在時点しか意識しない主体が、統治においても理想になるのももっともだな、と思いました。たとえば、自粛ないし萎縮するときって、未来方向だと恐怖感とかが、過去方向だと罪悪感とかが原因になったりするじゃないですか。たいていは後が恐いか前が申し訳ないかで自重というか、身を慎むわけですよね。もしそれらが自己抑圧でよくないとなれば、そりゃあ、過去と未来とを思考する能力をなくしてしまう方向になるよな、と。

木澤　安藤はまた別の箇所で、人格の統一性（インテグリティ）は意識主体の予期、それと過去の記憶と未来時点に対する一定の愛着＝共感パタンとほぼ同一視できると述べていますね。ここで思い出したのは、アラン・ワッツ[†10]が未邦訳のエッセイ「幻覚剤と宗教的経験［Psychedelics and the Religious Experience］」の中で書いているＬＳＤの効果についての記述です。ワッツはそこで、ＬＳＤを摂取した際の特徴的な意識作用として、「時間の引き伸ばされたような感覚」と「現在のこの瞬間への意識の集中」を挙げています。未来に対する執着心が消え失せ、たったいまこの瞬間に生起している出来事に対するとてつもない重大さと面白さに気づく、と。そうした境地においては、道を忙しげに歩いてゆくビジネスマンの姿があまりにも馬鹿らしく見え、涅槃《ねはん》のような安心感とともにグラスに満たされた水の煌めきに我を忘れて見入ってしまう……。こうしたＬＳＤ体験を先ほどまでの文脈に置き換えれば、要するにここで起こっていることは「人格」の消失だと言ってみることができるでしょう。過去と未来に対する愛着＝共感パタンが一時的に解除され、そこにあるのは瞬間の意識、浮遊する意識の切片、あるいは永遠の現在とでも呼ぶべき他ない何か……。

そういえば、マイケル・ポーラン『幻覚剤は役に立つのか』の中でこんな研究結果が紹介されていました。幻覚剤でトリップ中の脳をｆＭＲＩでスキャンしたところ、脳の活動が活発化するどころか、逆に脳活動量の低下が見られた。幻覚剤は、デフォルト・モード・ネットワーク（ＤＭＮ）と呼ばれる、脳のほかの部分に対してトップダウンに働く中心的ハブ、いわば脳内におけるオーケストラの指揮者のような役割を果たす脳内ネットワークに働きかけ、この機能を一時的に低下させるというのです。興味深いのは、ＤＭＮは自己あるいは自我の構築とも関係しており（このことから一部の神経学者はＤＭＮを「ミー・ネットワーク」と呼ぶそうなのですが）、たとえば人の自伝的記憶はＤＭＮの中にある中継点群《ノード》によって形成されていると考えられているという点です。実験によれば、ＤＭＮの活動が急低下したときと、被験者が「自我の溶解」を経験したと訴えた時点は一致していた。言い換えれば、過去と未来に対する愛着＝共感パタンの形成に寄与するＤＭＮの機能を一時的に宙吊りにすることで、人格の統一性（インテグリティ）という大文字の幻想（？）を解体させる、これこそが幻覚剤

†10　イギリスの作家。１９１５年生まれ、１９７３年没。仏教やヒンドゥー教、タオイズムを欧米の読者に紹介することに貢献、当時のヒッピーカルチャーにも影響を与えた。

の効果に他ならないのではないか、ということですね。

江永 なるほど。そういえば私は最近、自分に人格や意識がなくなりつつあるんじゃないかと感じることがあります。

暁 「おめでとう!」

木澤 エヴァの最終回じゃないですか。

暁 ふふふ。

まだ脳で消耗してるの?

木澤 本筋とは外れるようですが、第1章(33頁)に出てくる、成熟して定着生活に入り移動する必要がなくなると自分の脳を食べてしまうホヤの話が「人格」亡き後の世界観っぽくて面白かったですね。「まだ脳で消耗してるの?」という。

江永 いずれ、脳が、親知らずとか盲腸みたいに、余計だったり〈病気〉の原因だったりするので、手術で切除されていく、みたいな世界が到来するかもしれませんね。進化論について哲学的な概念分析などを試みているエリオット・ソーバー『進化論の射程——生物学の哲学入門』を瞥見していると、こんな一節があり、記憶に残りました。脳の特徴がもたらす行動すべてが適応的だと考えるべきではない、という脈絡での記述です。「おそらく脳は［進化の途上で生じた］副次的な機能を多く持っているだろう。脳が生み出す思想や感情には、脳が進化した理由とはまったくかかわりのないものがあるのである」（422頁）。言われればもっともだけれど、エグい指摘ですね。脳の「副次的な機能」がもたらす事象が適応的ではなく、現今の環境では病的になったり致命的になったりする可能性もある。

木澤 ホヤの例を読んで感じたのは、脳って進化の過程で必ずしも必要なのだろうか、ということです。統治テクノロジーの発展を「進化」と捉えることができるかという問題はありますが、たとえば統治功利主義の究極段階に達した瞬間に、人類が一斉に自分の脳を食べ出したら面白そうだなと思いました。私はホヤになりたい。ホヤのように絶対的に生きること。まあそこまでいかなくとも、現代でも脳の機能、たとえば記憶は少なくない部分が脳の外にあるアーカイブ（たとえばGoogle）によって外在化されつつあるし、ビッグデータアルゴリズムは主体の選好を先回りして提示することで選択にまつわる意思決定の「重荷」を人間から取り除こうとしつつあります。

暁 H・G・ウェルズの『タイム・マシン』で、働かなくてよくなった人間たちがお馬鹿なぽよよん状態で生きているのを、さらに加速させるとそうなりそうですよね。

ひで Googleカレンダーを使うようになってから予定を覚えられなくなったとかですね。ただ、そうやって機能の外部化をしたときって人間に元からある能力が消え失せたのではなくて、もともとあった思考力を他のものに使えるようになっただけなんじゃないですか。

暁　たしかに。コンサルの人に300円貸して、って言ったら、「オレは300円貸していることを覚えていたくないからあげる。脳の記憶容量を保持するのがもったいない」って返されたという話と同じですかね。僕も日本地図を記憶するコストを捨てて他の知識の獲得にリソースを割いているので、わかる気がします。

江永　さっきの「つながっている」か「自律」しているかの話とも関わりそうですね。たとえば、認知科学者のアンディ・クラークは『生まれながらのサイボーグ――心・テクノロジー・知能の未来』の中で、人が時間を知っているとはどういうことなのか、と問うています。「もしかするとあなたは、実際に自分の腕時計を見る前から時間を知っているのだ、と言って構わないかもしれない。これは、月面着陸の年号を実際に自分の生物的記憶から呼び出す前からその年号を知っている、と言ってよいのと、ちょうど同じことなのだ」(67頁)。地図で言えば、地理が頭に入ってなくてもスマホでGoogleマップなどの地図アプリを呼び出してそれで済むなら無問題とも言えるし、私はこの辺の地理がわかります、とさえ言えてしまうのではないか、という話です。

私の自律性が、何らかのアーカイブにアクセスして要求されたデータを提示できる能力で立証される面があるとして、アクセス先が身体内の脳であれ外部の地図や時計であれ、同じ速度で処理できるならば、体内か体外かという区分は重要ではないかもしれない。[†11]

また、手元の道具か身体の一部かという話だけでなく、自分の能力かインフラの恩恵かという話もできそうですね。A・V・バナジー／E・デュフロ『貧乏人の経済学』の第3章「ソファからの眺め」の節にあった印象的な記述を思い出します。「わたしたちは自分たちの限られた自制心と決断力をあてにする必要はほとんどないのです。でも貧乏な人々は、常にその能力をあてにしなくてはなりません」（102頁。なおここでの「わたしたち」と「貧乏な人々」の線引きには異議が生じるかとも思いますが、この本が主に、開発経済学的な観点から、いわゆる「世界の最貧者」〔9頁〕がとる行動の合理性を理解することに関心を寄せている旨を申し添えておきます）。選択を委託する代わりに個人へと（選択に割くはずだった）リソースを提供するのがインフラであるとも言えそうだし、インフラが利用者の判断力をエンハンスメントしているとも言えるでしょう。おそらく2つの言は表裏一体です。

暁 選択は疲れるから少ない方がいいって発想も近いのかな。ジョブズやザッカーバーグが毎日同じ服を着ているのは不要な選択を減らすためとか。余談ですが、アメリカのスタートアップが「1か月洗濯しなくていい服」を開発しているのも、そういう選択（駄洒落ではない）のコストと関係してるのか……？　と思わなくもなかったり。

†11　『生まれながらのサイボーグ』第2章「透明な道具」などを参照。

あと、仕事に加えてケアや家事労働を担わされがちな女性が、それ以外のことを考える余裕がなくて不利な立場に置かれやすいという問題にもつながっている感じがあります。

唸れ！　光速の通信環境

暁　第1章で個人的に面白かったのは、『機動戦士ガンダム』のコロニーが太陽系の中に収まっている理由を「通信の都合」だとしている箇所ですね。それ以上遠くなると、新海誠の『ほしのこえ』みたいに通信の時差でエラいことになってしまうんでしょう。

ひで　光の速度は意外と遅いという話ですね。昨日Twitterで光の遅さを図示する動画（NASAの科学者による、光速を可視化したアニメーション）がリツイートされてきました。地球から火星まで一番近い距離にあるときでも片道で3分2秒かかる、という内容でした。とてもじゃないですけど「地球に置いたTwitterのサーバーに、火星からウェブページの閲覧リクエストを送信する」みたいなことはできないですよね。

江永　『銀河帝国は必要か？』41頁からの話ですね。地球上でも、光の速度といっても通信ケーブルの長短などで差が生じることを利用して、金融情報を先んじて手に入れて荒稼ぎする「超高速トレーダー」が現に存在しています。ジェームズ・ブライドル『ニュー・ダーク・エイジ』の第5章では、「証券取引所でのやりとりは闇の売買と、闇の光ファイバーの問題となった」（127頁）などと表現されていました。ブライドルの記述の元ネタは、たしかマイケル・ルイスの本でしたね。

ひで　『フラッシュ・ボーイズ――10億分の1秒の男たち』ですね。アメリカには金融市場がいくつかあるんですけども、互いの市場で微妙に値段の違いが出たときに誰よりも早く売り買いすることで儲けられる。映画化されたんでしたっけ。

江永　あー。おそらく、キム・グエン監督『ハミングバード・プロジェクト』（2019年）ですね。ルイス『世紀の空売り――世界経済の破綻に賭けた男たち』が原作の映画『マネー・ショート　華麗なる大逆転』（アダム・マッケイ監督、2015年）ほどはバズらなかったみたいです。

第3章　宇宙SFの歴史

ロシア宇宙主義

暁　網羅的なSF史で、この章はかなり面白かったですね。ポストヒューマンかつアポカリプスものといえば、本書で言及されてなかった中だと上田早夕里『華竜の宮』をオススメしたいです。AIと人間という話だと、飛浩隆『グラン・ヴァカンス　廃園の天使I』も。どちらもジェンダー意識が高い&面白くて、自分がSFを読むようになるきっかけになった作品です。

木澤　イーガンを読みたくなりましたね。古書店で買った『ディアスポラ』を積んだまま、まだ読めてないので。

ひで　現実世界で「SETI（地球外知的生命体探査）がいくら探しても地球外生命体がなかなか見つからないな〜」ってなると、SFの主題としてスペースオペラが廃れていった、みたいな、現実の科学調査がSFの潮流に影響を及ぼしているって部分が面白かったです。

暁　いや、我々に見えてないだけでもう地球外生命体に監視されているかもしれません。アーサー・C・クラーク『幼年期の終り』みたいに、宇宙人が悪魔など別の概念としてすでに認知されている可能性もありますね。

江永　著者はいわゆる「実学」っぽい目線でフィクションを扱うだけでなく、文学史やジャンル論のような観点も交えてSF内の流行り廃りを丁寧に論じていますね。『宇宙倫理学』でも宇宙SFからポストヒューマンSFへの流れが論じられていますし（第6章など参照）、SFなるものの（ファンタジー他とは区別される固有の）意義に関しても『ナウシカ解読　増補版』などで論じています。

木澤 人類が宇宙に進出する動機には様々なものがありますが、わけてもロシア宇宙主義の始祖ニコライ・ヒョードロフの場合は事実は小説より奇なりといいますか、「自分たちの祖先たちを復活させるのが自分たちのプロジェクトだ」と主張しているのですが、過去に死んでいった祖先の人たちの死体ってもはや風化してパーティクル状になって空気上のみならず宇宙にまで散開してしまっているわけですよね。なので、その分子を宇宙まで回収しに行くために我々人類は宇宙開拓を断行しなければならないのだ、と。

江永 いい人ですね。

ひで パーティクル——分子って同じ分子式をしていたら同じものなのだから、同じものを集めれば復活できるはずですよね。わざわざ宇宙にまで探しに行かずに同じものを地球上で集めればいいのに。

木澤 死体の分子にはその先祖の系列の記憶が宿っているんだという一種の宗教観をヒョードロフは持っているんです。

暁 ！！！　それとまったく同じ話をしている物語があって、市川春子『宝石の国』という漫画なんです。主人公たちは人間のような意識と人間のような身体を持つ「宝石」なんですけど、**【※以下ネタバレ注意】**　主人公のかけがえのない相手が砕かれちゃうんです。でも、そのかけらを集めれば復活できるはずだってことで、主人公が敵地（月）に乗り込んでいく話なんですよ。

木澤 まさにロシア宇宙主義の世界観ですね。

暁 ちなみに著者は仏教校出身で作中にもかなり仏教のエッセンスが入っています。ロシア宇宙主義ともその辺で何か関係しているんですかねぇ。あるいは著者がロシア宇宙主義を意識していたのか、偶然なのか。僕はこういう話を聞くとすぐにアニメや漫画などの具体例を思い浮かべるのですが、それが読書の際に理解の助けになるので、何か軸になるものがあると他のことするにも便利だな……と最近思います。

ギグエコノミーが社会構造を変える？

ひで Uberって労働側として見ると、相手との継続的な取引もないし、即金でお金を引き出せるし、予期の期間が短いですよね。先ほどの「人格は予期から生まれる」という話にもとづけば、それこそギグエコノミー[†12]に従事していると人格形成が薄くなってしまうということになりませんか。

江永 なるほど……。たとえば稲葉振一郎『ＡＩ時代の労働の哲学』（２０１９年）には「ＡＩ」よりもギグエコノミーの方が、社会のあり方の変容という観点から見て、重大なのではないかと示唆する記述があります。ギグエコノミーは、雇用というよりも請負で回す仕組みであり、指示に対して結果を出す（出し方に巧拙の差が出る）のではなく、手段に従う（誰がやっても同じでなければならない）ことが求められる。これで構成される場ではたしかに人柄は問題にならない（極論ですが、指示ごとに別人格が従っても支障が少なそう）。

「人格」という語は、厄介ですね。『銀河帝国は必要か？』190頁のあたりなどを参照するに、まずカント主義による功利主義批判のポイントは、人格が、それ自体は分割できない、いわば数え上げの元になるものであり、人格同士では快苦の大小や上下を比較考量できないと指摘する点にあったらしい。けれども、デレク・パーフィットが、人格をより細かい意識の諸断片に分解可能なものとする理論的枠組みを再興した（逆に個々の身体を越えた集団身体水準の人格も想像可能になる）。で、安藤馨の議論にならって、予期による統合という限りで人格（予期した上で決定した選択の責任を担う主体）を想定するならば、時間の幅（あるいは予期に使用できる情報や記憶の量？）に応じて、人格には濃度（責任の濃度でもある？）が備わっていることになる、という感じでしょうか？　日常的な言葉遣いとして、〈人格の向上〉とか〈人間が薄っぺらい〉とかいう言い回しはあるわけで、そういう言葉遣いとはうまく馴染む

†12　（その道の専門職ではない人間が）インターネットを通じて単発の仕事を（次々と）受注する働き方、もしくは経済形態のこと。代表的なものにはAirbnb、Uber、GoJekなど。Skebやランサーズ、くらしのマーケットなども広い定義では含まれる。

発想かもしれません。

木澤 これは単なる思弁ですが、未来に対する予期スパンと愛着＝共感パタンが限りなくゼロになれば、そのときこそ他者への配慮が容易になると思うんですよね。未来時点に対する一定の愛着＝共感パタンが人格のインテグリティから解除されたとき、意識の切片としての意識主体は、現在という同じ瞬間を共有する別の意識の切片（＝他者）に対して、まるで自分の未来に対するのと同じように愛着＝共感パタンを形成することができるようになるのではないか。そして、もしLSDによるアシッド・コミュニズムがあり得るとすれば、それはこのようなものなのではないか、と夢想したりします。

暁 一般には人格を高める「徳」によって他者に配慮できるようになろう！　という感じなのに、木澤さんの発想だと他者に配慮するためにむしろ人格が邪魔だ！　という感じになっていて、とても面白いですね。

江永 「徳」や「良識」が、人体の行動を制御するものとして人体と切り離して考えうるならば、それらからの解放による人体の自由の増大とかも考えられそうですね。その人体は、有徳でもなければ良識的でもない挙動をするリスクがある、という扱いになりそうですが。

ひで Japanese Traditional Big Company って営業しないんですよ。昔からある取引先と仲良くやっていくことだけ求められる。だから日本の大企業の社員には「営業がうまい」とか「仕事ができる」とかそういうのじゃなくて、「昔からの取引先をビビらせないよう、異常者じゃないこと」が求められる。

暁 は～、マジでその発想許せね～！　みんな同じじゃイノベーション起きないじゃないですか。

ひで ギグエコノミーとかで予期の期間が短くなっていくと、「異常者じゃないこと」を求めるみたいな社会のあり方が根本的に変わってしまうというのは肌感覚としてわかる感じがする。

木澤 現代の社会では自分の未来に対する予期や愛着＝共感パタンに固着せずに、他人に対してまるで自分の未来に対するように配慮しちゃったりする人のことを異常者って呼んでるような気がします。健常者というのはあくまで自分の未来に対して安定した予期ができる人、自分の未来に（責任を持って）配慮できる人たちのことでしかないんですね。

暁 「安定は、希望です[†13]」ってことですかね。

ひで トランプの言動は本当に予期できないですし。

江永 でもそれは、周りからの空気を読めという強圧の遮断でもあり得る。明文化された規則と暗黙の慣習を組み合わせた交渉術への、対抗策にも見えます。

ひで アメリカ国家の決定者が、アメリカ国家としての意識というか人格を持っていないのはヤバ

†13　2013年参議院選挙で公明党が用いたキャッチコピー。

いとは思いますけどね。

出生加速主義は宇宙進出を促す

江永 そろそろ話の締めに向かいましょう。まずはいままで話していなかった『銀河帝国は必要か？』第2章、第4章、第5章の内容を手短にまとめておきます。第2章では作家史に絡めてアシモフのロボットSFの意義を確認し、それと架橋されるべき宇宙SFへの着目や、宇宙SFを再検討する意義などが記されていました。また第4章では主にアシモフのファウンデーション・サーガが（ロボットと人類の役割に焦点をあてつつ）取り上げられており、第5章では一種の歴史法則的アイディア（心理歴史学）と望ましい社会のあり方を中心に同サーガが読み直されていました。

それと第5章では、このサーガに即して、あり得べき未来社会の形態が著者により整理され、以下の4つの選択肢が挙げられていました。（a）人類全体の利益とともに、自由意志をも重んずる銀河帝国（第1ファウンデーション）、（b）人類全体の利益に即して個々の意志にも介入する銀河帝国（第2ファウンデーション）、（c）人類を超えた惑星規模の生態系そのものである統合知性（ガイア）の拡張による一切の包摂（ガラクシア）、（d）選別的排他的だが楽園的でもある完全管理社会への引きこもり（ソラリア）。そして第6章では、これらの比較検討を政治・経済・法・社会などの道徳的・思想的・哲学的な議論とさらに絡めて深めていっています。まず、銀河帝国の中での対立が、功利主義内での対立と重ねられます。総量功利主義と平均功利主義です。そこから、それぞれの未来のあり方や、人類などが宇宙に進出していく（人口は増えるものとする）ことの意義などが検討されていきます。

ひで　総量功利主義が人間を増やせば増やすほどいいっていうのは盲点でしたわ。もし人類みんなが地球にしか留まれないっていう仮定を置くのなら、地球のリソースは限られているから人口のキャップ（上限）があるはずです。平均功利主義を採用すると、地球上で反出生主義を導入して人間の数を減らすことで、人間ひとりあたりの厚生を上げることはできますよね。……あ、でも人間の数によって技術革新のスピードが決まるから、あまりにも減らすと技術革新が遅くなって未来の効用が下がっちゃうからダメなのか。

一方で人類は宇宙にドンドン出ていけるという仮定を置くのなら、総量功利主義を採用すればどんどん人間を生産してどんどん宇宙の果てまで送り込んでいくことで人類の厚生を無限に上げることができる。

木澤　総量功利主義って反出生主義の逆バージョンですよね。出生加速主義というか。

ひで　出生加速主義ウケますね。産めよ増やせよ地だけではなく天まで満ちよ。

暁　僕は反出生主義なので出生加速主義にはノーを突きつけたい。それはそれとして、総量功利主義を採用するんだったら、通常の3000倍の快楽を甘受する人間を遺伝子改良で大量に作り出すのがいいんじゃないですか。『対魔忍』みたいに（あちらは厳密に言うと改造手術ですが）。

ひで あと人間をたくさん生産して麻薬漬けにしてドラム缶に詰めて地面に埋めていくとかすればコスパよく人類の功利を上げれそう。

江永 その方向で、地球という制約を外すなら、宇宙に快楽漬けの知性体を可能な限り敷き詰めて、空間を埋めていくのが理想ということになりそうですね。ただ、この総量功利主義的（？）な出生加速主義は、人間も造り変えていかないと実現できなさそうですね。さしあたり思いつくだけでも、まずは生殖のやり方を変えないと人口のキャップが外せなさそうですね。あと、資本主義によって進行するプロセスを加速する、という大元の意味に即しているのかは問われるかもしれません。もっとも、様々な技術を用いて改造された人間由来の知性体がガンガン増殖して外部を取りこんで新たなネットワークを生成していくというのは、（悪い面、危うい面も含めて）大航海時代めいている光景にも思えますし、それを資本主義的と呼びたくなる気持ちもわきます。

ひで 快の質の変遷について。鬱っぽい人間って結婚して子どもを産んで残すことが難しいですし、陽気な人の方が子孫を残しやすいと言えます。そういう人間が多く生き残った結果、中世時代の人間と現代の人間って脳の器質的にドーパミンの出る量が違うんじゃないですか？

江永 なるほど。そうしたいわゆる「自己家畜化」的な話が起こっていたとすれば、そういう違いもあると言いうるのかもしれない。

暁 適者生存ってやつですよね。狩猟時代はＡＤＨＤ（注意欠陥・多動性障害）の方が健常者より有利だった、という話もあります。

ひで 鬱の人の方が現状を冷静に分析できるという話も一方であるし、結局のところ繁殖するのは現環境に適応的なヤツという話ですね。

江永 ただ、現今の環境では適応的な特徴が、そのまま未来でも適応的だとは保証されていないことに留意しておきたいです。快楽の量や質の感じ方に関してさえ。そして良心さえも。

暁 いま我々が快と捉えているものが、未来もそうとは限らない。環境が変わると強い個体も変わるって、カードゲームみたいですね。

光速の限界が〈外部〉を生む

江永 距離に対して光速度の限界があるから、惑星規模のガイアならまだしも、宇宙というスケールだとガラクシアが成立しない。これを著者は第6章の結びでポジティブに捉え直しています。「宇宙文明は、緩やかな多元的低速ネットワーク社会としてしかあり得ない。［……］

宇宙空間の「距離の暴虐」は決して克服しえない障壁であると同時に、一種の安全装置でさえあるのです」（２０２頁）。ここの表現は『銀河英雄伝説』の、グエン・キム・ホア（自由惑星同盟草創期の指導者のひとり）による「距離の防壁」の言を踏まえているように映ります（なお、元ネタは、オーストラリアの歴史を地理学的に捉えて論じたジェフリー・ブレイニー『距離の暴虐』かと思います）。ともあれ、恒星間や惑星間の距離でですら、地球上で実現されつつあると見られているグローバルなネットワーク社会の成立は困難であるらしい。共時的な単一性が保持できない。

木澤　結果的に多様性が生まれる、ということですね。

江永　そうですね。だからこそ、既存の社会に耐えられない人々にはフロンティアを目指す余地もあるわけです（本書２０２頁にもロバート・A・ハインラインのSFの宇宙植民モチーフに言及がありますね）。グローバル社会の統治、ガイアの統治、自称ガラクシアの統治が、行き渡らないところへと。言ってしまえば、宇宙はExitの味方です。「距離の暴虐」は距離の恩恵に転じもする。

木澤　そこには〈外部〉が発生する契機もはらんでいる。

ひで　いいこと言いますね～。異常者――多様性はフロンティアに存在する余地がある。

江永　この意味で、宇宙論的な思考は資本主義リアリズムに対するある種のカウンターパートになっていますよね。ニック・ランド「瓦解［Disintegration］」（２０１９年）が、ちょうど宇宙のインフレーションと生物の分岐学を引き合いに出しているので気になっています。もっとも、異世界ファンタジーなどと異なりせっかく宇宙を検討しているSFの話なのに、地球上の政治経済の寓意に落とし込んでいると批判を受けてもしまいそうでもあります。ただ、超高速取引みたいに、ある観点から見れば、やはり地球上ですら双方向通信ネットワークを介した完全に共時的なやり取りなど成立していないわけです。だから「瓦解」みたいな語りの余地もある。グローバルな統一の閉塞感ではなく、バラバラに分化していくこと（ただし、どうもランドはバラバラになることこそが自然の摂理かつ資本主義のプロセスでさえあるのだと強弁していて、話がねじれていくのですが[†14]……）。

ひで 資本主義で覆いきれない外部は宇宙感覚で見れば絶対に存在すると。

江永 そうですね。光速と距離の問題が、無時間的なシェアや同期を不可能にしている。おそらく、このあたりは両義的で、交換の必要も困難もこの環境に支えられていると言えそうです。

†14 ランドは議論の中で「エントロピー」にまで言及しており、人によっては虚淵玄脚本のアニメ『魔法少女まどか☆マギカ』を連想して盛り上がったり逆に鼻白んだりするかもしれないが、もしかすると、「縮退」を援用して資本主義を説明しようとする長沼伸一郎『現代経済学の直観的方法』のような著作とランドの議論を比較することは、有益かもしれない。

木澤 先ほども少し話に出てきましたが、投機家も通信ケーブルにおける一瞬の時差からお金を儲けたりしているわけですよね。初期の商業資本主義ってそもそも空間の間の利ざやによって剰余価値を発生させていたわけですし。

ひで そりゃ交換が成り立たないほど遠くにいれば資本主義に覆われないのは当たり前か。

暁 なんか色々聞いていて納得しました。『ガンダム』で地球から一番遠いコロニーが独立を宣言したのって、この宇宙空間の外部化も関係していそうですし、同時に、宇宙には銀河帝国を脱出した人たちによる自由惑星同盟が生まれる余地もあると。最後に『銀河英雄伝説』に戻ってきて、ちょっと感動してしまいました。

雑談②

『ジョーカー』のダンス

映画『ジョーカー』（トッド・フィリップス監督、2019年10月4日日米同時公開）の感想を語り合います。ネタバレ全開なので未見の方はご注意下さい。

ひで　『ジョーカー』観ました。ジョーカーって「虐待児のその後」とか「貧困層と上級国民の対立」とかそういう観点で語られることが多いみたいですが、ぼくは人間の人生に興味がないので「ちゃんと貧困対策をするべき」みたいな経済政策的な感想しか出てこなかったです。市の福祉カウンセリングが打ち切られたのも緊縮財政のせいですしね。

暁　なるほど。僕はアーサー（ジョーカー）に感情移入しすぎて、1週間くらい戻ってこれなくなりましたね……。「世間は病気の者に「普通であれ」と言って追いつめる」みたいな独白シーンで激しく首を振りまくり、アーサーがパンパン撃っていくシーンで拍手喝采しそうになりました。最後は『スカッとジャパン』ならぬスカッとアメリカで、ハッピーエンドだったなぁと。アーサーが僕に笑顔をくれた。

『天気の子』でも金のない主人公が偶然銃を手に入れてそれを使ったけど、人には当たらなかったのと可愛げがあるから救われて、一方のジョーカーは可愛げがない上に銃を撃って当たっちゃったからああなったと思うと、銃のウデマエがありすぎるのも困りものですね。無論、すべてが彼の妄想という説もありますが……。

僕も愛想がないと言われる人間なので、可愛げのない人間がどうやって社会に居場所を作っていけばいいのかというのは、考え続けなければいけないなと思います。

ひで ジョーカーの居場所かぁ。ぼくはまず金と自尊心の問題が大きかったのかなぁと思うんですが。……木澤さんはジョーカーに本当に必要だったものはなんだと思いますか？

木澤 LSDじゃないですかね。『ワンス・アポン・ア・タイム・イン・ハリウッド』[†1]でブラピが

†1　クエンティン・タランティーノ監督による2019年公開の映画。1969年にハリウッドで起きたシャロン・テート事件を題材としている。シャロン・テート事件とは、映画監督ポランスキーの当時の妻で妊娠8か月の女優シャロン・テートとその友人らを含む計5人の男女がポランスキー邸に侵入した若者らによって惨殺された事件。犯人の若者たちは、チャールズ・マンソンというグル（導師）に率いられたマンソン・ファミリーのメンバーだった。

ＬＳＤを受け取りますが、「チェーホフの銃」ならぬ「チェーホフのＬＳＤ」（！）で、あれがちゃんと最後に大活躍（？）する。あれを見ると、同僚から銃かＬＳＤのどちらをもらうかというガチャがすべての分かれ目という気までしてきます。まあ実際、少量のＬＳＤには抗鬱作用があるとも言われているし、毎日〝紙〟（ＬＳＤの隠語）食ってたら光属性のジョーカーに「変身」してたんじゃないですかね。ＰＥＡＣＥでＬＯＶＥなヒッピー版ジョーカー、皆さん見たくないですか？

あと、アーサー（ジョーカー）って酒をほとんど飲まないんですよね。代わりにタバコをめっちゃかっこよく吸ってみせる。もしアーサーがアル中だったら絵面が本当にひどいことになっていたと思う。僕のオールタイム・ベストに『バッド・ルーテナント／刑事とドラッグとキリスト』（１９９２年）っていうハーヴェイ・カイテル主演の映画があるんですけど、主人公の汚職警官がどうしようもないアル中かつヤク中で、ひっきりなしに飲むか吸うか打つかしているんですよね。それで後半になるにつれてまともに歩くことすらできなくって、常に壁にもたれたり這いつくばったりしながら移動していくという、まあそんな感じの映画です。その点では『ジョーカー』における「身体」の扱いは対極ですよね。どんどん身体性が解放されていくというか、ある意味で一種のダンス映画ですしね、もはや。

江永　そうですね。冒頭の化粧による顔づくりしかり、「オヤジ狩り」的なものに遭って袋叩きにされるところしかり、顔や身体のポーズがとても印象に残る映画で私は元気になりました。

身体性、動ける身体とか動けない身体とかの話は面白いですよね。たとえば、現代演劇で、チェルフィッチュ『三月の5日間』（2004年初演）っていう作品がよく知られているはずですが、話す内容と乖離した、なめらかで不可解な身振りを見せる演劇というのが現在形であって。（暗黒）舞踏[†2]なども身体動作のありようでは似ている気もするのですが、そういう、身体動作のレベルで規律にうまく従えない、従わない身体を見せるという思潮が脈々とあるっぽいです。

即時に言われた通りの動作をする身体が要求される制度があるとして、それへの対抗の一形態という感じで（近年のものだと、2018年初演の、オフィスマウンテンによる『能を捨てよ体で生きる』などが印象に残っています）。こうした劇やダンスでは、良くも悪くも兵士になれない身体、指令を受けつけない身体や周囲に同調できない身体がなすこと、できることを評価するという文脈があるのかなと思います。[†3]

†2　暗黒舞踏とは、第二次世界大戦後に日本で勃興した舞踊の一系統。土方巽や大野一雄といった人物がパイオニアである。第一次世界大戦後のドイツにおける、ノイエ・タンツと呼ばれるコンテンポラリー・ダンスの影響が指摘されている。カジュアルなイメージとしては、渋さ知らズの曲で踊っている白塗りのダンサー（松原東洋）とか、平井堅「ノンフィクション」（2017年）のMVに出てくる白塗りのダンサー（工藤丈輝）とかをイメージしてもらえるとよい。

ひで　ジョーカーのやるダンスは喜びや達成感を全身で表現するものの部類だった感じがあります。

江永　そうですね。でも同時に、ただ手前勝手に手足を動かしているというわけでもなかったと思います。むしろ、途中でやっていたテレビショーの動きとかに近かった気がするんですよね。アーサーはピエロとして踊ったりもしつつ、テレビショーに出る夢を抱いていたので。踊りのボッチ感とスタイリッシュ感で言うと、米津玄師の「LOSER」のMVとかを重ねてみたくなりました。

木澤　僕は『ジョーカー』のダンスシーンを見ながら、山戸結希監督の諸作品を想起しました。彼女の作品でも身体性やコンテンポラリーダンスがとても重要なファクターとして取り入れられている。規律からの解放としてのダンス。『5つ数えれば君の夢』とか全人類に観てほしいんですけど、とりあえずYouTubeで観られる作品だったら、おとぎ話「COSMOS」のMVでしょうか。これもとてもエモい映像作品になっています。

ひで　（※動画を視聴する）へー。たしかにジョーカーのダンスと似てますね。突然街中で人目をはばからずに踊り出す感じが。

江永　自分が想起した、踊りのあるMVだと、amazarashi「スピードと摩擦」っていう曲もありました。

暁　OPとEDは良かったけど本篇はイマイチだったアニメ（2015年放送の『乱歩奇譚』）のO

Pでしたよね。

江永 演出は好みだったんですが、物語でなまじ登場人物をまっとうな市民に描こうとして噛みあっていない印象のあるアニメでした。それはともかく、このMVを連想した理由は、トイレです。このMVではトイレの個室でコンテンポラリーダンスが踊られるんですが、ジョーカー（アーサー）も、電車から駅構内にかけてWASP系[†4]のサラリーマン3人衆を銃撃で絶命させたあと、たどり着いた公衆トイレの中で踊っていますよね。個室内ではなく手洗い場のところでしたけど。

あと、学生時代はDQN[†5]だったのかと思わせるような傍若無人さを見せる酔ったWASP3人衆についてもう少し話すと、発作を起こして笑い続けるアーサーを3人でタコ殴りにする前は、電車内で非WASP系っぽい黒髪の女性にクソ絡みをしていたと思いますが、この

†3　三浦雅士『身体の零度——何が近代を成立させたか』では近代化と身体動作の変容、定着を結びつけて論じている。軍事訓練と歩行の関係に絞って、より学術的に検討した議論としては、たとえば谷釜尋徳「幕末期におけるオランダ式軍事訓練の歩行の特徴について——日本古来の歩行との比較を中心として」が詳しい。

†4　ホワイト・アングロ・サクソン・プロテスタントのこと。白人エリートの保守層を指す。（ひで）

†5　軽率、粗暴、知能が乏しい者のことを指すネットスラング。電子掲示板「2ちゃんねる」（現5ちゃんねる）発祥である。（ひで）

場面も、細部がすべて陰惨なバージョンになった『電車男』[†6]の一場面を見せられたみたいで印象深かったです。

で、さっきも話題にあがりましたが、『天気の子』のキャッチの男性を銃撃しようとする場面が、そうした思わず身体が動くという要素からも容易に連想されました。キモくてカネがなくて家族から逃げ出せずに介護を続けてオッサン化した帆高としてのアーサー？　そういえば帆高が拳銃を所有しているのって陽菜にとってどういう重みがあったのでしょうか。その後の展開的には大して気にならない武力だったのか。

すみません、脱線しました。話を戻すと、WASPの人々（後日、報道では3名ともウェイン産業のエリート会社員であることが示される）を撃ち殺したアーサーは、ひとしきりトイレで踊って鏡に映った自分のポーズを眺めていました。アーサーは、鏡にせよテレビにせよ、振りつけを何度も見ている。いいプレイを反復して、自分の身体で体現しようとする人物という印象が強いです。話が後半に飛びますが、テレビショーに出るための自主練のところで、虚空で幻想と会話しているかのようにも映る紙一重な場面があったと思います。

他にも、メディアに描かれた歯を剝き出したピエロ風の絵を見て、自分も歯を剝き出しの顔をしてみたり。アーサーというのは、他の奴を煽動したいテロリストじゃなくて、理想の自分になりたいナルシストなんですよね。

で、自分を邪魔する奴とか舐めたり利用したりする奴は排除する。抑圧されては発作を起こす（私の印象だとアーサーの発作のタイミングは感情が昂《たかぶ》っているのを自分で抑圧しようとしている感じのときでした）俺の悲劇を知ってくれ、から、バリバリ動く俺という喜劇を邪魔するな、に変わる。

この意味でもダンスというか身振りが重要に思えます。うまく踊るコツは恥を忘れること、つまり身体をこわばらせ萎縮させる内なる常識や空気を振り払うことですから。[†7]周りの目を気にする意識を少なくとも一旦は断つことがスタートなわけです。アーサーは遵法精神も振り払っちゃったわけですが。

まあ、恥を捨てても、足腰ガタガタとか腕肩貧弱とかなら、あんな話にはならず、異様に頑丈かつムキムキの身体だから、あんな展開になるわけで。アーサーはフィジカルが強いだけでなく、テレビショーやステージの映像を見てめっちゃトレーニングしていたんだろうな

†6　2ちゃんねる上で展開されたやり取り、およびその物語化されたもの。いわゆるユーザー生成コンテンツの一例。2004年に書籍化、2005年に映画化、テレビドラマ化され、恋愛物語として好評を博した。元々は、電車内で酔って暴れる推定60代の男性に注意をしたオタク男性（電車男）が、同じ車両に乗り合わせた女性乗客と面識を得て、掲示板のユーザーたちに相談しながら交際を進めていく、という内容。他に、同時代の電子掲示板上でのやり取りとして記録が残されているものでは、ある急性リンパ性白血病（ALL）患者の書き込みを中心とした「無菌の国のナディア」が知られている。

†7　岡崎乾二郎編著『芸術の設計——見る／作ることのアプリケーション』の「ダンスの設計」の章を参照。

と。車のボンネット上に立ち上がる場面とか、ボクシングものの話で倒れた奴が立ち上がるみたいな感動がありました[†8]。

木澤 ニーチェ的な身体。山頂におけるツァラトゥストラのダンス。そういう意味でもやはり酒を飲んでいない＝アル中でない、というのは必然という印象を受けます。もしアル中だったら酔拳的なダンスを披露してくれたかもしれないので、それはそれで見てみたい気もしますが（ここで唐突に思い出したのですが、前述の映画『バッド・ルーテナント』にはハーヴェイ・カイテルがウィスキーを飲みながら全裸でダンスする名シーンがありました）。

暁 なるほど。自分は身体性にまったく関心のない人間なので、なんか嬉しそうだなぁくらいの雑な解像度で見ていました。皆さんの見方が新鮮です。

『ダークナイト』版ジョーカーとの比較

暁 僕は結末に対して「アーサーくんはやっと自分が傷つけられない、承認されるコミュニティを見つけられて良かったな」と思ったんですが、友人にその話をしたら「あれはアーサーではなくジョーカーが承認されただけじゃない？」ってツッコまれて、なるほどなと。結局ジョーカーというペルソナしか承認されていないんだなって思いました。

江永 でも、アーサーも、もうジョーカーからアーサーに戻るつもりはないんじゃないですか？　聴取を受けても話すのを拒否するわけですよね。かつてソーシャルワーカーにあれほど話をきちんと聴いてもらいたがっていた、あのアーサーが。虐げられた者の代弁者「ジョーカー」というキャラ、言うなればヴィラン（悪役）のペルソナを生きることにした感じなのかな。アーサーに戻るつもりなら、ラストで言葉を発するはずだし。

ひで 羽化みたいな感じかな。めっちゃいいこと言いますね。

暁 アーサーが〝開花〟してジョーカーになり、セカイの秩序は侵される。つまり『ジョーカー』は『沙耶の唄』なんですよね（！）。

江永 そうですね。輝きに満ちた廊下を血まみれの素足で歩いていく。リアルコメディアンとして頑張るぞ、「希望は前に進むんだ」（©ダンガンロンパ）、という感じで。

アーサーのジョーカーは、『ダークナイト』†9のジョーカーとは真逆だった感じがします

†8　この会話（2019年11月9日）の後、アメリカ合衆国大統領（当時）のドナルド・トランプが自身の顔を映画『ロッキー3』の宣伝ポスターのボクサーに重ねた画像（いわばトランプ顔＋シルヴェスタ・スタローン体のクソコラ）をツイートしており（2019年11月27日）、私はちょっと恐くなりました。というのも、私がイメージしていた「ボクシングもの」というのは「ロッキー」シリーズだったからです。なお、トランプ大統領は2019年11月16日、ホワイトハウスで映画『ジョーカー』の上映会を行っていたそうです。

ね。

木澤 そうですね。僕もそれは思いました。『ダークナイト』のジョーカーは純粋な社会悪を体現したようなキャラクターで、逆に言えばそれ以上でもそれ以下でもない。

江永 『ダークナイト』のジョーカーで印象深いのは、作中での初登場の場面で、まずピエロのマスクをした銀行強盗集団が現れるんですね。で、次々に他のマスク連中に裏切られて殺されていく、ってのが繰り返される。で、最後まで残ったひとりがマスクを脱ぐと、荒々しいメイクをしたジョーカーの顔が来る。ここ、マスクの連中は所詮前座のパチモノだ、とも解せるんですけど、顔のある市民に戻る気のある奴が次々死んでいく、という場面にも解せるように映ったんですね。マスクを外してもピエロメイクしかない。社会悪というペルソナしかない（ただしアーサーと違って、被害者意識の代表ですらない）。その点で言えば、ヒーローマスクを外せば資産家に戻れる、いわば表の顔を残しているウェイン＝バットマン以上に、あのジョーカーをしている人間は己の役柄に忠実なわけです。語られる生い立ち話さえもその都度食い違うし、私生活などない「プロ」の「悪役」だとさえ言えるかもしれない。顔のある何者か、市民であってはならないかのように。

逆に言うと、そこにいるのはたとえばジェームズ・モリアーティ（『シャーロック・ホームズ』）やハンニバル・レクター（『羊たちの沈黙』）みたいな天才的な黒幕でさえない。ダークナイト・ジョーカーは本当に誰でもいい誰かでしかなくて、暴力でシステムをグチャグチャにしまくって、メンタル耐久テストみたいなことをして、市民が闇堕ちしたらそれでいいや、ってキャラに見えたんですね。市民社会による治安維持、よい統治の限界としての悪、みた

†9　クリストファー・ノーラン監督によるバットマン3部作「ダークナイト・トリロジー」の2作目（2008年公開）。犯罪の頻発する都市ゴッサムを変えようとしていた3者、素性を隠しつつ犯罪者を私的に取り締まるバットマン、新進気鋭の地方検事、そして作中では例外的に正義感の強い警察官のあいだに、かろうじて結ばれるかに見えた協力関係と、その3者の理想が犯罪者ジョーカー（と煽動された人々）の凶行によって崩壊に至る過程を描く。結果的にはヒーローとしての名声を失い、警察に追われる身となるバットマンの姿は、絶対的正義などないという時代感覚を象徴するものとして当時受容されていたように思われる。ゼロ年代には、（アメリカの）正義への懐疑はただの冷笑的なポーズ以上の生々しさがあったはずである。たとえば、2001年のアメリカ同時多発テロ事件直後、合衆国ではいわゆる「対テロ戦争」の旗頭として当時の大統領ジョージ・W・ブッシュが圧倒的な支持を集めていた（なおこの際の軍事行動には当初「無限の正義」作戦との題が案出されていたが、後に「不朽の自由」作戦に改められた）。しかし、ゼロ年代後半には2003年イラク侵攻（ブッシュは2002年の演説中でイラクを「悪の枢軸」のひとつと非難、2003年には同国へ空爆、侵攻を開始していた）の際の重要な開戦事由のひとつ、イラクが大量破壊兵器を保有しているという情報が誤りであったことが周知のものとなり、『ダークナイト』公開までにはブッシュ大統領の支持率が一時はアメリカ史上最低値まで低下、いわゆる「世界の警察」としてのアメリカ合衆国というイメージに強い懐疑が向けられていた。なお映画『ダークナイト』は、ARG（代替現実ゲーム）による公開前のプロモーション企画でも名が知られており、映画序盤にある銀行強盗の場面は、同企画内でジョーカーの手下に「採用」された参加者らが「誘導」したスクールバスであるとわかる趣向になっている。

いなものの代弁者でしかないように映る。だから、ヒーローとか善良な市民というキャラを壊すことにしか執着がない。それでマヌケをして映画の最後には捕まるわけですが、私的な愛憎で何かしているようには全然見えない（バットマンというヒーロー役への執着はあっても、ウェイン個人には思い入れがないというか）。

対して、アーサー・ジョーカーは原則的に私怨で暴力を振るう。サラリーマン殺しも、母殺しも、同僚殺しも、テレビ司会者殺しもそうです。格差とか、虐げられた者たち一般や、市民社会がどうこう、というのは、個人的な動機で振るった暴力の副次的な結果、外部からなされた意味づけでしかないように思える。悪役としても「アマチュア」感があるというか。犯罪から個の来歴とか顔が見える気がする（あの展開の延長と考えれば、バットマン＝ウェインへ執着するとしても、兄弟かもしれないと思った相手への私情に根差しているだろうし）。

だからこそ、自分がピエロを辞めさせられるときに他の同僚みたいに嘲笑をせずに心配して労《ねぎら》ってくれたり、その後の場面でも、アーサーの部屋から逃げようとしてドアの鍵に手が届かないとき、アーサーに鍵を開けてくれないかと頼んだりしてくる小人症の男性（ゲイリー）には、感謝の言葉を述べたんだと思います。アーサーをクレイジーな落伍者として舐めたり蔑《さげす》んだり嘲笑《あざわら》ったりせず、ただ同僚として扱ってくれた人だったから（ちなみに電車内でDQNたちがアーサーを殴り倒すとき、「落ちつけよ、バケモン！［Stay down, freak!］」って言っているんですが、ひょっとするとこのフリーク〔バケモノ〕って、アーサーにとって重い意味のある言葉だったのかなと思いもします。そう考えると、歴史的に見て見世物（フリークショー）に出演する例があった小人症の人物へのアーサーの思い入れの陰影がより深まって映るようにも感じました）。

暁 と言いつつ、当該シーンでは彼をおどかしてビビらせたりもしていたはずなので、私はアーサーのことを贔屓目で見すぎかもしれません。

アーサーにはあのゲイリーさんと仲良くするルートもあっただろうに、彼のことを内心バカにしていたからつながれなかったんじゃないかという説もありますね。そこで連帯せずにイマジナリー彼女に救いを求めてしまう……という難しさがあります。

江永 社会がジョーカーを生み出さないためには、的な話で言えば、アーサーの境遇がどうというか、同僚の「オヤジ狩り」に同情したふりして自衛にと銃を渡しながら、後からシラ切って職場から追放するような悪事をする奴（ランドル）をどうにかした方が、よい気もします。他人に武力を与えながら社会からの居場所を奪うとか、治安的な意味で最悪の行為だと思います。

木澤 観ていて『ダークナイト』の客船パートに象徴される「善良な市民」（＝シティズンシップ）は『ジョーカー』の世界にはもはや存在しなさそうだなと思いました。アーサーのような弱者をいたぶるエスタブリッシュメント層と、ジョーカーを支持する（ポピュリズムに流されやすい）若年貧困層にゴッサムシティが二分されてしまっている。その意味で、『ダークナイト』が9・11以後の映画であったとしたら、『ジョーカー』はリーマンショックとトランプ現象以後の映画であると言えるかと思います。中産階級が没落した後の世界、プアホワイトのルサンチマンと憎悪、そしてポピュリズムが支配した世界における映画……。

暁　『天気の子』も新海誠監督が意図的に、メインキャラ二人を貧しい設定にしていますね。パンフレットで『君の名は。』の頃とは変わってしまった生活実感を反映したと言っていましたし、世界的にも、貧困への問題意識は高まっているのでしょう（高まってくれないと困る）。

ひで　貧困……ゴッサムシティが貧しいのは80年代のアメリカで金融危機後の金融街に近い都市だからですよね。80年代以降はレーガノミクスで軍需産業が活発になるはずなので、ぼくはジョーカーは海兵隊基地のあるサンディエゴに引っ越してバーでショーをやる人になれば良かったと思います。ゴッサムシティから出て稼げる場所に行けば金銭的には救われたんじゃないかと思うんですよね。スラムを捨てて街へ出よう。

暁　なるほど。稼げる場所に行くというのはひとつのアンサーですね。僕も稼げる場所に行きたいです……。

闇の思想

第3部

やがて行きつく根源的な問い——私たちは生まれてこないほうが良かったのか？　反出生主義と向き合い、生きづらさ、人間関係、愛について考える。混沌の果てに、アンチソーシャルな「自己啓発」の可能性が浮かび上がる。

第5章

反出生主義

［課題図書］

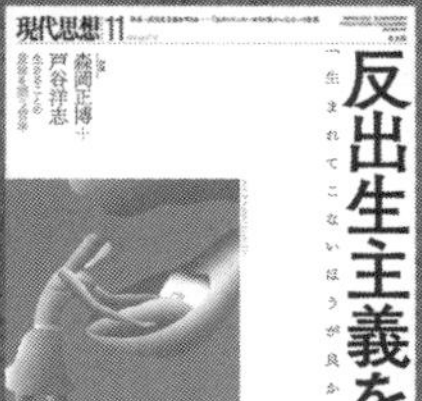

『現代思想』2019年11月号
特集「反出生主義を考える」
青土社

ひで　全体を通してみてどうでしたか？

暁　そんなに難解な内容ではなくて、気になるテーマから読むと読み進めやすかったですね。デイヴィッド・ベネターら†1の本の内容を知らなくても概略がわかるようになっていて良いです。全体の印象としては、ベネターが反出生主義というテーマを打ち出したことには、出生主義を相対化する効果があったし叩き台としてはいいけど、全面同意はできないよという人が多いような。論理パズルみたいな彼のロジックに乗っかるだけでは実存の悩みは救われないよねって感じです。

ひで　ベネターは論争を呼ぶ論を発表するだけではなくて、誰かに批判されたらちゃんと批判し返しているのが偉いですね。こういうちゃんと反応してあげる雰囲気を作るのが大切な感じがしました。

木澤　どことなくベネターは「Twitterによくいるめんどくさい論客感がありますよね。

江永　この特集で読むだけでも、ベネター「考え得るすべての害悪」でのイキり方とか、ちょっと

「論破厨」感がありますね。初っ端から「私が回答する議論のどれも、私の見解を修正させるには至らなかった。しかし、なぜそうなのかを示すことができたのは嬉しいことだ」（40頁）ですからね。でも、ある種トロールみたいにテーゼを打ち出し続けて周りを「釣る」ことで、「議論」のフィールドを作った。提起される問い自体には、たとえ書き手を頑迷だと見なすにしても、無視できないポイントがあった。そんな感じなのかと理解しています。

木澤 個人的に特に感銘を受けたのは、討議「生きることの意味を問う哲学」での森岡正博さんの「「生まれてこないほうが良かった」と論理的に言えるか言えないかどうかは、それだけ取り出してみればこれは非常に知的なパズル解きですよね。ただ、みんなでこのパズル解きに熱中して、この問題をそういう方向へ押し進めていったら、本当にこの問題を実存的な問題として抱え込んでいる人たちにとっては、強い言葉を使わせてもらえれば、自分たちが侮辱されているような気になると思います」（11頁）という発言です。ベネターは分析哲学と倫

†1　南アフリカ共和国ケープタウン大学哲学科教授。1966年生まれ。人間を含む意識ある生き物は生まれてきてしまったことで苦痛を受けるため、生まれてこないほうが良かったという結論が導き出されるとして「反出生主義」を強く主張、論争を巻き起こした。日本では2017年に『生まれてこないほうが良かった——存在してしまうことの害悪』として邦訳が出版され（原著は2006年）、以後ネット上を中心に反出生主義ブームとも言える状況が生まれた。今回の課題図書においてはベネター自身の論考が掲載されているほか、様々な論者によりその主張が批評されている。

理学の人だから、そこには実存の問題がすっぽりと抜け落ちている。あえて当事者性、と言ってもいいかもしれませんが。その意味で、トランスジェンダー当事者の観点から書かれていた古怒田望人「トランスジェンダーの未来＝ユートピア――生殖規範そして「未来」の否定に抗して」などは興味深く読みました。森岡さんもおっしゃっているように、ともすればベネターの土俵に入って、そこで論理パズルを説いたり論破ゲームに興じたり、といったことに陥りがちだと思うんですけど、その点、小泉義之さんの「天気の大人」というフレーズは(論考内容含め)まさにクリティカルに機能していて思わず感嘆してしまいました。

暁 わかります。森岡さんは著書『生命学に何ができるか――脳死・フェミニズム・優生思想』で、女性の産む選択の権利と障害者の生きる権利の両立の難しさなどを扱い、男性学的な分野でも『感じない男』を書かれているので、常に当事者性を踏まえて考えていらっしゃる方だと思います。僕もこの討議を読んでとてもしっくりきた感じがあり、特集の冒頭に配置されているのも含めていいなと思いました。

「死」という最終問題

江永 ベネターの語り口は分析哲学系っぽく映りもして、存在することの有無と快苦とにまつわる

「基本的非対称性」の議論は、一見すると功利主義っぽい理屈にも思えるのだけれど、実際には功利主義に全面的に依拠して話しているわけではない。

木澤　ベネターは功利主義（帰結主義）を採っていないんですよね。たとえばトロッコ問題を例に出すと、サディアス・メッツ（「生まれてこないほうが良いのか？」）によれば、ベネターが採るのは消極的義務論であり、なので4人の人が轢かれるのを防ぐためにトロッコの前に肥満者を突き落とすのは不正である、という立場です（97頁）。メッツによれば、ベネターは「ひとびとが生きる権利を持つ」と考えており、「死はそれ自体で悪だと考える」。逆に言えば、たとえば「効用の最大化」という観点から肥満者の犠牲を正当化する功利主義的な立場をベネターは斥《しりぞ》けているわけです。ベネターは「すでに存在している人間からよきものを奪うという行為を、それ自体として不正だと見なしてもいる」（同上）、と。

これは、どちらかというとリバタリアンの立場に近いと思いました。言い換えれば、何よりもまず自然権によって保証された自己所有権という不可侵な領域があり、それを毀損する権利は（自分以外は）誰にもない、という立場です。

また、ベネターは（意外にも？）「生」をそれ自体が肯定的で価値のあるものとして提示しています。この「生」のポジティブな価値づけは、ベネターが自殺を推奨していないこととともダイレクトに関わってきます。再度メッツを引用しましょう。「反出生主義を認めるが死亡促進主義を認めない、ということを理解する際に決定的に重要となるのが、死はそれ自体で避けるべき悪だという命題である」（96頁）。

ここにベネター思想の要諦があります。すなわち、生ができるだけ避けられるべきとされるのは、それが死による生の最終的な絶対的毀損と全的破壊を宿命づけられている限りである、ということです。不可侵の自己所有権に保護された「良き」生と、それを蝕《むしば》むように毀損し破壊していく「悪しき」苦痛と死という非対称的二元論、これがベネターの哲学のアルファでありオメガであると思います。

「誕生が悪であることの理由の一部は、それが必ず死という害悪につながるからである」（ベネター『生まれてこないほうが良かった』221頁）。

江永 ベネターの議論は、苦しみを慮《おもんばか》るならば新たな生が始まるべきではない、であって、現に始まってしまっている生がこれ以上続くべきではない、とは異なるわけですね。ベネターの反出生主義は、他を死なせるのはもちろん推奨していないし、自ら死ぬのも推奨してはいない。生の停止（死を与えること）が、生の継続よりもよいという話ではない。

暁 死を批判するのならトランスヒューマニストになればいいんじゃないですかね。

木澤 ベネターも年老いてきたら、ピーター・ティールやボグダーノフみたいに若者の血を輸血したり、サイボーグ化したりして不老不死を目指すようになるかもしれませんね。言い方を変えれば、ひとたび「死」という最終問題が解決されてしまえば、ベネターの反出生主義は土台そのものが大変動をきたしてしまう。

江永 生命科学、特に生物工学的な学知が考究されていくと、議論の前提が変わるかもしれませんね。考えてみると、現今の学知を延長する程度の水準でも、反出生主義の色々な「実装」をイメージできそうですね。

アマチュアなりに、生殖技術で考えてみます。たとえば、ジュリアン・サヴァレスキュ[†2]「生殖の善行――私たちが最善の子どもを選ぶべき理由」の議論をさらに問題含みにしたよ

†2 オーストラリア出身の哲学者。1963年生まれ。応用倫理学への貢献で知られる哲学者、ピーター・シンガーの下で哲学の博士号を取得。元々は医学を専攻しており、神経科学、生命倫理等の学位も併せ持つ。2002年よりオックスフォード大学上廣応用倫理センターの所長に就任しており、医療倫理に関する学術誌の編集などを歴任してきた。研究テーマは多岐にわたるが、2002年の「生殖の善行」ほか、いわゆるエンハンスメント（医科学技術による能力の増進）に関する議論で最も知られており、AIの進展による超知能出現の可能性を検討した哲学者ニック・ボストロムとの共編著『Human Enhancement』（2009年）といった、様々な論集に名を連ねている。核兵器に代表される過激な技術力のリスク、環境問題やグローバルな正義に関する問題を処理しきれない現行のリベラルデモクラシー国家の不備、そして進化心理学的観点から説明しうる人間に備わった利他性の限界という3要素からなる「絶滅のバミューダ・トライアングル」を避けるために、道徳的エンハンスメント（たとえば道徳性を高めると見込まれる薬物の投与など）が人々に施される必要があると提唱するサヴァレスキュの立場にはもちろん批判もなされており、たとえば森岡正博は論文「道徳性の生物学的エンハンスメントはなぜ受け容れがたいのか？――サヴァレスキュを批判する」において、現行社会では、「薬理学的に増強された人間は、薬理学的に「奴隷化された」人間であるとみなされ、「道徳性が増強された」人間だとはみなされないであろう」（111頁）と主張している。

うな（人によってはおぞましく感じるであろう）話になりますが、着床前診断で、利用可能な遺伝子情報を元に、もっとも生殖能力の低い胚を選択することを義務づければ、次世代では現世代より子どもが産まれにくくなるはずです。このような（優生学的?）選択を繰り返していけば、映画『トゥモロー・ワールド』（アルフォンソ・キュアロン監督、2006年。直近18年ほど新生児が出生していないとされる世界が描かれている）的な状況を実現できるかもしれません（それが望ましいかどうかは別として）。

また、現在すぐできることの水準でも色々言えそうですね。橋迫瑞穂「反出生主義と女性」注4（196頁）で「ベネターのこのような議論においては、たとえばパイプカットなど男性側の避妊がほとんど言及されない」と指摘がありました。これに寄せて考えると、現在の技術水準でも手軽にできる反出生主義の「実践」とは、たとえば男性なら、輸精管を手術で結紮《けっさつ》した上で、モテモテになることなのかもしれません。

手術で輸精管を結紮した人物が、より多くの避妊する気が乏しい人々にモテればモテるほど、新生児出生につながるリスクを持つ事象の発生頻度をより減少させることが可能となるはずです（素人の浅知恵です！ もし精管結紮術［バセクトミー］を検討するなら、各種のリスクを調べたり、専門家にご相談したりの上で！）。

ひで マラリアを撲滅するために不妊化した蚊を街中に解き放つ話[†3]みたいですね。

木澤 いいですね。人類を絶滅させるためにパイプカットをしてモテモテになる努力をする。意識が高いのか低いのかよくわからない。それと、テクノロジーによる反出生主義も、統治功利主義の反出生主義的応用という感じでしょうが、やはり統治の主体をどうしても想定せざるをえない以上、素朴な優生主義に堕するリスクはどうしても出てきそうですね。

暁　ネットでパイプカット体験記を読んだことがあるのですが、やっぱり女性側が手術を受けるよりはリスクが低く、コスパ良さそうな感じですね。セックスも普通にできるそうですし、選択肢として興味深いです。あとは男性用避妊薬も研究が進んでいるらしいので、江永さんのおっしゃるようにテクノロジーで反出生主義を「実践」するのもありですね。

ひで　人間を不妊化させるんだったら原発を爆発させたらいいんじゃないですか。フィリップ・K・ディックの『アンドロイドは電気羊の夢を見るか？』みたいな感じで。

†3　不妊虫放飼と呼ばれる技術。2018年2月10日のAFPの記事（https://www.afpbb.com/articles/-/3161974）によると、「米フロリダ州マイアミの保健当局はデング熱などの感染症を媒介する蚊を減らすため細菌で不妊化したネッタイシマカを大量に放つ試みを進めている」とのこと。その他、マレーシア・クアランプールでのネッタイシマカ、日本では沖縄でウリミバエに対して実施された。

エーデルマンと再生産的未来主義

木澤 反出生主義とは直接的には関係ありませんが、リー・エーデルマン[†4]の「再生産的未来主義」批判が色んな論考でトピックとして出ているのが印象的でした。

江永 主にエーデルマン『ノー・フューチャー――クィア理論と死の欲動［No Future: Queer Theory And The Death Drive］』（２００４年）の第１章「未来は子ども騙し」の議論ですね。

ひで 再生産的未来主義って何なんですか？

木澤 一言で要約すれば、子どもという表象を未来の象徴として利用する立場。たとえば、討議「生きることの意味を問う哲学」の中で戸谷洋司さんが出生主義の代表的論者としてベネターに対置しているハンス・ヨナス[†5]は、「子どもの世代に対して私達は無限の責任を負っている、子ども＝未来のために私達は奉仕しなければいけない」といったことを言っているわけですが、これなどもエーデルマンからすれば再生産的未来主義の範疇に入るのではないでしょうか。付言しておけば、この「子ども」を「他者」に置き換えれば、いわゆる「他者に対する無限責任」のロジックで、これはデリダやレヴィナス等の（ヨナス含めた）ユダヤ系現代思想におけるクリシェですよね。ユダヤ系の文脈では、他者とはもちろん超越的な神＝ヤハウェを暗に含意しているわけなのですが……。

江永 未来の象徴としての子どもや他者なるものを守ることの何が悪いのか、と訝《いぶか》しく思う方もいらっしゃると思いますが、たとえば本書でまずエーデルマンが挙げる事例は、政治キャンペ

†4　アメリカの文学研究者、クィア理論家。1953年生まれ。イェール大学で博士号を取得。同大学は、ジャック・デリダのようなフランスの哲学者・思想家の影響を受けた文学研究グループ（イェール学派）で知られている（代表的な人物のひとりはポール・ド・マン。なお、批評家の柄谷行人は同大学に招聘され1975年から1977年まで客員教授を務めており、ド・マンとも知り合っていた）。自身も詩を書いていたエーデルマンは、早世したモダニズム詩人ハート・クレイン（文学と同性愛という観点から論じられることも多い）などのアメリカ詩人の研究に始まり、やがて理論の検討や同時代文化の批評なども発表していった。近年ではデューク大学出版（「ホモソーシャル」という用語を普及させた代表的なクィア理論家であるイヴ・セジウィックは同大学で教鞭を執ってもいた）の叢書「セオリーQ」（セジウィックが編集委員のひとりだった叢書「シリーズQ」の実質的な後継と思われる）の編集委員にも名を連ねている。エーデルマンの文章は1990年代末の『現代思想』や『10＋1』などですでにいくつか邦訳されていたが、代表的な論考「未来は子ども騙し——クィア理論、非同一化、そして死の欲動」（1998年）が藤高和輝により訳されたのは2019年であった（『思想』2019年5月号、特集「生殖／子ども」）。今後よりいっそうの紹介や検討が望まれる。（江永）

†5　ドイツ出身の哲学者。1903年生まれ、1993年没。フィリップ大学マールブルクにおいてマルティン・ハイデガーの指導のもとで哲学博士を取得。またその過程でハンナ・アーレントの知遇を得、以後生涯に渡る親友となる。ユダヤ系であったヨナスは1933年にナチスから逃れるためにイングランドへ亡命。戦後はイスラエルやカナダで教鞭をとり、1955年にはニューヨークへと移り、その地で残りの生涯を送った。代表作に、科学技術時代における責任倫理の必要性を説いた『責任という原理——科学技術文明のための倫理学の試み』などがある。

ーンにおける子どもの利用の話です。「我々は子どもたちのために闘っている。あなたの立つ側はどちらだ？」というような物言い。こうした物言いが、なぜ詮議無用の正論としてまかり通ってしまうのか、という問いから議論がスタートしている。

徴兵なんかもこの理屈で正当化されてきた側面があるように思います。徴兵を拒否する立場でも、では「子どもを守るため」とされる作業に従事せよという圧力には、抗しづらい。実のところその作業は「銃後の守り」と化してしまうわけですが。こうして、人は戦争に動員されてしまう。

木澤 右派も左派も社会の既成的秩序を維持し再生産するために子どもという表象を利用していて、その構造を暗黙の前提としている限り両者の対立は実は偽の対立に過ぎないのではないか、ということをエーデルマンは言っていて、そうした（偽の）対立それ自体に対立するものとして「クィア」という爆弾をぶつけてくるわけです。

暁 日本でも「借金を将来世代に残すな！」とかいうお題目として、子どもなるものが使われちゃっていますよね。

江永 そうですね。世代間倫理と絡めた注目だと、『現代

アメリカ合衆国の戦争資金調達のためのポスター。Gordon K. Odell作。1941・1942年頃のもの。

思想』2019年9月号（特集「倫理学の論点23」）に掲載の吉良貴之「将来を適切に切り分けること――エーデルマンの再生産的未来主義批判を念頭に」で、エーデルマンが「再生産（生殖と育児）にとって最も効率的な形で未来志向的に最適化されていることを問題化する」（141頁、傍点省略）という「クィア時間論」の代表的論客として検討されていました。同論考では、エーデルマンが批判する「再生産的未来主義」に相当する議論のひとつとして、ちょうどハンス・ヨナスの定言命法も挙げられていました。ホットですね。[†6]

ちなみに反出生主義の文脈でベネターとエーデルマンに共に言及する言説には色々ありますす。たとえば、ヴィーガニズムと反出生主義とを関連づけて論じるジェームズ・スタネスク「繁殖の問題――ヴィーガン倫理と反出生主義［The Trouble with Being Bred: Vegan Ethics and Antinatalism］」[†7]の冒頭では、ベネターを含む哲学的ペシミズムの系列の反出生主義と別に、エーデルマンなどの議論がクィア理論における反出生主義の一形態だと指摘されていま

†6　同号には吉沢文武「生殖の倫理――ベネターの反出生主義をどう受けとめるか」なども収録されている。

†7　http://www.criticalanimal.com/2015/09/the-trouble-with-being-bred-vegan.html。ジェームズ・スタネスクはアメリカの哲学者。ビンガムトン大学で博士号を取得（哲学）。現在はマーサー大学の助教。日本語で読める著作としては、ケビン・カミングスと共編した論集『侵略者は誰か?――外来種・国境・排外主義』がある。

す。

けれども、両者には異なる部分も多い。ここで少し、エーデルマンの議論の枠組がベネターとはどのように異なるのか、確認をさせてください。

エーデルマンの「再生産的未来主義」批判は「みんなで異性愛者であるのをやめて生殖を絶って絶滅しよう」といった議論ではありません。「子ども」なる形象に代表される「再生産的未来主義」への対抗として「クィアさ」がある、とエーデルマンは論じています。しかしエーデルマンは、この意味での「クィアさ」が本質として備わった性的カテゴリーがあるなどと言おうとしているのではない（はずです）。『ノー・フューチャー』第2章以降で、エーデルマンはこの「クィアさ」に込めようとした意味合いを、「症性愛［Shithomosexuality］」という造語でより厳密に語ろうとしているように映ります。また『ノー・フューチャー』第3章の注10では、精神分析の汎性欲論的な立場から、ことは人間の性や欲望に留まらないと示唆されています。第4章ではヒッチコック『鳥』（1963年）を論じてからポール・ド・マン（のベンヤミン論）などに触れつつ歴史や言語の「非人間性」の話をしている。じゃあ結局どういう話なのか、というのは、私も勉強中です。[†8]

ただ、たとえば「LGBTであるならば必ず再生産的未来主義を批判する立場をとることになる」というような理解は不適切であるということはたしかで、異性愛規範によるスティグマ化（烙印）にはエーデルマンも反対しているし、「親」になったLGBTQたちが市民権を得つつある状況もあると触れつつ、自分の言わんとするところを説明しようとしている（『ノー・フューチャー』17頁）。
　自分の見方をまとめますが、徒党を組んで絶滅に向かおう的な檄文として読むのではなく、どんな社会でも〈社会のためになる〉営為に協力しないとされる奴が必ずいるけど、それはその〈ために〉への批判の余地が必ずあることの証左でもあるのだ、という論点から「クィアさ」を論じる批判理論として読むのが、エーデルマンの著作のよい使い方かなと見込んでいます。[†9]

ひで　子どもが未来の象徴とされることへの批判かぁ。そもそも10〜20億年もしたら地球は太陽の熱に焼かれて、50億年後には太陽が水素を使い尽くして赤色巨星になって地球を飲み込むんだから、継承とか再生産に意味があるのかと思ってしまう。

†8　『ノー・フューチャー』第4章の内容に関しては、武田悠一「ヒッチコックの学校――『鳥』のクィア・リーディング」の中で紹介、検討されている（特に123-126頁を参照）。
†9　三原芳秋／渡邊英理／鵜戸聡編著『クリティカル・ワード 文学理論――読み方を学び文学と出会いなおす』第4章「欲望」（新田啓子著）は、「ブラック・フェミニズム」と関連づける形で、「ウーマン・リブ運動」における家父長制批判とエーデルマンによる再生産的未来主義批判とを比較し、両者の違いを簡潔にまとめている（特に106-116頁を参照）。

江永　あと、エーデルマンに関しては、奇矯な、というか、力業と言えそうな諸作品への解釈にも注目が寄せられてほしいという思いがあります。『ノー・フューチャー』第1章の一節では、子どもの主人公と生死を懸けた闘争をする独身男性の悪役の系譜がある、とブチ上げたりする。ハリー・ポッターの宿敵ヴォルデモートとか（しかも名前に「死［mort］」が入っている）、ピーター・パンの宿敵フック船長とかって、みんな結婚してない独り身の男性じゃないですか、って。

暁　未来のある子どもを殺害する独身男性を、エーデルマンはどういう文脈で挙げているんですか？

江永　死の欲動の側、つまり、子どもなる形象へ抵抗する力の側を体現する形象、という文脈です。エーデルマンは「同性愛者」なる社会類型が歴史的に形成されてきた過程と、こうした（英語圏の児童文学での）未婚独身男性悪役の形成とを、ダブらせて論じています。[†10] ここだけ取り出して考えていると、たとえば、巷間にしばしば見られる、拗《こじ》らせた非モテ男性が一番邪悪というような見方にも、再生産的未来主義的な発想が胚胎しているのかもしれないなどと妄想してみたくもなります。[†11]

『現代思想』の特集から離れすぎました、すみません……。ともあれ、子どもを誕生させる能力を持つ「産む性」と見なされる限りでの「女性（なるもの）」に対する嫌悪や蔑視を助長する面があるとして、エーデルマン『ノー・フューチャー』を批判する余地はおそらく残りそうです。しかし「産む性」と「女性」をイコールで扱う見方に対しても批判する余地があります。「女性であること」と「妊娠する能力を持つこと」は分けて捉えられるからです[†12]。特集内では古怒田さんの論考が、この観点からの例示を試みています。それに「産む性」を担う個人だけで人間の生殖や「次世代再生産」が成り立つわけでもないはずです（単為生殖や単性生殖をするわけではないし、次世代市民の生産には、たとえば教育など、種々の過程が必要とされるでしょう[†13]）。

†10　これに関連して、特に『ノー・フューチャー』第2章で展開される、ディケンズ『クリスマス・キャロル』（1843年）における老爺スクルージと男児ティムをめぐるエーデルマンの議論を紹介しつつ、クィア理論とディスアビリティ研究の分野からのエーデルマン批判を検討した論考として井芹真紀子「反／未来主義を問い直す――クィアな対立性と動員される身体」を参照。

†11　いわゆる「非モテ」男性に関する著作としては、小谷野敦『もてない男――恋愛論を超えて』や、本田透『電波男』などが知られているが、近年のものとしては、ぼくらの非モテ研究会編著『モテないけど生きてます――苦悩する男たちの当事者研究』が挙げられる。

†12　たとえばこの問題を「母性」また「母であること」とは何かという問いから考察したものとして、中真生「「母であること」（motherhood）を再考する――産むことからの分離と「母」の拡大」がある。

†13　次世代再生産と生殖に関しては小泉義之が繰り返し論じている。小泉義之『生と病の哲学――生存のポリティカルエコノミー』第2部第1章・第2章を参照。また小泉義之「No Sex, No Future――異性愛のバイオ化・クィア化を夢みることについて」も参照。

で、私の見る限りでは、エーデルマンの論の立て方は、(「基本的非対称性」なるものを論の骨子に据える)誰もが十分に合理的であれば反出生主義に従うはずだ、というベネターのそれとは異なります。むしろ「再生産的未来主義」という一見誰もが従うべきであるかのように映る理屈に対して、それへのアンチの立場をどう示すかというのが(私が思うに)エーデルマンの問題意識です。[†14]

あと、結婚観や性道徳の話だと、疫学とかの知見を用いる議論もあって面白いですよね。性感染症の流行が、モノガミー(単婚制)規範の伸長と関わっていたのではないかと論じる研究もあったりする。[†15] 日本でも、リスク概念を用いて、近年における婚前性交の減少傾向を検討し、また「避妊をめぐる男女の非対称性」を検討しようとする論文がありました。[†16]

ひで 日本の平安時代もまだ性病が流行っていなかったから公家同士がフリーセックスだったって話もありますよね。

反出生主義に対するあなたのスタンスは?

暁 皆さんは反出生主義についてどうお考えですか?

木澤 僕はいちおう自分なりの当事者性を持って原稿(「生に抗って生きること――断章と覚書」)を書

いたつもりです。

ひで 木澤さんのは、生産性と命の価値の関係性にちゃんと突っ込んでいて良い論考だなぁと思いました。

木澤 僕はあえてベネターの土台には乗っからず、E・M・シオラン[†17]をひとつの軸にしながら自分なりに「生の負債化」というテーマで書きました。僕には、生を無批判に肯定するベネターよりもシオランの方が性に合っている（この点、ベネターとシオランは対照的だと思います）。ところで生の負債化といえば、最近邦訳が出たジョルジョ・アガンベンの『オプス・デイ――任務の考古学』も自分の問題意識と偶然リンクしていて驚きました。カント以来、いかにして

†14 このようなエーデルマンの問題意識への批判としては小泉義之「最後のダーク・ツーリズム――『少女終末旅行』を読む」、「類としての人間の生殖――婚姻と子どもの聖化について」を参照。
†15 Chris T. Bauch & Richard McElreath「Disease dynamics and costly punishment can foster socially imposed monogamy」（Nature Communications、２０１６年４月12日）https://www.nature.com/articles/ncomms11219を参照。
†16 片瀬一男「「リスク」としての性行動・「危険」としての性行動――避妊をめぐる男女の非対称性」。
†17 ルーマニア出身の作家・思想家。１９１１年生まれ、１９９５年没。当時のバルカンという歴史の修羅場において自身を形成。現代西欧に住むひとりの「穴居人」を自称し、断章形式（アフォリズム）を多用した、厭世的でニヒリスティックな思想を展開した。著書に『生誕の災厄』『悪しき造物主』など。

現代倫理において存在が「当為」（べき）として、言い換えれば生が義務として、一種の負債として構成されるに至ったか、というのを系譜学的に検討している書なのですが、ここにはベネターにはない存在＝生に対する批判的射程があります。訳者の方があとがきでデヴィッド・グレーバーの『負債論――貨幣と暴力の５０００年』を引き合いに出しているのも示唆に富んでいると思いました。

江永 私は木澤さんの論考が本当に刺さりました。「無限の責任」というか返せない負債を抱えていて、しかも、その負債は絶えず増加している。そういう追い詰められた心境になっていた時期があったので。

以前は、私が新しい人間の生産に関わってもろくなことがないなと思っていたんですけど、最近は対照実験みたいな感じで、たくさんの子どもを様々な社会に配置して、どうなっていくのか実験しても何か意味はあるのかなと思ったりします。

暁 あーちょっとわかります。僕は自分のような存在を認めない社会に絶望していて、似たような存在を子孫として残すのは社会にとってもその子にとっても不幸だから絶対にしたくないと思っているんですけども、最近は精子なり卵子を提供して「自分が別の育ち方をしたら幸せになれた可能性」を見てみたい気もしなくもないです。自分が育てたら怪物を再生産するだけになりそうなので、それは絶対にしないぞという感じ。

木澤 「生まれてきたくなかった」には、「いまが不幸だから」というのと「最悪な両親から生まれてきてしまったという血の呪いが耐え難い」という2つの要因があると思うのですが、この区別がベネターの議論には欠落しているのが個人的には不満でした。

暁 僕はどちらの要因もありますね。金がなく自分の存在を社会に否定される不幸と、そんな自分を生み出してしまった親との関係と。まあ、親もその上の世代も家制度などの被害者なのかなとは思うんですけど。

木澤 僕はどちらかというと後者（血の呪い）のほうが強いので、原稿では系譜原理という観点を強調してみたんです。

暁 なるほど。スマブラかよ！　ってくらい色んな思想が登場するので圧倒されてしまっていたのですが、そのあたりが木澤さんの祈りなんですね。理解しました。

江永 系譜原理批判が私にとって魅力的に映るのは、とりわけ、巷《ちまた》の反出生主義の自己責任論めいた想定を問いに付す力があるからです。巷で口にされる「私なんて生まれなければ良かった」は、痛苦の発生を、誕生という個人の水準に結びつけがちです。個人が無から生まれたわけでもないのに。対象が少し広がっても、せいぜいが「私の両親なんて」や「私の子どもなんて」程度で、悪い場合は閉鎖環境下での陰惨な死を招き、よくてもロングフル・ライフ訴訟[†18]が起こる程度。でも、個々人の批判に留まる必要はない。個々人を含み込む構造にも同じような批判ができるはずです。

いまの苦しみの原因が、私の自由意志や血統のみならず、制度や環境にもあるのだとすれば、なぜこんなものが生じたのだ、という問いを向ける対象はもっと広がる。たとえば、「家制度なんて」「社会なんて」「国家なんて」「人類なんて」と色々な水準で思考できるはずです。

大風呂敷を広げてみますが、「国家なんて生まれなければ良かった」はアナキズム（無政府主義）で、アナキストには自然発生的な共同体や親密圏を理想視する余地があります。「社会なんて生まれなければ良かった」は――市民社会、公共圏などの方が適切な語でしょうか――国家主義や家族主義で、ある種のファミリーが理想になる。また、「家制度なんて生まれなければ良かった」なら、血族や縁故なしで運営される共同体が目指され、たとえば理念に忠実な市民社会やイデオロギーで団結した国家、あるいは、それらとは別に、市場や都会（匿名者がその場限りのマッチングを繰り返すような場）などが、理想郷と目されるでしょう（宗教者や科学者は己たちのみの集団を理想視するかもしれません。ですが、話が際限なく拡がるので止めます）。

資本主義がなすプロセスの加速と人間という枠の解体という点での加速主義は、国家へも市民社会へも家族や部族へも、また人間のみがプレイヤーであるような市場へも絶望した上で、なおユートピアを志向するための、思潮（情念や妄想と呼んでもよいでしょうが）のひとつとして分析できるように思われます。

大袈裟に言いましたが、ともあれ、「私なんて生まれなければ良かった」が系譜原理批判という観点を立てるところ、まさにここで、反出生主義と加速主義とが、結びつくのではないか。そう感じます。

暁　僕も、構造を憎んで人を憎まずという意識はあります。家族関係の苦しみって連綿と受け継がれてしまうこともあるのかなって思いますし。金がないとかジェンダーの問題もあるけど、やはり戦争帰りの人の心身のケアを家庭に押しつけてしまった負の遺産というか、戦争の後遺症みたいな面もあるのかなと思うこともあります。

　ひでシスさんは反出生主義について、どうですか？

ひで　ビル・ゲイツの陰茎を左手に装着したいですね。

暁　ほへ!?　優秀な遺伝子を残すとかそういうことですか？

†18　本来避けえたはずの（と推定される）不当な苦しみを伴う生が与えられた事態に関する責任を問う訴訟（英語でwrongful life）。本来可能であったはずの（と推定される）人工妊娠中絶の機会が奪われた責任を問う訴訟の場合は、ロングフル・バース［wrongful birth］として区別される。日本でロングフル・バース訴訟に相当する事例としては、先天性風疹症候群やダウン症に関連するものが挙げられる（生まれた子の両親が、医師などを訴える訴訟）。とりわけロングフル・ライフ的な要素も検討された判例としては、ダウン症に起因するとみられる合併症により3か月半で死亡した子どもの両親が原告となった、ダウン症の有無に関連する出生前診断（羊水検査）の結果を誤報告した産婦人科医への損害賠償請求事件に関する、函館地方裁判所の判決（２０１４年6月5日付）が挙げられる。

ひで それもありですし、僕の左半身をゲイツにして彼の力を引き継ぎたいというのもあります。

暁 あ、『寄生獣』のミギーみたいな感じなんですね（左手だけど）。

ひで やっぱり人類に貢献したい気持ちというのはありますよね。ビル・ゲイツは最近環境問題に対して真剣に頑張っているので、プラス20年ぐらい長生きさせてどういうことをするのか見てみたいです。

優生思想と母性偏重批判

ひで 最近婚活しているんですよね。

木澤 ！！？？

ひで この前会った人に「いい遺伝子を残したい」って言っている人がいて、「へ～」と思いました。ここまで率直な表現をする人は初めて見たので。

木澤 ガチ優生主義じゃないですか。

暁 そういう人にとって、子どもはポケモンなんですよ、多分。

木澤 6V個体値のポケモンが出るまで厳選するとかそういう話ですよね（?）。ミュウツーの気持ちがわかってきました。

暁　ふふふ。際どい言い方をしましたが、子どもがポケモンみたいにされてしまう背景には、子どもがどう育つかが、母親のアイデンティティや責任にされてしまうという問題がありま す。たとえば子どもがいいことをしたら「○○さんの子育ては正解だね」と言われ、子どもがやらかすと「育て方が悪かったんだ!」と母親のせいにされる。あと仕事やその他の活動をしていない母親だとアイデンティティが「○○ちゃんの母」というものにされてしまって、一層子どもに執着してしまったり……。反出生主義に共感しつつ、そういう母親に負担を集中させてしまう、偏った育児構造も批判しなきゃいけないなと思いますね。こんな状況下で育児をしなければならないのでは、不幸な母子を増やすだけなので、個人を責める前に環境を変えていかないとダメだと思います。育児の非対称性を批判・改革していきたいものです。

ひで　一辺倒に田舎を批判するわけではないですが、日本の田舎だと嫁は子どもを産んだ瞬間に「○○ちゃんの母」という扱われ方になってしまうのはたしかにある。

暁　あと、反出生主義者の一部(?)って母親への憎しみが強すぎて、ミソジニー(女性嫌悪)と結びついてエラいことになっている印象があるんですけど、この本にはそういう感じの人は出てこなかったですね。まあこんなに金もかかる上に責任も重すぎる状況じゃ、反出生主義云々にかかわらず子どもを生みたい人は減るよな……と思いますが。

江永　たしかに。この特集では、いわゆるインセルっぽい立場からの議論は、ほぼ検討に上がっていなかったですね。ここでの反出生主義は「人間（に代表されがちな有感性を備えた存在者）を誕生させない方がよい」であって、モテ・非モテみたいな話ではない。

強いて言えば、佐々木閑「釈迦の死生観」と島薗進「生ま（れ）ない方がよいという思想と信仰——宗教との関連から考える」は、原始仏教やグノーシスに絡めて、別の価値観に基づき既存の社会を離脱（逸脱？）する集団という（見方によっては）インセルっぽい要素にも（論の流れで少し）触れていると読みうるかもしれません。

話を戻すと、いわば、「社会に出る人材」なるものを生産する負担が「社会」（国家や企業？）ではなく家族に、しかも家族内での教育の負担が「母親」とされる一個人に集中している、というのはきちんと考えたい事柄ですね。マリアローザ・ダラ・コスタ[†19]の『家事労働に賃金を——フェミニズムの新たな展望』を連想します。

また、これは非常に乱暴な物言いになりますが、労働基準法を守ると潰れてしまうような企業が解体されてしまう方がよいのと同じように、家事労働に賃金（対価）を出すと潰れてしまうような家族もまた解体されてしまう方がよい、といった方向の議論さえ、構築できるのかもしれません。

ベネターの非対称性

木澤　ベネターの議論のセントラルドグマである快楽と苦痛の非対称性についてもう少し突っ込んでおきたいと思います。繰り返しになってしまいますが、ベネターにおいては「生」それ自体は「良きもの」としてそれ以上検討されず無批判的にスルーされているように見えるのが気になりました。その点、リバタリアンなどが好む自己主権型アイデンティティ［Self-Sovereign Identity］とは相性が良さそうというか。

ひで　そりゃリバタリアニズムは「個人が自己で判断すること」を善いことだとするのだから、個人が判断し続けるプロセスの前提である生は善いものになるでしょう。

木澤　たとえばですが、ニーチェ的な遠近法主義《パースペクティズム》であれば、「快」も「苦」も等しく「力への意志」の下に再配置され相対化されるでしょう。それこそが価値の価値転換であり、そのよう

†19　イタリアのフェミニスト。1943年生まれ。1960年代から勃興したイタリアの社会運動オペライズモ（哲学者のアントニオ・ネグリなどが指導者として有名。最盛期は1969年。テロ組織によるアルド・モーロ元首相殺害事件の起きた1970年代末に衰退）から派生したもので、「家事労働に賃金を」というスローガンで知られてもいる運動「ロッタ・フェミニスタ」などの代表的人物で、国際フェミニスト・コレクティヴ共同創設者のひとり（創設は1972年。他のメンバーは『キャリバンと魔女』の著者シルヴィア・フェデリーチなど）。邦訳としては『家事労働に賃金を』のほか、妹のジョヴァンナ・フランカ・ダラ・コスタ（『愛の労働』著者）との共編著『約束された発展？——国際債務政策と第三世界の女たち』などがある。

な「生＝力への意志」こそが超人へのプロセスである、と。言い換えれば、ニーチェに言わせれば、ベネターの議論はすべてルサンチマンに過ぎない、ということになりはしまいか。あるいはアプローチを若干変えて、こう問い返してみるのもアリかもしれません。ベネターの枠組みにおいては、マゾヒズムや死の欲動、あるいはアディクション（中毒）はどのように扱われているのか、というより果たして扱うことができるのか、と。

江永 ただ、ベネターに「死の欲動」の話をしても無視されそうですよね。「マゾヒズム」も、そのまま快の定義を拡張して、はい解決済み、みたいな応答をしそう。

暁 ベネターに野崎まどの『バビロン』を読ませたらどういう反応をするのか気になりました。自殺が快楽になったら？　ということを描いているので。

江永 ベネターは、快苦いずれであれ何かを享受する可能性の有無ないし得失は、倫理的にどうでもいい（どちらを選んでも良し悪しには関係がない）と思っているのでしょうか。そもそもソシャゲを始めない方がよかった、なんて言っても、ソシャゲ始めなきゃガチャは回せないのに（なお、鈴木生郎、佐藤岳詩、加藤秀一などの諸論考が、ベネターの理路を検討していました）。

ひで 特集内では小島さんが「判断を保留するという形で子どもの世代を作ることができる」という話をしていましたね。

江永 そうでした。小島和男「反‐出生奨励主義と生の価値への不可知論」では「不可知論」が問題になっていました。論理学っぽい知見を念頭に、分析的に理路を整理すると、己の自明視する価値判断や無視しがちな立場などが意識されて、いいですね。何の知識が不足しているか、何をどう検討せず、どこを臆見で済ましているか自覚させられる。
そういえば、ベネターの議論は論理パズル、という比喩は、悪い意味だけではないとも思っています。おそらく「死にたい」と思っている人にとって、ベネターの論理パズルって、当座の時間稼ぎとしても使える気がするんです（当座の希死念慮をしのげばどうにかなる状況なのかは、場合によるでしょうが）。こう言うとあれですが、知育玩具みたいなもので、パズルを解く慰みに耽《ふけ》りながら、思考や議論のスキルを身につけることにも役立つ。

木澤 シオランも『生誕の災厄』の中で「一冊の本は、延期された自殺だ」と書いていますね。とても素敵な言葉だと思います。

痛みを感じるロボット

ひで ロボットの話（西條玲奈「「痛み」を感じるロボットを作ることの倫理的問題と反出生主義」）が面白かったんですよね。ツッコミどころがあるとすれば、ロボット掃除機だって壁にぶつかったら進む方向を変えるんですけど、それは外形的に見れば痛みを感じているのと同じなんじゃないか、と思った。なので「現代の機械が痛みを感じていない」ことから出発しているこの論考は洞察が浅い気がする。

江永 それは、この論考の落ち度というより、こういう「痛み」に関する倫理学的な議論が採用する前提の（ひでシスさんが言うところの）「浅さ」だと捉えるべきかなと思います。こうした議論において、多大な影響力を持っているはずのピーター・シンガー[†20]も、著書『動物の解放』などで、有感性——「痛み［pain］」を「感じる［feel］」ないしは「苦しむ［suffer］」ための「能力［capacity］」——の有無という観点から、現行の機械などには「痛み」を認めないことになるような論じ方をしていたはずです。[†21]

シンガーは、直観的に苦しんでいるのがわかる場合があることや、そうでなくとも痛苦や快を感じる神経構造が認めうるということを、人間以外の動物へも倫理的な配慮をするべき理由として挙げています（というより、この水準での倫理的な配慮に種差による区分は持ち出すべきでないだろうというような姿勢ですね）。解剖学的知見が進展するのに伴う形で議論を改訂し、たとえば牛・豚・鳥などだけではなく貝類も（少なくとも現在のような痛苦と死をもたらす仕方で）食べない方がよさそうだと議論を補追したりはするんですけど、そういう語り口だと、それ人間の学問的基準で有感性を区切っているだけでは、とツッコミを入れる余地は残るように思える。意地悪い見方をすれば、こうした有感性に拠っている議論は、植物やロボットには人間みたいな神経が解剖学的には認められていないから、現状「痛み」は「感じようがない」、だから問題ない、といった理屈であるかのように映ってしまう。

†20　オーストラリアの哲学者。1946年生まれ。R・M・ヘア（選好功利主義の議論で知られる哲学者）などの下で哲学を学ぶ。動物福祉の活動家ヘンリー・ルースの著書『アニマル・マシーン』（1964年）に影響を受けて、現行の食肉産業や動物エンタメ、動物実験などのありかたを批判し、個々がいますぐできること（肉食の停止など）から倫理的な行動（ある種の功利主義に基づく生活）を開始するようにと論じた『動物の解放』を発表。現行社会における人間以外の動物への不正な処遇の是認を、人種差別や女性差別と同様に、理にそぐわぬ「種差別［speciesism］」にあたると批判する同書は、今日の動物の権利や福祉をめぐる議論にまで多くの影響を及ぼしている（ただし、生命の神聖さや不可侵の権利などの観念を斥ける姿勢であるシンガーの功利主義的な動物解放論とは、立論上の前提を異にする動物権利論や動物福祉論も少なくはない）。動物解放のみならず、環境問題や国際開発にも及ぶ多様なトピックに関して倫理的観点から論じており、マルクスやヘーゲルなどの哲学の概説や、社会生物学や進化心理学と哲学や倫理学を統合することを志向した著作も発表している（たとえば『A Darwinian Left: Politics, Evolution and Cooperation［邦題：現実的な左翼に進化する］』などを参照）。ただし、種差別を廃した功利主義的立場の適用は、大型類人猿を「人格」とみなし殺害等の禁止を訴える一方で、「人格」が生じていない限りで人間の胎児の中絶のみならず新生児を安楽死させることも（深刻な障害など状況によっては）是認されるとするなど、議論を呼ぶような比較考量を提起するほどに徹底されており、「生きるに値しない命」（大量虐殺に至るナチス・ドイツの人種衛生学的な政策を代表する文言だった）を惹起させる言説への危惧が強かったドイツほかでの講演やシンポジウム中止（1989-1990年）に代表される種々のバッシングが起こるに至った。近年では『あなたが世界のためにできるたったひとつのこと――〈効果的な利他主義〉のすすめ』などの著作により、効果的利他主義の唱道者としても知られている。

†21　ピーター・シンガー『動物の解放』で述べられた、有感性の観点に基づく動物解放論の概要については、浜野喬士「動物倫理はカニバリズムを認めるか――人間と動物をめぐる諸問題」（教育×WASEDA ONLINE、2012年2月13日）https://yab.yomiuri.co.jp/adv/wol/opinion/society_120213.html の冒頭「「有感性」と「種差別」」が簡潔にまとめている。

ひで 痛みの定義ってなんやねん、って話になってしまう。芝だって刈られたら化学物質を出しているんですよね。植物も痛みを感じているんではないか。

江永 そうですね。現状では、そこで言う植物の「痛み」は比喩表現でしかなく、動物の経験するような痛苦ではない、という反論が出てくるでしょうが、将来的には話が変わってくるかもしれない。急いで付け加えると、もちろん、シンガーは功利主義的な立場からの種差別批判で知られるわけで、人間かそれ以外の動物かという種差抜きの倫理的配慮の基準を生命に適用しようとしている側なのですが、そのシンガーでさえ人間から抽出した基準を他種に適用しているだけなのだと言えるかもしれない。[†22]

ひで 共感性の話とは別だと思うんですよね。

江永 それも、たしかに。実はそこら辺、シンガーの議論だと、ちょっと混同されがちな感じがするんです。たとえば、シンガーの『動物の解放』では他者が苦痛を感じていると直観的に推論するのは合理的だという話もしているから、蹴られて泣いている豚を見れば、痛みを感じているということがわかるし可哀想だろうみたいな、擬人的な感情移入に基づくナイーブな話さえ、是認しているように映りかねない（シンガー当人はきっぱり否定するでしょうが[†23]）。

ひで そこら辺は雑ですね。あくまでも「痛み」かどうかは電気信号とか伝達物質の放出とかのレベルで解剖学的に立証しないといけないはずなので。

反出生主義とジェンダー

江永　今回読んだ特集において、ある意味で劇的なのは、小手川正二郎「反出生主義における現実の難しさからの逸れ――反出生主義の三つの症候」ですね。「追記」（188頁）の部分。「本論の依頼を受けた数日後の八月初旬に子どもが生まれた」とのことだし、編者の責よりは構造的問題だけど「ベネターのような無視を決めこまない限りは、妊娠と出産に関わらざるをえない本特集の執筆者の多くが、筆者を含め男性であったことを残念に思う」という批判は、映えますね。何なら「意見を求め、彼女とのやり取りから数多くの示唆を得た」という「妻あや」さんと、共著で論考を掲載していたら、いっそう意義深かったのではないかと

†22　この点に関しては、たとえば長岡成夫「シンガーの動物解放論」17‐18頁、20頁や、壁谷彰慶「博愛精神は普遍的義務になりうるか――動物愛護思想の論理を考える」27‐30頁などを参照。

†23　この点に関連して、南アフリカ出身のノーベル文学賞受賞者J・M・クッツェーによる物語形式の講演（女性文学者が、かなりナイーブな動物愛護論を講演するというメタ的な内容）と、それに対するシンガーの物語形式の応答（フィクション内で登場人物が語る極端で不備のある倫理的信条の告白を、作家本人の真面目な問題提起として受けとっていいのか対応に困るといったことを哲学者が娘に語るという内容）の応酬は、かなり興味深い。J・M・クッツェー『動物のいのち』を参照。

感じたりしました。

暁　たしかにこの特集に男性論者が多すぎ問題はあるのですが、最後の方の、「反出生主義と女性」（橋迫瑞穂）→「トランスジェンダーの未来＝ユートピア」（古怒田望人）→「未来による搾取に抗し、今ここを育むあやとりを学ぶ――ダナ・ハラウェイと再生産概念の更新」（逆巻しとね）という流れは良かったです。個人的には、生きづらさとジェンダーは切っても切れない関係にあると思っているので。橋迫さんとしとねさんは個別のフェミニストと反出生主義を対比させていますね。橋迫さんの話だと、産む理由や産ませる性の不在によって、産み育てる理由づけ・拠り所となるスピリチュアル市場が盛り上がっているという話が説得的でした。しとねさんの話は『進撃の巨人』やクトゥルフとか盛り込みつつ、ダナ・ハラウェイ[†24]の掲げるスローガン「子どもではなく類縁関係をつくろう！」を取り上げていて、僕のような地縁血縁学校職場からも浮いている人間は、やっぱりもっと数を打って人と関わってみて、居場所を増やさなきゃなという気持ちになりました。

木澤　でもシェアハウス界隈のうまくいかなさとか見ると、それも難しそうだなと思いますけどね。

暁　うーん、なんかもっと読書会みたいな目的性のある集まりがいいのではないかと思うのですが、あまり他に思いつかないんですよね。

ひで　地縁血縁職場以外の人間関係……社会人サークルとかありますから、そういうのがいいんじゃないですか。「無目的に集まってちょっと高いワインを飲んで仕出し料理を食べるだけ」みたいな社会人サークルもありますし。

暁　社会人サークル、当たり外れの見分けが難しそうだなと……。お笑いコンビ「メイプル超合金」の安藤なつさんが結婚した記事で、「ぽっちゃりさんを好きな人の集まりに参加してみては？」とアドバイスされたという話があり、自分の特性を生かして、自分にとって好ましい集団にたどり着けたらいいなぁとは思いましたね。

あと、古怒田さんのトランスジェンダーと反出生主義の話もすごく良かったです。現在の性同一性障害特例法では、トランスジェンダーが戸籍上の性を性自認に合わせて変更しようとすると、強制的に断種させられてしまうという問題を提起している。それに対して、トランスジェンダーが子どもを持つことによる希望的未来の可能性が書かれていて良かったです。木澤さんもおっしゃっていましたが、やはり自分も当事者性のある文章に惹かれますね。

†24　カリフォルニア大学名誉教授。1944年生まれ。邦訳には、SF的な発想を用いてフェミニズムの新たな可能性を拓く「サイボーグ宣言」（1985年）を収録した『猿と女とサイボーグ――自然の再発明』や、人間に限らない生命・非生命との関係性を描く『伴侶種宣言――犬と人の「重要な他者性」』などがある。地縁・血縁によらず、そもそも関係する他者を人間に限定しない、多様な類縁関係を育むことを提唱している。

ちなみにこの法律は、トランスジェンダーの性変更について当初は「すでに子どもがいる場合、性の変更はできない」という内容で、当事者から「我が子を殺せというのか！」という批判が殺到したんですよね。それで「未成年の子がいる場合」に変更された。こういった法律が当時の自民党から出たのはかなり意外性があったかと思うのですが、看護師である南野知恵子元参議院議員が海外事例を見て、日本でも導入をと思い、奔走した結果成立したものなのだそうです。やっぱり政界にこそ多様性が必要なんですよね。ただ、いま見るとやはりアップデートの余地がかなりあると思うので、より良い方向に変えていけるといいですね。

ひで　つまるところトランスジェンダーと反出生主義ってどう関わっているんですか？

江永　むしろ古怒田さんの論考は、それらがどう関わっているのか、という問いが容易に立つかのように思われる状況への批判というものでした。トランスジェンダーを、「トランスジェンダー」ということは「ＬＧＢＴ」で、ということは「クィア」で、ということは「反出生主義」で……、みたいに大雑把に捉えるのは誤りだ、というのが、この論考でまず打ち出される立場だったと思います。そして、エーデルマンの議論の概要とそれへの理論的な批判を述べつつ、現に出産を経験した「トランスジェンダー」、ＦｔＭやＦｔＸ[†25]とされる方々の姿も紹介する。

古怒田さんの論考でも言及されていましたが、早逝してしまった研究者、ホセ・エステバン・ムニョスのように、エルンスト・ブロッホ[†26]をユートピアの文脈で引きつつ、「クィア」的な未来性というものを論じる理論家もいるんですよね。ムニョスによるエーデルマン論評では、アフロ・フューチャリズム[†27]などにも少しだけ触れられていて（ムニョス『クルージング・ユートピア——クィアな未来のその時その場［Crusing Utopia: The Then and There of Queer Futurity］』94頁）、こちらもちゃんと勉強したいなと、気になっています。

†25　FtM（Female to Male）は、出生時に女性を割り当てられたが現在の性自認が男性の人を指す。FtX（Female to X）は、出生時に女性を割り当てられたが現在の性自認がXジェンダーの人を指す。Xジェンダーとは、性自認が現行の社会通念としての男性・女性という二者択一の割り当てとは異なる、別のスタンスを示す人を指す。トランスジェンダーについては、吉野靫『誰かの理想を生きられはしない——とり残された者のためのトランスジェンダー史』や、ゲイル・サラモン『身体を引き受ける——トランスジェンダーと物質性のレトリック』などを参照のこと。

†26　ドイツの哲学者。1885年生まれ、1977年没。主著は『ユートピアの精神』や『希望の原理』など。概説としては、たとえば仲正昌樹編『現代社会思想の海図——レーニンからバトラーまで』の第3章（浜野喬士著）などを参照。

†27　アメリカの文化批評家マーク・デリーが1993年に提示した造語。いわゆる「ブラック・カルチャー」と「未来」感が結合した様式を指す。近年の作品では、超技術の発達したアフリカの国家ワカンダ（架空の国）を描く、ライアン・クーグラー監督の映画『ブラックパンサー』（2018年）などが挙げられることが多い。また、野田努／三田格編『ele-king』vol.22の特集「アフロフューチャリズム」などを参照のこと。

反出生主義とフェミニズム

暁　反出生主義に染まったフェミニストの論説を読んでみたいという気持ちになりました。フェミニズムの歴史的文脈を踏まえた上で反出生主義を語ったらすごく面白くなりそうな気がして。noteで探したほうがいいのかな。

ひで　子ども生まない系フェミニズムってありましたよね。なんでしたっけ。

暁　子どもを生む判断を自己決定するリプロダクティブ・ライツなんかはフェミニズムの重要な要素のひとつですが、絶対に産まないぞ！　となるとちょっとわからなくて……僕も知りたいです。

江永　ギリシア喜劇ですが、アリストファネス『女の平和』が、戦争終結を要求する女性たちが、和平が結ばれるまで異性間の性行動を断つ話だった気がしますが、ちょっと違いますね。うーん。

いまで言うと、ゼノフェミニズム[†28]っぽくもある人では、たとえば、二元論的な性差自体からの解放として、女性ではない「レズビアン」なる形象を提唱したモニック・ウィティッグ[†29]

などは、これまでの人間の(過ちを含む)営みをもう続けないぞ的な情熱を感じますが……結

†28 フェミニストのグループであるラボリア・クーボニスが2015年に提示した造語。よそもの、外来または異種のといった含意を持つ接頭辞ゼノ[xeno]とフェミニズムの合成語であり、内容としては、一種の非人間化として否定される疎外[alianation]をあえて肯定し、いかなる物質的条件に関しても社会的規範に関しても(「自然」の摂理として)更改を断念することなく、技術を活用してよりよく刷新していくことを志向する。直近の影響源としてはニック・スルニチェクとアレックス・ウィリアムズ「加速派政治宣言」(2013年)に代表される左派加速主義が挙げられている。またダナ・ハラウェイ「サイボーグ宣言」などで知られるサイバーフェミニズムの潮流や、さらに遡り、二元論的性差による「区別」の撤廃などを訴えたシュラミス・ファイアストーン『性の弁証法』(1970年)といった、ラディカル・フェミニズムの伝統に位置づけられもする。ラボリア・クーボニス「ゼノフェミニズム――疎外(エイリアネーション)の政治学」、および飯田麻結「ゼノフェミニズム」を参照。

†29 フランスの作家。1935年生まれ、2003年没。ラディカルなレズビアン・フェミニストとして知られる。主な作品としては1969年発表の前衛的な小説『女ゲリラたち』など。異性愛と結びついた抑圧的な社会システムを拒否する立場から、従来的な意味での「女性」を脱したカテゴリーとして「レズビアン」を再案出しようとした。ニック・ランドは論文「カント、資本、近親相姦の禁止」で『女ゲリラたち』を参照し、「おそらくただモニック・ウィティッグだけがいかなる真剣で革命的なフェミニズムであれ直面させられる不可避に戦闘的な務めを的確につかんできた」(『牙をむくヌーメナ』78-79頁)と高く評価している。クィア理論家のジュディス・バトラーは『ジェンダー・トラブル――フェミニズムとアイデンティティの攪乱』でウィティッグの議論を批判的に検討している(特に第3章第3節を参照)。

論として人類絶滅を求める理論家は、知らないですね。男性絶滅なら、アンディ・ウォーホルを銃撃した事件で知られるヴァレリー・ソラナス[†30]のいわゆる「男性切り刻み協会マニフェスト」（1967年）がありますが……。きちんと（？）人類絶滅を目指している学問ってないんじゃないですか？

ひで 「このままだと人類が滅ぶぞ！」と警鐘を鳴らしている学問はいっぱいありますけどね。特に環境系ですが。

暁 うーん、僕は自分の生きづらさの原因にジェンダーがかなり入っているので、反出生主義とフェミニズムって親和性高そうだと勝手に思ったのですが、結局女性を抑圧する社会がつらいから子どもを生まない・生まれてこないほうが良かったみたいになると、現在の社会構造を変えられないからダメやんけ……という気持ちになりました。自己解決してすみません。

江永 そういえば、社会も人間も変える的な思想だと、ロシア宇宙主義の方面とかもありましたね。その方面のフェミニズム系の話を探したら面白そうだと思ってきました。

『現代思想』で扱われなかった反出生主義論者たち

木澤 最後に補足として、この特集では中心的に扱われていない、ベネター以外でホットな反出生主義についても少し紹介しておきます。

ひとりはやはりトマス・リゴッティ。アメリカのホラー作家で、Wired Fictionという、ポーやラヴクラフトの流れを汲む形而上学的なホラー短篇を主に執筆したり、イギリスの音楽グループCurrent 93とコラボしたりと、いわゆるカルト的な人気を持つ作家です（最近邦訳されたものだと、エレン・ダトロウ編『ラヴクラフトの怪物たち』下巻に収録された「愚宗門」という短篇作品があります）。その彼が小説ではなくノンフィクションという体裁で２０１０年に出版した本が『人類に対する陰謀［The Conspiracy Against the Human Race］』。これが欧米の反出生主義界隈でちょっとした話題になりました。

江永　表紙すごいですねこれ。

暁　ひょえぇ〜。

†30　アメリカの人物。１９３６年生まれ、１９８８年没。１９６７年に、一般に「男性切り刻み協会［Society for Cutting Up Men］」の宣言文として知られる『ＳＣＵＭマニフェスト』を発表（ただし、同協会の組織的な活動実績に相当するものはほぼ確認できず、メンバーにあたるのはソラナスのみだったと思われる）。翌年、面識のあったポップ・アーティスト、アンディ・ウォーホルを銃撃し、収監される。ソラナスの半生をモデルにした作品として、メアリー・ハロン監督の映画『I SHOT ANDY WARHOL』（１９９６年）などがある。

ひで　爬虫類人みたいな感じ。

木澤　反出生主義といっても、分析哲学／倫理学からアプローチするベネターとはまったく異なっていて、むしろコズミック・ホラーや形而上学的ホラーの文脈から、「生」それ自体を俎上に載せて弾劾している。一言でいえば、リゴッティの立場は徹底したアンチヒューマニズムです。この点を捉えて、リゴッティをニック・ランドと比較する評者もいたりします。たとえば、『人類に対する陰謀』では、人間は「自意識を持った無の集合体」（！）と表現されたりしている、といった具合です。

ところで、このリゴッティの悪名高い（？）本が図らずも注目を浴びるきっかけになった事件（？）があります。『TRUE DETECTIVE』という、2014年にファーストシーズンが放映されたアメリカの刑事ドラマ（日本ではAmazonプライム・ビデオなどで視聴可能）があるのですが、主人公の刑事のひとりが反出生主義的思考の持ち主で、たとえば以下のような台詞を吐くんです。

『人類に対する陰謀』

「人間の〝意識〟は進化上の悲劇的な誤りだ。自意識が過剰になった、自然界にそぐわない存在だ」「人間は存在すべきではない」「〝自己〟があるという錯覚に人間は苦しむ。知覚意識や感覚が増大することで、自分は何者かであると思いこむんだ。実際は何者でもない」「組み込まれたプログラムを人類は拒むべきだ。繁殖をやめ、手を取り合い絶滅に向かう」。

以上のような台詞がリゴッティの著作からの剽窃ではないかと、Wired Fiction系のコミュニティで話題になると、本作の脚本家であるニック・ピゾラットはそれに答えて、リゴッティに対する影響関係を認める発言をした。

ピゾラットはそれだけでなく、ユージン・サッカーの『この惑星の塵の中で［In The Dust of This Planet］』や、レイ・ブラシエの『ニヒル・アンバウンド［Nihil Unbound］』からの影響も公言しています（ちなみにブラシエはリゴッティの『人類に対する陰謀』に序文を寄せています）。このラインナップを見ても、リゴッティが思弁的実在論や加速主義の界隈とも近い位置で読まれていることがわかります。ちなみに、マーク・フィッシャーは「トイ・ストーリーのパペットと人形たち、そしてホラー・ストーリーズ［Toy Stories Puppets, dolls and horror stories］」[†31]というテクストにおいて、リゴッティの『人類に対する陰謀』と『トイ・ストーリー3』を並べて論じるという荒業（?）をやってのけています。

†31 https://frieze.com/article/toy-stories

なお、『TRUE DETECTIVE』について付言しておけば、後半の展開は肩透かしであり、リゴッティの哲学観を特に踏まえているわけでもない、というのがコミュニティ界隈における概ねの評価ですが、僕も同意見です。

ついでにもうひとり紹介しておきましょう。ノルウェーの哲学者でピーター・ワッスル・ザッフェという、日本ではまったく紹介されていない謎多き人物です。しかしリゴッティの『人類に対する陰謀』では、シオランをしのいでもっとも多く引用されているほどです（なお、同書の献辞はザッフェの霊に捧げられています）。ザッフェは英訳すらほとんどないという現状なのですが、彼の思想のエッセンスが詰まった「ラスト・メサイア［The Last Messiah］」という短めのテクストは英訳されてオンラインでも読むことができます。[†32]

ザッフェは、生物進化学のアナロジーを用いてペシミスティックな議論を展開するのが特徴です。たとえば、人間が進化の過程で獲得した自己意識を、角が重すぎて絶滅したと言われるギガンテウスオオツノジカの巨大な枝角にたとえたりしている。まさに「人間の〝意識〟は進化の過程で生じた悲劇的なエラー、様々な苦悩を生み出す余剰物＝寄生生物であり、自然界にそぐわない存在だ」という主張をしているわけです。動物は内界を外界とうまく調和させているけれど、人間の肥大化した自意識は、たとえば死の恐怖に不断に怯えなければならない、等々。このあたりの議論をザッフェはユクスキュル[†33]の環世界論などを持ち出しながら展開させているわけですが、なんとなく岸田秀[†34]の「壊れた本能」論を想起させせます。結果、「自意識を持ってしまった以上、生それ自体が間違いだ」というのがザッフェの反出生主義的なスタンスになります。

暁　ザッフェさんにとって「最後のメサイア」って何なんですか？

江永　いまざっと見た感じだと、どうも人間の自意識を終わらせる者？　なのかな。

暁　それって完全に伊藤計劃『ハーモニー』の主人公二人のことじゃないですか。

木澤　リゴッティもザッフェも基本的にアンチヒューマニストなんですよね。そこら辺が実存主義のシオランとも分析哲学のベネターとも毛色が違っていて、加速主義や思弁的ホラーなどにも接続可能な余地を残しているのだと思います。

†32　https://philosophynow.org/issues/45/The_Last_Messiah

†33　エストニア出身のドイツの生物学者。1864年生まれ、1944年没。生物学界のカント主義者としての立場から、生物はみずからを取り巻く環世界との関係を通じて、みずからを主体化すると説いた。主著は『生物から見た世界』（ゲオルク・クリサートとの共著）。

†34　日本の心理学者。1933年生まれ。フロイトの精神分析の知見をベースに、「唯幻論」をはじめとした独自の共同体論を提唱。1977年に発表された、評論やエッセイを集めた単行本『ものぐさ精神分析』はベストセラーとなった。

反出生主義が流行る世相

暁　反出生主義がもてはやされるのは世相が悪いからというのもありますよね。

ひで　経済成長率が高いと反出生主義が流行らないんじゃないですか。自分自身の賃金がガンガン上がっているのでバンバン子どもを生む。一方で、ひとりっ子政策を経験した中国で反出生主義の話をするとどういう受け止められ方をするのか気になります。

江永　ひとりっ子政策は、反出生主義ではなく人口調整ですからね。

ひで　たしかに木澤さんが書かれていたように、国家は優勢主義政策を行いはすれど、国家が反出生主義になるわけはないですから。

暁　中国政府がウイグル自治区で行っている不妊手術の強制などは完全に反出生主義の植えつけだと思いますけどね。

木澤　最近何かの記事で読みましたが、日本は諸外国と比べると経済格差がまだそこまで深刻ではなく、新卒の就職内定率も上がっているということから、若者よりも高齢者の方が人生を憂いている傾向にあるらしいです。

ひで　は！？！？　日本の中でも資産持ってるあの世代が！？？！

暁　高齢者はやっぱり居場所がないとか、生活保護受給者も多いのでそこまで幸福ではなさそう

被生活保護人員の変移

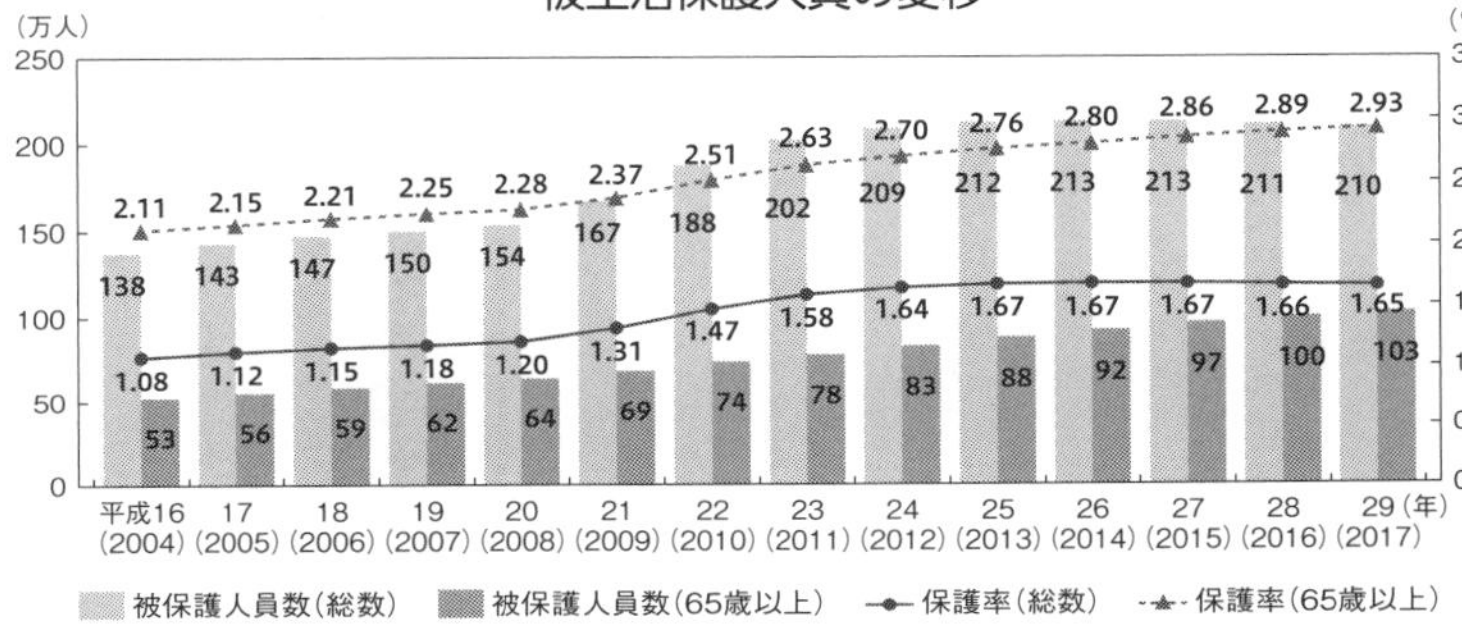

資料：総務省「人口推計」「国勢調査」、厚生労働省「被保護者調査 年次調査」より内閣府作成

出典：内閣府「令和２年版高齢社会白書」

ですね。

江永　そういう世相を見ていると、やはり「生まれてこなければ良かった」というよりは「現世がこんなでなければ良かった」に思えるんですよね。反出生主義へと注目が集まる事態の根っこも、ベネター的な議論の説得力だけとは言えず、厭離穢土《おんりえど》というか、「現世辛い」的な情念に支えられている面もあるように感じられます。

木澤　若者は反出生デモを行えばいいんじゃないですか。毎年一回の恒例イベントで。

ひで　なぜ主題が反出生で、表現方法がデモなんですか？

木澤　「若者はデモをしない」って言われているから。

暁　出る杭を打つ、異物を排除する社会にみんな順応しているから、デモとかして順応しない人間を叩くんでしょう。デモやりたいですね。

ひで　渋谷の暴動みたいなのに可能性を感じます。人間が集まってパワーを発揮するのはオモロイので。

江永 小泉義之「天気の大人——二一世紀初めにおける終末論的論調について」でも、行動に打って出ること、「別の生」を示すことの意義が書かれていましたね。

「生まれてこなければ良かった」という考えへの対処法

暁 「生まれてこなければ良かった」という考えはどうやったら対処できるんですかね。なんというか、この特集は普通に面白いし生きるヒントもちょっとずつ入っていましたけど、自分は読んで救われるほどではなかったかなと思って。

生まれてこなければ良かったと思う理由を先ほど木澤さんが2つ挙げてくれましたが、社会に非適合的な自分という人間が生まれてしまったこともだけど、そういう人間が迫害されるのが自明とされる同質的な社会構造が不幸を生み出しているのかなと。自分は社会の求めるステレオタイプに合致しない人間なので、いまでも集団で排除されたり白眼視されたりしてきて、生まれてこなければ良かったと日々感じています。まあこういう読書会があることで楽しいことがあっていいなとは少しずつ思うようになってきたのですが。

ひで 弟がデキ婚したんですけど、意識のある主体を生産することに対する反省みたいなのは何も考えていない感じがしました。なので何も考えないという解法がひとつある。

江永 あとはパズルを解き続けるとか。

ひで 仏教に帰依するとか。

江永 そういえば、特集内の討議「生きることの意味を問う哲学」の中では、ニーチェ『悲劇の誕生』に言及しつつ、生まれ／生み続ける理由として利害とは別に美的な理由が挙げうるかもしれない、という可能性も示唆されていました。「生まれてこない方が良かったという苦悩によって、翻って見事な芸術や文化がはぐくまれるという可能性が示されているように思います。倫理的な意味で生まれてこない方が良かったものが、しかし美的な意味では生まれてきた方が良かった、というロジックを構築できるのではないかと思います」（戸谷洋志の発言、17頁）。言うなれば、自分自体を作品化するということでしょうか。——ふと思い出されるのは、映画『ジョーカー』の主人公、アーサー・フレックの述懐です。「僕の人生は悲劇だと思ってきた。でもいまはもうわかった。喜劇だ［I used to think that my life was a tragedy, but now I realize, it's a comedy］」。同じくバットマンシリーズの悪役、ジョーカーの姿を出自不明の怪人として活写した『ダークナイト』とは対照的に、『ジョーカー』は、やがてジョーカーとなるアーサーの〈生まれ〉というテーマにこだわって物語を展開していたのでした。

ひで インドで無限に地面を転がったりしている修行者（サドゥー）を見ると、あれは宗教でやっているんだろうけども、本人が一種の作品っぽくなっているなと思います。

木澤　それこそ、そのままミイラ＝即身仏になれば作品になりますから。でもインターネットでそれをやるとたちまちコンテンツになってしまうという難点もありそうですが。

暁　あ、インターネットでコンテンツになりたいわけではないので、大丈夫です。

江永　ちょっと話が飛ぶかもしれないんですが、自分は、マルキ・ド・サドの作品に影響を受けてきた気がしています。サドの作品が、人間を機械っぽく扱う感じに読めて。単に傷つけるというだけではなくて。

忠実に読んでいたわけではないのですが、サドの作品に触れて、こんな機械論的な思想に感化されました。すなわち、人間を「自然」なるアルゴリズムによって動いている機械だと見なせば、苦痛も、外から与えられている感覚データに過ぎなくなる。常に苦痛を避けることが優先されなくてもよい。あるいは、逆に、思想や感情が常に行動の理由にならなくてもよい。こんな理屈で、私は私の「生まれてこなければ良かった」感を、データとして処理できるようになった。そういう意味で、私は、美的な生とか作品としての生とかに、シンパシーを抱きがちです（ただ「作者の死」的な話も好きなので、この辺いつも自分で混乱してくるんですが）。

暁　僕も学生のときにサドを読んですごく解放された気持ちになったんですよね。親や社会に押しつけられてきた価値観に自分が支配されていることに気づいて、もっと自由に生きようと思いました。サドで読書会したいくらいですね。

江永　自分の原理みたいなものを自分で設定して、それに則って自ら行動する、という感じがサドにはあって、それが効くのかなと思っていました。

暁　対症療法でしかないけど、もっと本を読むべきなんだな〜。社会を変えることができないなら、自分の居場所を本なりどこかしらに置くしかないので。

ひで　「生まれてこなければ良かった」に対する回答のひとつとして「もっと本を読む」を持ってくるのオモロイです。

江永　人間、何かを読んでいる間はそうそう死なないですからね。本を読みつつ、片手間に死んでいく、という事態はそうそう起こらないと思います。良くも悪くも、本は拘束具として役立ちます（それが現実逃避だ、ということになってしまう場合もあるとは思いますが）。

暁　自分は思想をやっていた頃まったく救われなかったので（勉強不足ゆえかもしれませんが）、生きやすくなるライフハック的なものへの関心のほうが強いんだなって、この特集を読んで改めて感じました。この読書会で、〝闇のライフハック〟のようなものをどんどん生み出していきたいですね。

第６章

アンチソーシャル

［課題図書］

レオ・ベルサーニ／
アダム・フィリップス
『親密性』
檜垣立哉／宮澤由歌訳
洛北出版、2012年

ベルサーニとアンチソーシャル的転回

江永 ベルサーニはいわゆるLGBTやクィアの中でも、人によっては距離を取られているらしいんですよね。

木澤 ベルサーニはクィア理論家というイメージがあったのですが、クィアの方々からも避けられているんですか?

江永 クィア理論やクィア研究自体が文化研究の一環か社会運動の一環か（またその双方か、それ以外やそれ以上か）という話も絡みますが、少なくともクィア研究というのは、実生活とちゃんと結びつく議論をするか（たとえば同性婚などの権利やパートナーシップなどの制度の検討、文化によるエンパワメントの推進など）、また芸術作品などの読解により焦点化する場合でも、多様なアイデンティティの差異が色んな力関係を発揮している（ので、自分たちがマジョリティになる瞬間に気をつけて、マイノリティになる側への配慮を細やかにしましょう）という方向で論を進めることが多い。だから現在では、ベルサーニみたいな議論は（「直腸は墓場か？」とか「恥を知れ」とかの挑発的タイトルも相まって）、言ってしまえば相対的にマジョリティというか、ものすごく礼を欠いた刺々しい言い回しをすれば白人エリートによる〈観念世界のお遊び〉みたいなところもあるのでは、と訝しがられもするのだと思います。ベルサーニの文章を読んでも不正義や不平等の解決には役立たないだろうと。

ベルサーニ自身も、たとえばただゲイであるというだけで一様にマイノリティ、あるいは現行社会のノーマルな規範に対抗する立場とは限らないはずだ、という主旨の指摘をしばしば行っており（特に『ホモズ〔Homos〕』〔1995年〕の序文「WE」は冒頭から強烈にケンカ腰に映ります。ちなみに、この本の邦訳はあるのですが、訳文やあとがきに問題があって、ちょっと悪名高くなってしまっています）、近年のインタビューで同性婚とかの話を聞かれたときも、下の世代の人ほど「私はそれに対する関心がない」みたいな応答をしていたりするんですよね。[†1] 元々はプルーストはじめフランス文学の研究者として出発して、ドゥルーズ＋ガタリといった20世紀フランスの哲学・思想にも影響を受けた人物。文学や映画などを取り上げ、現代思想を

†1　ミッコ・トゥーカネン編『レオ・ベルサーニ――クィア理論とその彼方〔Leo Bersani: Queer Theory and Beyond〕』（2015年）所収のインタビューを参照。

絡めてヤバくてガバい議論をしている論者という感じです。

木澤 なるほど。ベルサーニの議論はともすれば観念的／高踏的に過ぎるとされ、実践や運動を通じて社会を改良していくというアクティビズム的側面から乖離していると見なされているということですね。このあたり、ベルサーニやエーデルマンとセットで言及されることの多い「アンチソーシャル的転回」とも深く関わってきそうですが、この点についても少し説明していただけると助かります。

江永 アマチュアなので十分な理解かは保証できませんが、どういう流れでそれが出てきたのかを含め、自分なりに認識していることを述べてみます。

90年代――クィア理論の成立

「アンチソーシャル的転回」はクィア理論、クィア研究における探求の一断面であると言えるはずなので、まずその流れを確認します。

クィア理論、クィア研究というのは1990年頃に形を持ち始めた学際的な知の領域です。クィアという語は、元は「奇妙な」や「風変わりな」という意味でしたが同性愛者に対する蔑称としても流通してしまった言葉で、日本語では「変態」や「おかま」に相当する意味合いだと紹介されることもあります。その語をあえて使い直すところには、その侮蔑を覆し理非を問いただそうという含意が込められていたのだと思います。アメリカではとりわけ１９８０年代から社会問題として議論されていたＨＩＶ感染症や、エイズ患者をめぐる行政府や大衆の姿勢、報道やフィクションにおけるそれらの表象のあり方や物語られ方、さらに各地域、各コミュニティなどでの状況そして社会運動の広がりといった事柄を踏まえつつ、セックスやジェンダーそしてセクシュアリティに関連する議論を練りあげ直すということが、クィア理論勃興期にあった、大きな企図のひとつだったとまとめうるように思われます。

この時期の雰囲気をつかむうえでは、まずアメリカの学術誌『Differences――フェミニスト文化研究ジャーナル』（１９８９年-）の特集「クィア理論――レズビアン・アンド・ゲイ・セクシュアリティズ」（１９９１年）が挙げられるべきでしょう（『ユリイカ』１９９６年11月号のクィア・リーディング特集に序文の邦訳あり。大脇美智子訳）。上記ジャーナルの誌名「諸差異［Differences］」が示唆的ですが、クィア理論には、人々の連帯や分断を可視化し、それを変更可能にしていくために、アイデンティティやポジションの差異に着目して文化事象や社会現象を解釈していくという傾向性が見られます。大まかに言えば、社会構築主義的な観点で問題を提起し、多文化主義的な姿勢で解決を試みるスタンスがひとつの柱になっているように思えます。

人は女に生まれるのではなく女になるのだという指摘をしたシモーヌ・ド・ボーヴォワー

ル[†2]から二元論的な性差自体を抑圧的な枠組みとして拒否したモニック・ウィティッグまでの、従来の観点では〈女性とは何者か〉という問題設定に回収されがちだった議論を批判的に捉え直し、〈女性として振る舞うところでどのような規範への抵抗が生ずるか〉という観点を打ち出し論じ直した『ジェンダー・トラブル』（原著1990年）の著者で哲学者のジュディス・バトラー[†3]や、「ホモソーシャルな欲望」という観点を導入して男性間での友情と性愛の分断に着目して、異性愛男性間の結束を維持していくために女性（ジェンダー）と同性愛（セクシュアリティ）の各々への抑圧や排除が相互に結びついた仕方で作動する構図を示した『男同士の絆――イギリス文学とホモソーシャルな欲望』（原著1985年）の著者で文学研究者のイヴ・セジウィック[†4]などが、クィア理論の代表的な著作として参照されるのは、まさしく従来の分断を批判的に捉え直し、新たな連帯を可能にする分析を行っていたからだと思えます。

その始まりから社会状況を念頭に案出された分野であったこともあり、今日までの30年ほどの間にも、クィア理論、クィア研究では同時代的な出来事への応答と理論的な問題提起とが絡み合ってなされてきました。たとえばアメリカの学術誌『Social Text』では、2005年に特集「いまのクィア研究の何がクィアであるか？ [What's Queer about Queer Studies Now?]」が組まれており、ここでは2001年9月11日のアメリカ同時多発テロ事件とその後のイラク戦争の状況を念頭に置きつつ、今日で言うピンク・キャピタリズムやホモナショナリズムに相当する問題意識が提出されています（というか、ホモナショナリズム批判で知られる『テロリスト・アッサンブラージュ――クィア時代におけるホモナショナリズム〔Terrorist Assemblages: Homonationalism in Queer Times〕』〔２００７年〕の著者ジャスビル・プアがこの特集に寄稿しています）。なおピンク・キャピタリズムとは、ざっくり言えば現行社会がＬＧＢＴをビジネスの意匠として許容可能な範囲で取り込む動きのことで、主に購買力のあるゲイを念頭に置いたビジネス風潮が挙げられることが多く、文化批評で知られるリサ・ドゥガンは２００３年の著作『平等の黄昏？――ネオリベラリズム、文化政治、民主主義への攻撃〔The Twilight of Equality?: Neoliberalism, Cultural Politics, and the Attack on Democracy〕』

†2　フランスの哲学者、作家。１９０８年生まれ、１９８６年没。20世紀西欧の女性解放運動の草分け的存在。ソルボンヌ大学在学中に出会ったジャン＝ポール・サルトルとの終生におよんだ契約結婚でも知られる。主著に『第二の姓』『レ・マンダラン』など。

†3　アメリカの哲学者。１９５６年生まれ。カリフォルニア大学バークレー校修辞学・比較文学科教授。代表作は『ジェンダー・トラブル』『Bodies That Mater: on the Discursive Limits of "Sex"』など。自身のルーツでもあるユダヤ性を考察した『分かれ道――ユダヤ性とシオニズム批判』などの著作もある。

†4　アメリカの文学研究者。１９５０年生まれ、２００９年没。代表作は『男同士の絆』『クローゼットの認識論――セクシュアリティの20世紀』など。クィア理論関連の研究書で知られるデューク大学出版局の叢書「シリーズQ」の編者のひとりであり、同叢書の第一作はセジウィックの論文集『Tendencies』であった。

の中でそうした風潮を「新しいホモノーマティヴィティ」[†5]の一環として批判しています。ホモナショナリズムは、ざっくり言えば現行社会が親LGBTを口実にナショナリズムを伸張させる動きのことです。ちなみにドゥガンはゲイが軍隊に参加することを求める風潮も新しいホモノーマティヴィティの中に含め、批判していたようです。

ゼロ年代——アンチソーシャル的転回

ということでゼロ年代半ばの「アンチソーシャル的転回」に入ります。

上述した、ゼロ年代半ばのアメリカにおける「クィア」(とりわけゲイ)のマジョリティへの包摂とでも呼びうる情勢の中で、レオ・ベルサーニ(1931年-)やリー・エーデルマン(1953年-)といった、「クィア理論」が形になる以前から著述を行っていた文学研究者が展開してきた議論の「アンチソーシャル」性に注目が集まることになります。ベルサーニは1987年の論考「直腸は墓場か?」の時点から相当に挑発的な議論を展開していたのですが、著作『ホモズ』に所収された論考「ゲイ・アウトロー」では「ホモセクシュアルはよい市民であるべきか? [Should a homosexual be a good citizen?]」と、そのままズバリ「アンチソーシャル」な一文で議論を始めていました。またエーデルマンも論考「未来は子ども騙し」(1998年初出)で、一種の逆張りとも映るような議論——私なりにまとめれば、望ましい未来のためにという名目での挙国一致的な協働の圧に対する〈ノー〉を体現するのがクィアさの核心だというような――を展開しており、両者はそれぞれの仕方で、1990年代のバトラーやセジウィックの理論、そして『Differences』の特集「クィア理論」が志向していたはずの、様々なアイデンティティの差異込みでの共同作業を試みる姿勢、言うなれば反抑圧ないしは反マジョリティに向けた連帯の姿勢というものを危うくするようにも映りかねない立場を打ち出していたんですね。ここにはたとえばフェミニズム運動とゲイ解放運動のあいだにしばしば生じてきたような懸隔の構図が、再演されてしまうような危険性もうかがえます（二元論的な性差の観念に基づく臆見――たとえば〈男女は分かり合えない〉のような通俗的風説――が、現行社会における様々な抑圧や排除を批判するという点での各コミュニティや主体間での連帯を困難にしてしまう場合は歴史上しばしば見られた。この例に限らず、様々なセクシュアリティやジェ

†5　ホモノーマティヴィティ（同性愛規範性）とは、特定の「同性愛」的な存在や行動の様式が規範化され、格差や差別が生じること。特定の「異性愛」的な様式を典型とする階層構造があることを批判的に捉えた用語へテロノーマティヴィティ（異性愛規範性）から派生した語。近年の文脈では、異性愛中心の社会構造におさまるようなステレオタイプ的「同性愛者」像（特にある種のゲイ表象）が「セクシュアルマイノリティ」の代表と見なされてしまいがちな傾向を批判的に捉えてこの語を使う場合が多い。「新しいホモノーマティヴィティ」の解説としては森山至貴「新しいホモノーマティヴィティ」を参照。

ンダーに関する諸学知、また諸運動や文化共同体などとクィア理論、クィア研究との距離感という難問は、今日まで伏流しているように思われる)。

ベルサーニやエーデルマンはアメリカの文学研究者の中でも、いわゆるフランス現代思想の影響を受けた書き手であり、体制側が設定してくるような合法性を批判的に検討し、アイデンティティや連帯といったものそれ自体の解体をも視野に入れるような思弁を、文学作品や視覚芸術、または時事問題などの解釈と合わせて文人的なスタイルで展開する書き手でした(なおベルサーニは近代フランス文学、エーデルマンはアメリカモダニズム詩の研究から出発しており、相対的な印象としては、前者がデリダやドゥルーズなどの原典を直接参照する一方、後者はポール・ド・マンやスラヴォイ・ジジェクなど英語圏の書き手をより多く参照するように感じられます)。二人の議論に対しては、ともに、産む性に対する抑圧や人種による差別などへの関心の不十分、トランスジェンダーをはじめとする様々なセクシュアリティへの理解の不十分といった観点からの批判があり、もう少し悪く言えば、いわば旧態依然とした知的なエリートに属する白人系のゲイ男性たちによる人文談義というスタイルへの固執と、議論の中身とが切り離せないのではないか、といった穿鑿《せんさく》までなされていたように思われます。他方で、その固執にも映る譲らなさゆえに、現行のクィア理論やクィア研究が共有しがちな前提を批判的に捉えなおそうとする際に、繰り返し参照されてきたようにも思われます。

「未来は子ども騙し」などを所収した著作『ノー・フューチャー』(2004年)が刊行され

たのが大きな契機だったのでしょう、翌2005年には、米国現代語学文学協会（MLA）で「クィア理論におけるアンチソーシャル的テーゼ」という討論会が開かれます。そして2008年には同討論会の出席者、ジャック・ハルバースタム（当時の名義はジュディス・ハルバースタム）が、エーデルマンやベルサーニの立場を批判的に検討した論考「クィア研究におけるアンチソーシャル的転回」を発表しています（論考の名義はジュディス・ハルバースタム）。なお、ハルバースタムは、『Social Text』誌の2005年の特集「いまのクィア研究の何がクィアであるか?」導入部の共著者3名のうちのひとりであり（主筆はデイヴィッド・L・オン）、もうひとりの共著者は、エーデルマンの議論を批判的に引き受けてクィア性の〈ノー〉を、未来そしてユートピアに向けた〈ノット・イェット・ヒア（未だここにない）〉と捉え直して論じた『クルージング・ユートピア』（2009年）の著者ホセ・エステバン・ムニョスでした。ハルバースタムが「クィア研究におけるアンチソーシャル的転回」で、どんな評価をしていたかを以下でちょっと紹介します。

自身も愚かさ、忘却、失敗、判読しづらさといったある種の否定性をクィアさと関連づけて論じてもいたハルバースタムは（『In a Queer Time and Place』2005年）、必ずしも「アンチソーシャル」を否定する立場ではありませんが、上記論文でベルサーニとエーデルマンの思想を批判的に検討しています。ハルバースタムは両者が単に1960年代のゲイ解放運動のラディカルさといったものへの固執と関連づけられるべきではないとしており、エーデルマンの著作をセックス・ピストルズ「ゴッド・セイヴ・ザ・クイーン」（1977年）の歌詞と関連づけて評したり、ベルサーニやエーデルマンの議論を1920年代から30年代にかけてのドイツにおけるセクシュアリティ（男性同盟に関連するもの）と関連づけて評したりしています。そして「アンチソーシャル」の別様な系譜を描くことを志向して、フェミニズムやポストコロニアリズム†6の文脈で「アンチソーシャル」な表現を行っている事例、ジャメ

†6　社会制度、経済構造、地理的条件、軍事的支配、国際関係などの各トピックに視点を限定せず、領域横断的な観点から植民地化と脱植民地化を分析し考察しようとする学知のこと。主に文化論を地域研究や社会思想に接続すること、相互に寄与することが志向されてきた。いわゆる進歩史観や啓蒙思想また普遍主義などは西洋ないし近代における覇権的様式に過ぎないのではないかと懐疑するようなある種のポストモダン的姿勢とも連動しつつ、20世紀後半にかけて学術的な研究分野として確立されていった。その背景には、第二次世界大戦以降のアジアやアフリカを中心とした、諸国独立の潮流があったと言える（それを象徴するものとしては、1960年に国際連合で採択された決議「植民地独立付与宣言」が挙げられるだろう）。また、権威化された古典や偉人とそれらを中心とした歴史叙述に基づく定評・定説のありようを再検討していくという、ある種の正典（キャノン、canon）批判の立場に通ずる面もある。
　中東のパレスチナ出身である文学研究者エドワード・サイード（1935-2003年）の『オリエンタリズム』（1978年）が学術的なポストコロニアル研究の嚆矢とされており、インドのコルカタ出身である文学研究者ガヤトリ・C・スピヴァク（1942年-）による『サバルタンは語ることができるか』（1988年）も重要な著作として知られている。ちなみに、ポーランド出身であるイギリスの小説家、ジョセフ・コンラッドに関する研究がサイードの学術的キャリアの出発点であり（『ジョセフ・コンラッドと自伝的フィクション

[Joseph Conrad and the Fiction of Autobiography]』1966年)、ポール・ド・マンに指導を受けて書いた『私自身をこそリメイクせねばならない――ウィアム・バトラー・イェイツの詩と生涯[Myself Must I Remake: The Life and Poetry of W. B. Yeats]』(1974年)がスピヴァクの最初の単著であった(イェイツはアイルランド出身で、イギリスからの独立を目指して同地で起こった武装蜂起に寄せた詩「復活祭1916年」のような作品でも知られている)。

サイードもスピヴァクも、アメリカの比較文学と呼ばれる分野で学術的なキャリアを重ねており、文学に留まらず、様々な分野の著述や用語を参照した領域横断的なスタイルで知られてきた。おそらくポストコロニアリズムとカルチュラル・スタディーズとの近しさは、その理論家たちが参照する著述の重なりという観点からも説明できるだろう。実際、サイードの用いる語「ヘゲモニー」や先のスピヴァクの著作にある語「サバルタン」は、イタリアのマルクス主義思想家アントニオ・グラムシ(1891-1937年)の著述に由来しているのだが、カルチュラル・スタディーズの嚆矢とされるイギリスの文化理論家、スチュアート・ホール(1932-2014年)の著述にもグラムシの影響が認められている(ちなみに、これらは「ポスコロ」「カルスタ」と略されることがあるが、揶揄的なニュアンスが込められている場合もしばしば見受けられる)。

また、いわゆるポスト構造主義とポストコロニアリズムとの関連も小さくはない。そもそもサイード『オリエンタリズム』がフーコーの著作を援用していたし、スピヴァク『サバルタンは語ることができるか』でもフーコーやドゥルーズそしてデリダが論じられており、それ以前にスピヴァクは1976年時点でデリダ『グラマトロジーについて』(1967年)を英訳していたのだった(加えて言えば、「国際的枠組みにおけるフレンチ・フェミニズム」[1981年]のような論文も発表していた)。ポスト構造主義を援用したほかのポストコロニアル理論家としては、インド出身のホミ・K・バーバ(1949年-)や、ベトナム出身のトリン・T・ミンハ(1953年-)などが挙げられる。

ポストコロニアル理論家の先行者としては、中南米(カリブ海)のマルティニーク島出身であり、第二次世界大戦以前から、「ネグリチュード」と呼ばれるコンセプトで黒人たちをエンパワメントする運動に参加していた詩人のエメ・セゼール(1913-2008年)や、同じくマルティニーク出身でセゼールに教えを受け、アルジェリアに渡り精神科医として活動後、アルジェリア民族解放戦線に参加したフランツ・ファノン（1925-1961年）の名が挙げられることが多い（なお、ファノンの遺作となった『地に呪われたる者』にはサルトルが序文を書いてもいて、ポスト構造主義が広まる以前から読まれていた）。またアフリカ出身のポストコロニアル理論家として、『精神の非植民地化──アフリカ文学における言語の政治学』（1986年）のような著作もあるケニア出身の小説家グギ・ワ・ジオンゴ（1938年-）、そして「概念の脱植民地化［Conceptual decolonization］」に取り組むガーナ出身の哲学者クワシ・ウィレドゥ（1931年-）などの名も挙げることができるだろう。

先ほどポスト構造主義やカルチュラル・スタディーズとポストコロニアリズムの近しさについて触れたが、たとえばサンドラ・ハーディング『科学と社会的不平等──フェミニズム、ポストコロニアリズムからの科学批判』（2006年）のような著作が示唆するように、ポストコロニアリズムと科学技術社会論にも近しさを見出すことができる。概括的に捉えるならば、フェミニズム、ポスト構造主義、ポストコロニアリズム、カルチュラル・スタディーズ、科学技術社会論などのあいだに、少なくとも緩やかには結びつきがあると考えることができるだろう。実際、スピヴァクと同じく1940年代出身の学者としては、間テクスト性の唱道者として知られる文学理論家のジュリア・クリステヴァ（1941年-）や、「サイボーグ宣言」などで知られるダナ・ハラウェイ（1944年-）の名を挙げることもでき、これらの人物の著述をいわばポストモダン・フェミニズムとして概括する見方もとることができるだろう（ただし、スピヴァクは前述した「国際的枠組みにおけるフレンチ・フェミニズム」でクリステヴァを批判しており、両者の議論には対立が認められる）。さらに言えばスピヴァクは、クィア理論家ジュディス・バトラーとの対談『国家を歌うのは誰か？──グローバル・ステイトにおける言語・政治・帰属』（2007年）なども発表している。

とはいえ、非常に大まかにいって「ポストモダン的」ともまとめうるであろう、このような諸学知の領域横断的な連合に対しては批判もなされ、方法の適切性や議論の整合性に対する検討に加え、衒学的な引用と不必要に晦渋な文体とを弄することで権威や流行に訴えているだけではないかという嫌疑や、独断主義的な姿勢を理論武装するスノビズムに過ぎないのではないかという非難がなされてもきた（たとえばハーバーマスが『近代の哲学的ディスクルス』[1985年]でフーコーを「暗号規範主義[cryptonormativism]」——しばしば「ごにょごにょ規範主義」と日訳される——と批判したという一件もこの文脈に位置づけうるだろう)。科学論におけるそうした批判の例としては、生物学者ポール・R・グロスと数学者ノーマン・レヴィットの著作『高次の迷信——アカデミック・レフトとその科学への口論[Higher Superstition: The Academic Left and Its Quarrels With Science]』(1994年)や、アメリカの数理物理学者アラン・ソーカルとベルギーの理論物理学者ジャン・ブリクモンによる『「知」の欺瞞——ポストモダン思想における科学の濫用』(1997年)などが知られている。なおこれらの著作では今日アクターネットワーク理論(ANT)の唱道者として知られる科学社会学者ブルーノ・ラトゥールも批判されている。

ちなみに「アカデミック・レフト」を批判しているからといって必ずしもこれらの論者が右派だというわけではなく、たとえばグロスは哲学者バーバラ・フォレストとの共著『創造論のトロイの木馬——インテリジェント・デザインのくさび[Creationism's Trojan Horse: The Wedge of Intelligent Design]』(2004年)などでインテリジェント・デザイン(進化論を否定する立場、アメリカのキリスト教右派と関連づけられる)の批判者としても知られており、またブリクモンは反帝国主義の立場からアメリカを批判する著作『人道的帝国主義——民主国家アメリカの偽善と反戦平和運動の実像』(2009年)などを発表してもいる。科学論の領域で1990年代に激化した一連の議論の応酬をまとめた著作としては、金森修『サイエンス・ウォーズ』がある。

また、先述した緩やかに連合するように映る諸学知への非難は人文学の側からもなされていた。文学研究者のハロルド・ブルームは『西洋の正典——書物たちと時代の学派たち[The Western Canon: The Books and School of the Ages]』(1994年)の中で文学研究ないし文化研究における、フェミニズム、黒人文学研究、マルクス主義、フーコー的な新歴史主義、脱構築主義などの立場を一括して「ルサンチマン学派[School of Resentment]」と呼んで揶揄している。いわゆる「文化左翼」批判でも知られるリチャード・ローティ(『アメリカ未完のプロジェクト——20世紀アメリカにおける左翼思想』(1998年)など)がブルームを参照していることは興味深い。またドリス・レッシングが2007年にノーベル賞を受賞した際、ブルームはその出来事を「純粋なポリティカル・コレクトネス」と評して批判している。「文化左翼」的な「ポモ」(日本語ではポストイカ・キンケイド（小説家）、ヴァレリー・ソラナス（「男性切り刻み協会」やウォーホル銃撃で知られる）、マリーナ・アブラモヴィッチとオノ・ヨーコ（パフォーマンス「リズム0」と「カットピース」[†7]）などの試みを次々挙げ、ベルサーニやエーデルマンが参照する、ある種の定番であるようなゲイカルチャーの読み取りに由来するのとは別のスタンスを引き出そうとしていきます。

　こんな感じで、ゼロ年代半ばには、ベルサーニやエーデルマンをその代表的論者とする「アンチソーシャル」理論がその良し悪し込みで検討されていました。図式的に言えば、様々な仕方でマイナーな立場や集団の分断を超えた連帯志向と、メジャーな立場や集団による取り込みや切り崩しの志向とが混濁してしまうように映るという問題意識の中で、反動的な分離主義のようにも捉えられてきた「アンチソーシャル」な立場が再注目されるという「転回」が起こった、とまとめられるように思われます。ちなみに、議論はさらに重ねられており、2015年の『Differences』では特集「反ノーマティヴィティ抜きのクィア理論［Queer Theory without Antinormativity］」が組まれ、今日のクィア研究では、規範性への反抗というものがいわば問答無用の大義名分になってしまいはしまいかという疑義も提起されています。

　さっきから理論［theory］と研究［studies］を分けたり並べたり書き方がややこしくなってしまったので補足します。おそらく、両者には完全には同一視できないところがあります。ちょっと誇張した言い方をすれば、芸術作品の解釈や哲学文献の読解を念頭に置きがちな批評理論的スタイルと、生活世界や社会運動の考察を念頭に置きがちな文化研究的スタイルとの懸隔が、そこにしばしば投影されているように思えます。学術的に厳密な区別が定ま

モダン思想を——しばしば揶揄を込めて——このように略す人々がいる）や「ポスコロ」並びに「カルスタ」へのこうした批判、嫌疑、非難、揶揄などは、今日のインテレクチュアル・ダーク・ウェブ（ＩＤＷ）などにも至る反「ポリコレ」（ポリティカル・コレクトネス）の系譜を考察する上で重要だろう（ちなみにハロルドと家族ではないが同姓で同年生まれの哲学者アラン・ブルームも『アメリカン・マインドの終焉——文化と教育の危機』（１９８７年）などによって反ポリコレの文脈で知られている）。ポリティカル・コレクトネスの来し方を論じた著作としては、綿野恵太『「差別はいけない」とみんないうけれど。』が挙げられる。

†7　「リズム０」は、セルビア（旧ユーゴスラヴィア）出身のアーティストであるマリーナ・アブラモヴィッチ（１９４６年-）によって１９７４年になされたパフォーマンス作品。本人がスタジオ内で6時間のあいだ自発的に動かず、自身を対象ないし物体として提示し（机上の指示書には「私はオブジェクトです［I am the object］」と記されていた）、バラや香水からはさみや釘、銃まで含む72個の物品を自身へと自由に用いてよいとした（指示書には「この期間のあいだ全責任は私が取ります［During this period I take full responsibility］」とも記されていた）。パフォーマンスの観衆はアブラモヴィッチを動かし始めたが、そのアクションは次第にエスカレートし、着ていた服は取り去られ、体を傷つけられ、剃刀で喉の部分を切られて、血を飲まれさえしたという。「カット・ピース」は日本出身のアーティストであるオノ・ヨーコによってなされたパフォーマンス作品。１９６４年の東京での公演をはじめ、アメリカやイギリスなどでも上演されていた（また２００３年に約50年振りにパリで上演された）。概要としては、本人の着ている服を少しずつ切り取っていくというもの。ハルバースタムは両者のパフォーマンスを「ラディカルな受動性」に関するものとして評価している。

っているのか把握できていませんが、クィア理論と言うときは文学や哲学との親和性が高く、クィア研究と言うときは人類学や社会学との親和性が高い印象があります。それ以前からあったLGBTに関する学知（この〈LGBT〉という現状で通俗的に流布しているに過ぎないカテゴリを普遍的な枠組みのように無批判に適用すべきではないですが）に対する批評的な視座を持つ批判理論としてクィア理論が始まり、後にLGBTに関する従来的学知やクィア理論を含めて言及できるような形でクィア研究という用語が流布した、と概観できるのかなと思います。

ベルサーニの立ち位置

もう少しベルサーニの話をさせてください。ベルサーニは『ホモズ』序文（「WE」）の冒頭から、従来の市民社会（が理想とするところ）に適合するような人物像、ある種ご都合主義的な文化的共同体（あしきノーマルに異を唱え、よりよきノーマルの再考に寄与するような、都合のよい存在）として「クィア」というアイデンティティ（を備えたコミュニティのメンバー）を打ち出すタイプの語り口に対する、強烈な批判を展開しています。——もしクィア理論が、色々な立ち位置や帰属認識の違いをアイデンティティの諸差異としてひとまとめに分析してしまうとすれば、現に存在する人々の具体的な生き様は捨て置かれてしまうのではないか、そしてそのとき、ただ文化的多様性と社会正義に関する〈意識が高い〉（いまの日本で言えば「アライ（支援者）」等と自称しそうなタイプということになるでしょうか）「マジョリティ」にとって都合のいい限りで認知される「マイノリティ」として「私たち」を認定したり扱ったりしようとしてくるような、現行社会の狡知への同調、従属の危険が見過ごされてしまうのではないか。――私の言葉でまとめたので粗い言い方になってしまったきらいもありますが、こうした手厳しい――反動的とさえ映りかねない――懐疑を同時代へと向けているかのようなスタンスが、ベルサーニにはあったように思えます（少なくとも『ホモズ』時点では。そしておそらく今日までも）。おそらくベルサーニが『親密性』でベアバッキング（コンドームを付けないアナルセックス）という、かなり問題含みにも感じられるある種のゲイ・サブカルチャーに言及するのも、まさにそれが現に（全体からすればごく一部であれ）人々のなしている実践であるのに、ある種の逸脱者たちの愚行として（批判すらおざなりに）ないがしろにされかねない、という雰囲気を感じ取ったからなのではないかと思ったりします（とはいえ、ベルサーニも言及するティム・ディーン『無際限の親密性――ベアバッキング・サブカルチャーの考察〔Unlimited Intimacy: Reflections on the Subculture of Barebacking〕』〔２００９年〕のような研究書は出ているので、あまり孤軍奮闘であるように語るべきでもないですが）。

また、ベルサーニは反共同体や反アイデンティティを志向しているので、関係性というものを断ち、孤絶することを志向しているのだ、というまとめられ方がしばしばなされがちですが、その割に『親密性』では共同体や人間関係の話をあれこれ取り上げているので、矛盾して映る点もあると思います。当人も、かつての心理化されたマゾヒズムから自分の議論の枠組みが変わってきたみたいな話を1997年時点でしていました。[†8] ただ、実際にはそれ以前から芸術と鑑賞者の関係性などを、従来主流な友敵関係と異なる交流のモデルとして繰り返し論じており、事実上は、通例の関係性を組み換え直すという点ではいわゆる「ソーシャル」な議論とも志向を同じくしてきたという見方をするべきなのかなと思います。

とはいえ、通例のオルタナティブな「ソーシャル」を考える議論にあきたらないところがあり、それゆえに「アンチソーシャル」な関係性、自己と他者という多くの場合は崩せない基盤扱いされる枠組みの解体と再構成すら辞さないような、関係ならざる関係性（たとえば、社会性ではなく社交性など）の記述を志向しているのだと見ると、ベルサーニにおける独我論と共同体論の妙な混合にも、筋が通るのかなと思っています。

国内外での受容

なお今日では、とりわけベルサーニの紹介者としてミッコ・トゥーカネン（『本質主義者のヴィラン――レオ・ベルサーニについて［The Essentialist Villain: On Leo Bersani］』〔2018年〕や『レオ・ベルサーニ――思弁的な紹介［Leo Bersani: A Speculative Introduction］』〔2020年〕

の著者）を挙げることができますし、より俯瞰《ふかん》的な視点からの紹介本としてはロレンツォ・ベルニーニによる「反社会理論」の整理と批判的継承を試みた『クィアな諸アポカリプス――アンチソーシャル理論の手解き［Queer Apocalypses: Elements of Antisocial Theory］』（原著はイタリア語、２０１６年英訳）も挙げることができます。トゥーカネンは、ベルサーニのことを「本質主義」者という「ヴィラン（悪役）」だ、とキャラクタライズしているわけですが、この見立てはある程度は妥当していて、文化相対主義に対抗する戦略的本質主義としてベルサーニを考えるのはひとつの見通しがつくやり方だなと思います。とはいえ、ベルサーニはゲイ文化的な表象を、女性／男性や、同性愛／異性愛の分断を無効化するような独特のナルシシズム（『親密性』で言う「非人称的なナルシシズム」）というありかたのモデルとみなすような書き方をしているので、特定の（文化的）アイデンティティを「本質」化しているという立場にはならないだろうというのも付言しておきます（トゥーカネン自身は、ベルサーニの諸著作を検討し、たとえばライプニッツに影響を受けた〔「バロック的独我論」といった文言も残しているそうですね〕ベケットなどを参照しつつ、ベルサーニが自らの議論を展開することに着目して、その立場を一種のモナド論的なものと見なし、「ホモモナドロジー」と形容したりしています）。ただ繰り返しに

†8　レオ・ベルサーニほか「インタヴュー　レオ・ベルサーニとの対話」を参照。

なりますがベルサーニは新たな関係性を素描するためにある種の同性愛イメージ（とりわけゲイ文化に関連づけられるもの）を参照しがちなので、ベルサーニ自身はその関係性が普遍的に適用されうると論じているはずだとしても（むしろ、それだからこそ？）、恣意的に列挙するだけでも、フェミニティ、エスニシティ、クラス、あるいはトランスジェンダーやアセクシュアル（無性愛者）など、様々な観点への無配慮があると批判も受けている旨も付言しておきます（アセクシュアルの観点から主にバトラーを検討し、またベルサーニへ言及した近年の日本語論文として松浦優「メランコリー的ジェンダーと強制的性愛――アセクシュアルの「抹消」に関する理論的考察」を挙げておきます）。

すみません、ひとりで語りすぎました。日本語圏でのクィア理論、クィア研究の受容の流れも話すと、ちょっとこの場では収拾がつかなくなりそうなので、一旦結びます（学術情報データベースのCiNii Articleなどで「クィア」など検索して調べると、専門家の議論が確認できて勉強になります。たとえば2007‐2015年まで活動していたクィア学会の刊行物『論叢クィア』の記事が検索で探せたり、2016年12月の『立命館言語文化研究』の「クィア・リーディング」特集の内容が閲覧できたりします）。まさに近年、研究者や活動家[†9]が啓蒙的な活動をなさっているところなので、そうした方々の紹介や入門をまず推奨することを改めて繰り返したうえで、とっつきやすいクィア関連の本として、取り急ぎ、以下の2冊だけ挙げさせてください。森山至貴『LGBTを読みとく――クィア・スタディーズ入門』と千葉雅也／二村ヒトシ／柴田英里『欲望会議――「超」ポリコレ宣言』。横着な物言いかもしれませんが、たとえば、いま挙げた2冊を読んで、一方の本に出てくる物の見方や語り口やキーワードにしか関心がなさそうな人に、もう一方の本で出てくる物の見方や語り口やキーワードをぶつけてしまわないように気をつけていれば、望まない衝突、いたずらに関係がギスギスしたり糾弾が始まったり、いきなりハブられたり陰口の踏み台にされたり辻説教を食らったりするようなトラブルは、とりあえず避けやすくなると思います（もちろん、誰かと踏み込んだやり取りがしたいとか、誰かの意見を変えさせたいとかなら、また話は変わってきますが）。

暁　説明ありがとうございます。めちゃめちゃ詳しい上に色々ぶっちゃけていただいてわかりやすかったです。

†9　近年のクィア理論が扱うトピックを調べる場合、哲学研究の観点が多めだが『思想』2019年5月号の特集「生殖／子ども」や、『思想』2020年3月号の特集「フェミニズム1――身体／表象」、『思想』2020年4月号の特集「フェミニズム2――労働／国家」に所収の諸論考が大変参考になる。文学研究の観点からのクィア理論の要説としては大橋洋一編『現代批評理論のすべて』や、三原芳秋／渡邊英理／鵜戸聡編著『クリティカル・ワード 文学理論』に所収の論考を参照。また社会学的観点からの論集としては菊地夏野／堀江有里／飯野由里子編著『クィア・スタディーズをひらく1――アイデンティティ、コミュニティ、スペース』、法社会学的観点からの論集としては綾部六郎／池田弘乃編著『クィアと法――性規範の解放／開放のために』が挙げられる。

江永　すみません、バランスのかたよった情報の寄せ集めみたいになってしまいました。さっき語ったのはWikipediaで「独自見解」とそこかしこに付されそうな内容であることは付言させてください（このあたり、紹介は始まっているのですが、まだ邦訳されていない文献も少なくなく、自分の理解が浅いところも多いと思います）。ベルサーニに絞って言い直すと、日本で特にベルサーニをプッシュしているのは、2010年代以降は千葉雅也が中心で、それ以前は田崎英明や村山敏勝でした（ベルサーニを援用・紹介している日本の研究者はもちろん今昔にわたり多々いらっしゃいます）。また『親密性』の邦訳書は二人の訳者（檜垣立哉・宮澤由歌）それぞれによる長めの紹介や解説、論評を含むものになっており、充実しています。また雑誌『ユリイカ』2015年9月号（特集「男の娘 - 〝かわいい〟ボクたちの現在」）の巻末に寄せられた宮澤由歌のコラム「子産み、苦痛と快楽」が自身の妊娠体験とベルサーニの議論を組み合わせたもので、読んでいてとても興味深かったです。

――ここまで色々と話をしましたが、アカデミックなクィア研究のメインストリームから見て、ベルサーニを推す人はそれほどいないのではないかと思います。知らないとアウトだが素で引用してもアウトみたいな立ち位置の書き手というか。いつ受容されていたのかわからない内に、言及すると「いまさらベルサーニ？」と言われるというか。

(再)生産性に対する異議申し立て

木澤 ありがとうございます。いちおう自分の問題意識に引きつけて少し補足しておくと、「アンチソーシャル的転回」の核心にあるのは「(再)生産性」に対する異議申し立てではないかと思っています。前章で見たように、たとえばリー・エーデルマンは主著『ノー・フューチャー』や論考「未来は子ども騙し」の中で、現行社会に瀰漫《びまん》している「(再)生産性の信仰」を「再生産的未来主義」と呼んで痛烈に批判してみせています。折しも、日本においても杉田水脈議員によるLGBT差別的な「生産性」発言に始まり、相模原障害者施設殺傷事件の犯人、植松聖死刑囚の「生産性のない人間は生きる価値がない」という思想、そして直近の事例ではALS(筋萎縮性側索硬化症)女性の殺害事件など、「(再)生産性の信仰」は不可視の空気のように現代社会に深く根ざしています。

しかしエーデルマンの批判の矛先は、右派によるあからさまな優生思想だけでなく、「明るい未来」を志す改良主義的なリベラルの戦略に対しても向けられます。たとえば、リベラル左派がしばしば用いる「未来の子どもたちのための連帯」といったクリシェ。エーデルマンは、こうした「未来=子ども」のクリシェの中に、社会秩序の絶えざる再生産を必然的に肯定する根源的に「保守的」な身振りを剔抉《てっけつ》してみせるのです。ここに至って、彼らの「アンチソーシャル的転回」の意味、すなわち、なぜ反社会的なのか、なぜ社会に対して不可避的に背を向けざるを得ないのか、ということが見えてくる。彼らは右派だけでなく左派に対しても背を向ける。彼らからすれば、右派も左派も無批判的に「(再)生産性」を受け入れているという点で同じカテゴリーなのです。エーデルマンは「未来は子ども騙し」の中で次のように述べています。「実際、いったい誰が中絶を肯定し、再生産に反対し、未来に反対し、したがって生に反対するというのだろうか」(藤高和輝訳)。中絶を肯定し、再生産に反対し、未来に反対し、したがって生に反対する者、それはクィア、それこそがクィアだ、というわけです。異性愛規範にもとづく現行社会秩序が暗黙のうちに強要する規範(ノルム)としての「再生産」に抗い、「死の欲動」を積極的に担う者たち。「クィア理論がクィアである由縁はまさに、未来の再生産への基盤的な信仰を破裂させることによって国家秩序を再定義することにあるのだ」(藤高和輝訳)。

社会規範が要請する「生きるに値する生」の選別を拒否し、「命の選別」に「否」を突きつける者たち。つまりエーデルマンに従えば、彼らクィアには「未来がない(ノー・フューチャー)」のです。そう、未来はここで終わる……。

以上に見てきたように、クィア理論における「アンチソーシャル的転回」は、同性婚などの権利やパートナーシップ制度といった社会改良主義的＝再生産的未来主義的な戦略＝連帯に対しても真っ向から背を向けるという点で、正しく「反社会的」かつ本来的な意味における「ラディカル」と言えるでしょう。いみじくも、ゲイ・アクティヴィストでもあったミシェル・フーコーは80年代の時点で、とあるインタビューの中で次のような発言をしています。

かつて言われていたように「同性愛を一般的にノーマルとされている社会関係のうちに組み込むよう努力しよう」と言うよりも、むしろ逆のことを言うべきなのです。「絶対に反対だ！　同性愛を社会が提案しているようなタイプの関係から出来る限り引き離しておこう。そして我々がいる空白の場所に新しい関係の可能性をつくりだすよう努力しよう」と。（「性的快楽の社会的勝利――ミシェル・フーコーとの会話」『ミシェル・フーコー思考集成9』122頁）

このフーコーの態度はまさにアンチソーシャル的と言うことができるかと思います。あえて乱暴にまとめるならば、90年代のバトラー的なクィア理論が、アイデンティティの内部における「差異」を重視し、アイデンティティを不断に撹乱させながらもその内部にあくまで留まること、諸差異の衝突と交差が引き起こす「トラブル」をあえて積極的に引き受けることを通じて連帯への可能性を開こうと試みていたのに対し、エーデルマンらアンチソーシャル派は、アイデンティティに対して断固として背を向け連帯からExitすることでその「外部」に賭け金を置こうとしていたのではないか。「生き残りの戦略」をあえて自ら放棄してみせることを通じて、「死の欲動」に対して、絶対外部における全的解体のプロセスに対して身体を押し開くこと。

そういう意味では（?）、闇の自己啓発会で取り上げる本としてはベルサーニはこれ以上ない選択ですね。社会秩序の構造に根ざした規範を拒否し、「再生産」の系譜から不断にExitせんとする、脱連帯化への志向。そういえばニック・ランドも社会の脱連帯化を「暗黒啓蒙」の中でしきりに寿《ことほ》いでいたのを思い出しました。

それに、本のタイトルもいいですね。『親密性』。なにせ「密」という字が入っていますからね。「密」がここまで排除されているコロナ状況下において逆に「密」についての本の読書会を行うという逆張りムーブ（?）も、ある意味では「アンチソーシャル」と言えなくもないのかもしれません。

※以下、各章ごとに振り返りつつ、意見交換していきます。

第1章 わたしのなかのIt

文学研究と精神分析

江永 共著ではあるけれど、ここらへんは全部ベルサーニの文章ですね。この本自体は、方向性としては文学研究者から見た精神分析の捉え直しみたいなノリですよね。それに対して分析家のアダム・フィリップスがコメントしているという。批評理論とかで精神分析とか哲学とかを取り入れることをしているけども、なぜそんなことをするんだろうというのをベルサーニはけっこう問いに付すんですよね。概ね以下のような感じの問題意識だったと思います。――ある芸術を取り上げて、この部分を見ると精神分析のこの理論がわかりますとか、この部分からは哲学的な教訓が引き出せますとか、倫理学的な議論の例題になりますとか、そういうことをするだけであるなら文学研究者は必要ないのではないか（哲学や精神分析学、倫理学の専門家がやればよい）。とすれば、文学研究者って何をすればいいのか。他の専門知を物語つきで解説する下請け業者でもなければ、また他の専門知を文学作品にも見出せると語る認定業者や、資格商法の使い手などでもないならば。――ベルサーニはこうした事柄を、『親密性』含む諸著作で繰り返し考えているように思われます。

暁 「精神分析は過去の話をしがちだけど、オレらは未来の話をするぜ」的なことが書かれていてカッコよかったです。ただ、ここの章で紹介された映画の登場人物が、サクッと精神分析のカウンセリングを受けにいく、というシーンがありましたが、おそらく日本では精神分析によるカウンセリングは一般的なものではないですよね。その辺は文化の違いを感じました。

江永 フランスだと精神分析家の普及度が歴史的に見て日本とは全然違った経過を辿ってきたとは聞いたことがあります。もっとカジュアルな選択肢になっていたらしい。日本の現行の臨床心理学の資格と精神分析は制度上あまり関係がありません。批評の分野で言っても、従来的には、精神分析を引用する書き手が実際には分析を一度も受けたことがない、ないしはちょっと受けてすぐ止めた、といった事態すらザラだったのではないかと思われます。もっとも、そうした事例は日本のみに特有ではないようにも思われますが〔そして、分析体験の有無と独立に、諸著作を適当に引用する人、時間や労力をかけて学ぼうとする人、独自の確信を抱いたり〈真実〉に目覚めてしまった〔と自称する〕人まで、精神分析の知へのコミットメントには様々な度合が考えられます〕。もちろん精神分析的なやり方を臨床心理学や精神医学に援用している人は日本にも多く、第二次世界大戦後に創設された日本精神分析学会などもあり、これは現在まで続いています。それこそ、フロイトと文通をして自前で精神分析を実践していた大槻憲二のような人物もいました。それだけでなく、実践として精神分析が普及している地域〔フランスなど〕またはすでに国内にいる分析家のところで分析を受けたり、精神分析を学んだりした上で、日本で分析家をなさってる方々もいます。[†10]

木澤 冒頭、「精神分析は互いにセックスしないと決めた二人が、互いに何を話すことが可能なのかを問うものである」ってパワーワードで始まるのヤバいですね。

江永 まあ私たちの読書会もある面では似たようなものだと言えてしまえるかも、とか思いますが……。

暁 (笑)。以前、アイドルが精神科医と付き合い始めたっていうニュースが出たとき、ネットで「転移(分析者に対して被分析者が特別な感情を抱くこと)してない?」って言われてたことがありましたね。本人たちは否定していましたが。そういう精神分析のワードだけは、日本でも結構認知されてる気がします。

木澤 読んでいて、ベルサーニは無意識という概念をかなり自由に解釈している印象を受けました。普通の精神分析では絶対にこんな解釈をしないだろう、というような使い方をしていますよね。教条主義的な精神分析では近親姦の禁止という「法」に象徴されるように、無意識は主体に対して「否=禁止」を言い渡す審級として機能するという物語を多かれ少なかれ前

†10 日本における精神分析の受容に関しては西見奈子『いかにして日本の精神分析は始まったか――草創期の5人の男と患者たち』などがある。また精神分析の固有性を臨床実践と思想の両面から解説した著作として片岡一竹『疾風怒濤精神分析入門――ジャック・カラン的生き方のススメ』は大変有用である。

提としています。すなわち、規律の装置としての精神分析というものが一方にある（言うまでもなく、権力装置としての精神分析の機能がそうした「禁止」や「抑圧」に還元されないことを指摘してみせたのはフーコーですが、ここではひとまず措かせてください）。でもここでのベルサーニにおける無意識というのは、どちらかというとアガンベン的な「潜勢力［potenza］」のようなものとして捉えられているように見えます。たとえば、『親密性』52‐53頁にかけての記述。「Itは抑圧されたものの隠れ家であるがゆえに（もしくは、ただそうであるがゆえに）無意識なのではない。むしろ、無意識のItは、主体の内部に、つまり無意識がそれをはるかに越えてしまうものの内部にとどまるものであり、可能的なものの、つまり現前するかもしれないが、いまはそうではないもののすべての貯蔵庫なのである」。ここでは、明らかにアイデンティティとは異なる何か、アイデンティティから常にすでに逃れ去ってしまうような何かが語られています。つまり、「純粋な可能性としての、規定不可能なIt」（55頁）。ここでの無意識は、未来に向けた変容のためのポテンシャル、といった肯定的な意味合いで満たされている。

江永　そうですね。一般的なイメージを逸脱した構図、個人的な過去の探求ではない精神分析理論とでも言えそうな何かを描こうとしている。その尖った姿勢にガバさも混ざって、良くも悪くも野蛮な思弁の試みという感じにもなっていますが。あるラカニアンがベルサーニの文章を読んで、ラカン要約の雑さにブチ切れていたのが記憶に残っています。ベルサーニはプルーストとフロイトを並行して読むような人なので、ただのお気持ちエッセイを書く専門性を欠いたインテリ文人と片づけてしまえるかもしれない。もっとも、これが出版された時点で80歳過ぎなので、古典だけでなく様々な作品（本章だとルコントの映画『親密すぎる打ち明け話』〔2004年〕）に具体的に向き合いつつ、理論を大胆（あるいは雑）に解釈して独自見解を打ち出す書きぶりは、スゴいともズルいとも言えそうです（現時点での最新作は『受容的な身体[Receptive Bodies]』〔2018年〕で、それを出した時点で87歳）。

暁　クィア界のイーストウッドっぽい。

木澤　でも、こういうポジティブな無意識の解釈の仕方がクィア理論と相性がいいのではないかと思います。クィア理論というのは自己存在（＝アイデンティティ）の変容への可能性を肯定する理論という側面があるので。

江永　クィア理論においてそういう姿勢を打ち出す中でも一番エッジの利いた書き手のひとりという感じですよね。自己変容の旗印としてのクィアには両義的な側面があって、今回、木澤さんが会場に持ってきてくださったデイヴィッド・M・ハルプリン『聖フーコー――ゲイの聖人伝に向けて』にもそういう記述があったと思いますが、クィアであるというのが固定したアイデンティティになってしまうと、常に変容を目指すという志向とは相性は悪くなりますよね。我々こそが真のクィアだ、みたいなマウント合戦になっちゃうとまずいわけで。

木澤　「規定不可能なIt」としてのクィア。絶えざる自己変容のプロセスとしてのクィア。そういう意味では、クィア理論はアイデンティティ政治とは真逆の方向を向いていると言えそうですね。その点、フーコーは『性の歴史Ⅰ　知への意志』の頃から一貫してセクシャルマイノリティによるアイデンティティ政治から一定の距離を取っているという意味でまさしくクィア的です。たとえばフーコーは、アメリカ西海岸におけるゲイカルチャーに見られるSMの実践を、セクシュアリティによって規定されない「快楽」を発明するプロセスとして称揚してみせる（このあたりの理路についてはハルプリン『聖フーコー』に詳しいです）。「SMは、身体と快楽の新たな関係を可能にするのであり、SMの実践を続けることの一つの効果は、自分の身体との関係を変えることなのだ」（『聖フーコー』127頁）。ちなみに、アガンベンにおいて「潜勢力」とは純然たる受動性＝受け入れる力であり、また「受苦［passio］」の別名でもありましたが、ある意味ではSM（とりわけマゾヒズム）の実践とも通じるものがあるのではないかと思ったりもしました（もちろんアガンベン本人は意識していないと思いますが……）。

暁　なるほど。お二人ともありがとうございます。とても勉強になりました。『聖フーコー』が個人的にめっちゃ気になってきました。

課題本に戻りますと、この章では分析者と被分析者の関係の曖昧さや親密性が提示されたわけですが、章のラストで「もっと幅広い関係性の領域におよぶ、ほかの親密性のあり方はないのだろうか」って書かれていたから、次の章でより広い関係が描かれるのを自分は想定していたんですよね。でも、まさかベアバッキング乱交と、カトリック神秘主義に共通する自我剝奪の愛、というクレイジーな文章が来るとは……と呆然としていました。

江永　第1章「わたしのなかのIt」では二者間の関係だったから、第2章「恥を知れ」では複数でのセッションになるわけですね。

暁　そういう広がり方かい!?　ってなりましたね。

第2章　恥を知れ

江永　ベルサーニの論はただの性癖談義になっていないのがすごいですよね。正直、ベアバッキングに関しては、ベルサーニ自身も手放しでよいとは言えないし言いたくない的な話をしていましたけども。

木澤　先日、海外の報道記事で、お互いにコロナをうつし合うコロナパーティーなる若者の集まりが開かれているというのを見かけましたが、あれなどもベアバッキング的といえるのでしょうかね。

暁　反ワクチン派のおたふくパーティーを想像しながら読んでいましたが、コロナパーティーのがホットでしたね。

江永　ベアバッキングでは受け側こそが頂点の栄光を得ているみたいな話もありましたね。ベアバッキングの当事者たちがどういう理解で活動をしているのかはまちまちだろうし、ベルサーニの解釈がコミュニティ内での共通理解とどのくらい適合的なのかはわかりませんが（ティム・ディーン『Unlimited Intimacy』〔2009年〕というベアバッキング文化を論じた著作をベルサーニは参照しているようです）。

暁　いわゆる「総受け」の人が「キング」になるというポジティブな発想はいいなと思いました。僕はベアバッキングの受けに感情移入しながら読んでいたので、ここすごく楽しかったです。ゲイ向けの創作でも、男性が妊娠する、あるいは種付けをするといったような描写の作品はありますよね。

ひで　ゲイの男性が妊娠するのって、それはオメガバース[†11]とは別物ですか？

暁　ええ。オメガバースはどちらかというと女性の書き手によるBLジャンルで多いイメージがあります。ゲイ向けの場合、オメガバースというより孕《はら》ませものとかで見かける感じですね（あくまで個人の印象ですが……）。

余談ですが、オメガバースはおそらくその世界観を見るに、オルダス・ハクスリー『すばらしい新世界』の流れをくむものだと思うんですよね。ただ、ハクスリーが描いたような遺伝子操作による身分社会という前提がなくなっているので、「なぜアルファは優秀なんだ？それはアルファに生まれたから？」という同語反復に陥っている感じもあります。ロマンチックなお話などもありますが、やはりハクスリーの小説における社会のいびつさ、残虐性がオメガバースの中にも受け継がれているように思いました。ちなみに『親密性』第2章の72

頁の引用にも「あらゆる人がすべての人と寝てきたすばらしい世界に私は住んでいる」という一文が出てきており、『すばらしい新世界』でもフリーセックスが当たり前のものとして描かれているので、意識してこういう表現を選んだのかな、と思いながら読んでいました。

江永 ベルサーニの取り上げるベアバッキング関連の作品のタイトルが『私を妊娠させて』なのがなかなかすごいですね。

ひで 精液は外に出ていってしまうけども、ヒト免疫不全ウイルス（HIV）は血液の中に入り込んで増殖する点にベルサーニは意味を見出しているんですよね。自分の血潮に流れるウイルスを辿ることが、ヘテロカップルの先祖を辿ることと相似形になっている。自分にHIVを感染させた人間に感染させた人間に感染させた……という、AC（公共広告機構）が昔CMを流していた元カレの元カノの元カレの元カノの……の構造ですね。ここで扱われているベアバッキングはアメリカの話ですけども、日本でも「ポジ種」（HIV陽性の精子）って概念がありますよね。

木澤 日本でもポジ種専門（？）のベアバッキングを実践している会員制サウナが大阪の某地区に

†11　男女に直交してアルファ、ベータ、オメガという第2の性があり、アルファの男女、ベータの男女、オメガの男女という計6種類の性別を持った人々が存在する世界設定のこと。オメガは男女ともに妊娠可能。

存在しています。ただ、先日そのサウナのサイト兼掲示板を覗いてみたところ、ここ最近はコロナの影響で営業を自粛しているようでした。

ひで コロナもＨＩＶも命に関わる感染症なのに、コロナの影響で営業自粛。基準がガバガバでウケますね。

フーコーのフィストファック、ベルサーニのベアバッキング

江永 ベルサーニによると、２００３年のシンポジウム「ゲイの恥ずかしさ」では、「反規範的／反ノーマルなセックスの実践が持つ正統な価値」（63頁）に関する言及がほぼなかったという。ベルサーニはそういうことにこだわってますね。フーコーは、ゲイ・アイデンティティの議論の中で、セックスがどうというよりも、むしろ新たな関係性とライフスタイルをつくろうとしていくことがそこにあるラディカルさの核なんだ、という主旨のことを言っていたと思いますが、ベルサーニは、「反規範的／反ノーマルなセックスの実践が持つ正統な価値」にこだわるがゆえにだと思いますが、フーコーに対して批判的な姿勢も見せています。

木澤 でもフーコーもＳＭやフィストファックの話をしていましたよね。たとえばフーコーにおいてＳＭやフィストファックとは、性的快楽を性器という特定の器官から切り離す、言い換え

れば「快楽の脱性器化＝脱中心化＝分散化」を促す実践としてあった。まさしく、「私たちは身体が何をなしうるのかまだ知らない」（スピノザ）というわけです。わけてもフィストファックは明らかに「性交＝生殖」の定義から逸脱するものを孕んでいる。『聖フーコー』によれば、フィストファックは（通常の性行為のような）オーガズムを目指す目的論的行為ではなく、時間をかけて続くプロセスであり、そこに一定のクライマックスはなく、感情の強度と持続こそがなによりの価値を持つ。このしばしば数時間にも及ぶプロセスの実践者たちは、それをセックスではなく「肛門ヨガ」（！）と呼ぶそうです。

このように考えてみると、ベルサーニのベアバッキングの議論とフーコーのフィストファックの議論には重なり合う部分が少なからずあるように思えます。フィストファックとは快楽の「脱中心化」の実践であると同時に、ゲイのサブカルチャーを担う集団的行為としても新たなコミュニティ創造の契機として働く。少なくとも70年代アメリカ西海岸におけるゲイカルチャーの立ち上がりをフーコーはそのようなものとして見ていた。

江永　ありがとうございます。ちょっと整理がつきました、ベルサーニとフーコーの違いは以下のように言えるかもしれません。フーコーの場合は、身体を用いた実践を、主にストア派的な禁欲ないし苦行ないしトレーニングという文脈で扱っていたと思います。他方で、ベルサーニの場合は、身体を用いた実践を、主に関係性を構築する文脈に寄せている。フーコーにおける関係性構築、コミューンのつくり方の打ち出しに対してベルサーニは満足していないのではないか。非人称的な親密性というコミューンモデルがほしいという方向で議論を進めていたと思います。

木澤 フーコーが古代ギリシア・ローマ文化における快楽に対する取り組みから、自己変革のための、生の様式を絶えず美的に創造していくアートとしての実践を見て取ったのに対して、ベルサーニはあくまで他者との関係性に重点を置きたい、と。

江永 そうですね。ベルサーニはジンメルの社交性を取り扱った議論ほかで、フーコーの話を批判的に継承した関係性への志向を打ち出していたはずです（これも邦訳がまだありませんが……）。また「直腸は墓場か？」という論考では、フーコーが暴力性と快楽のつながりを真正面から十分には取り上げていないのではないかとベルサーニは疑念を呈していました（逢瀬ではなく、その後、恋人がタクシーで去るところの情緒をロマンティックに言挙げしてしまうときのフーコーは、ちょっと日和ってるのでは、みたいなスタンス）。

木澤 ベルサーニのベアバッキング的コミュニティは、自己を感染させ殉死してみせることで、カトリック神秘主義に見られた神への自己犠牲的な愛の倫理に近接していく。たしかにこうした理路はフーコーには見られません。とはいえ、フーコーのテクストの中にも主体だけでない、関係性についての発言がいくつも見受けられるということを補足ついでに。

たとえば１９８１年のインタビュー「生の様式としての友愛について」では、フーコーなりの連帯ならぬ「友愛」の可能性についての考えが開陳されています。その中で、フーコーは「［生存の問いとして］関係は私にとってつねに重要なことだったのです」（増田一夫訳、『ミシェル・フーコー思考集成8』372頁）と前置きしながら、同性愛的な生の様式を創造することを通じて、異なった年齢、身分、職業をもった個人のあいだで共有される、制度化されたいかなる関係にも似ていない関係を、そして文化と倫理をもたらすことができるのではないかと述べています。「ゲイであるとは、私が思うに、同性愛者の心理的特徴や、目につく外見に自己同一化することではなく、ある生の様式を定義し、展開しようという追求をおこなうことなのです」（375頁）。

もうひとつ、1979年に書かれた「かくも単純な悦び」というとても甘美なテクストがあります。「ある精神医学概論によるならば、同性愛者はしばしば自殺するということである」（増田一夫訳、前掲書71頁）という戸惑うような一文とともにはじまるこのテクストは、人々が死ぬことを求めて訪れる、東京のラブホテルを思わせる幻想的な迷宮のヴィジョンの描写を以て閉じます。その東京のフランス式シャトー、すなわち「ありうべきもっとも不条理なインテリアに囲まれて、名前のない相手とともに、いっさいの身分（アイデンティティ）から自由になって死ぬ機会を求めて入るような、地理も日付もない場所、そうした場所の可能性が予感されるのだ」（74頁）。そこは、「死」という「絶対的に単純な悦び」を名前のない相手と共有する、フーコーなりのユートピア（あるいはヘテロトピア?）なのでしょうか（ちなみにフーコーは別のインタビュー「無限の需要に直面する有限の制度」（『ミシェル・フーコー思考集成9』所収〉の中で、私が宝くじで一等を当てたら私営の安楽死施設、死にたい人が麻薬漬けで1か月を快楽のうちに過ごしたあと、まるで消え去るように他界する施設を建てるでしょう、といった発言も残しています）。しかしわけても注目すべきは、そこにあっては人々は一切のアイデンティティから離脱しているという点です。言ってみれば、そこは社会の絶対的な「外部」であり、あまねくアイデンティティが蒸発してしまうような非‐場所なのです。逆に言えば、ここにはもはやアイデンティティを拠点とした抵抗の可能性（たとえば逆転した言説でもって抑圧を抵抗の場に転換せしめる戦略）すら存在しない。彼らは抑圧されたり禁止されたりしているのではなく、端的に社会から「抹消」されているのです。彼らは社会に対立しているパブリック・エネミーですらなく、むしろ社会にとって不可視の存在であり、「なんの役にも立たない生」、「いてもいなくても変わらない生」なのです（僕はここに至ってマーク・フィッシャーが自身の鬱病について書いたテクスト「何の役にも立たない［Good for Nothing］」を想起するのですが、ここでは措きます）。「生産性」からもっとも遠く離れた、何の役にも立たない「生」……。僕はこのあたりにフーコーの共同体＝ユー（ヘテロ）トピア論の可能性の中心を見てみたい気もするのですが、すいません、ベルサーニの話でしたね。とはいえ、ベルサーニはフーコーとはまったく異なる関係性を志向している、というのはおそらくその通りでしょうね。

江永　たしかに。いま話を伺って、自分の理解にはかなりバイアスが混じっていたなと気づかされました。ベルサーニ自身、フーコーの議論から関係性への志向を引き出してもいましたね

（『親密性』においてベルサーニがフーコーのスタイルに関連づけているように思われる、ギヨーム・デュスタンの作品に関する議論を、私は十分には飲み込めていなかったようです）。あと、私はフーコーの「生存の美学［l'esthétique de l'existence］」というものを、「生存」の字面に引きずられて、何か生き延びるための養生術のようなものと混同しがちであったようです。『親密性』に戻ると、92頁では「ベアバッキングは他人に侵食され、住み着かれるのに不可欠な、禁欲的訓練なのである」と書いていますね。こちらでは快楽を受容する拠点としての自己の練り上げに向かうのではなく、身体感覚を通して自己のようなものが解体されていくという事態が着目されているようです。

木澤　ベルサーニはどちらかというとバタイユのアセファル[†12]的なコミューンをイメージしていたのかもしれません。殉教者の「死」という零点に支えられた否定神学的な共同体。

江永　ただ、この否定性ないし無には、形がありません。ウイルスが、顔の見えない日付もわからな

†12　フランスの思想家ジョルジュ・バタイユが1937年に設立した秘密結社。アセファルとは「無頭」を意味し、「理性」という頭部の支配に対抗する無頭の共同体の設立をバタイユが模索していたことを示唆する（ここにはもちろん当時勃興しつつあったファシズムに対するアンチテーゼの意思表明を見て取ることができる）。アセファルは、「供犠」と「死を前にした歓喜」の実践としての「瞑想」を重視し、死こそが人と人とを結びつける特権的な契機であるとされた。

い遠くの相手と何かをリアルに分かち持つという想像のよすがになっている。その非人称なコミューンに参与する衝動が、カトリック神秘主義の形式に似通った（とベルサーニは主張している）自己抹消的な愛とその倫理らしいですね。ベアバッキングコミュニティに見出しうるものも、そうしたものだという。どちらも当人の意識の彼岸にある愛だと。少なくとも、ベルサーニはそんなことを言わんとしている感じがする。

ひで 本のこの辺に論理の飛躍を感じるところではあります。

暁 自己を贄《にえ》として、連面と連なる乱交者たちの系譜を過去と未来につなぐのが「キング」であるとすると、彼に巫性を見ることができるわけで、そこで自己を失い神とつながるカトリック神秘主義との重なりが見えてくるのかなと思いました。僕も自我喪失に関して憧れがありますが、本文では両者とも広がりのあるタイプの自我喪失＝自我拡散であるという主張がなされていて興味深いです。

僕はマゾヒスティックな面もあるので、あらゆる受け側の生命・非生命に感情移入しがちなんですが、ポジ種ベアバッキング的な不可逆の改変をさせられることを考えると、めちゃめちゃ脳汁が出るんですよね。それもあってか、この章の話は突飛だなと思いつつも、「わかる」感じがしました。でもこの章でブチ上がってるのは多分僕だけなので、嗜好の差異が浮かび上がってきたのも面白いですね。

マジョリティの無自覚な暴力性

江永　先ほど触れた2003年のシンポジウム「ゲイの恥ずかしさ」でベルサーニは、とりわけHIVポジティブの性の話をしないという点に関して、（当時のアメリカでの文脈や状況が私には十分には理解できていないから面食らうという点を省みても）かなりどぎつい議論を展開しています。いわば〈受け〉になることが〈女性化〉のように見なされるという社会通念と、同性愛を抑圧するようなイデオロギーとの絡み合いがあり、そこがHIVポジティブの公認を何かスキャンダラスなものとして回避する傾向にも影響を及ぼしているのではないか、という。で、フーコーのSM論とも関連づけて意地の悪い分析をしている。たとえば、以下はかなり意地悪い記述に映ります。シンポジウム「ゲイの恥ずかしさ」のような「アカデミックな学会に参加するゲイ男性は、よきフェミニストたる政治信条をそなえているので、まずはHIV陽性であることに関連した同性愛嫌悪という恥ずかしさをあけすけに問いただすことに居心地の悪さを感じ、ついで彼らは、性的に「伝統的に女性のセクシュアリティにむすびついた立場」に従属したり、あるいは積極的にそうなろうとしたりもした者であるから、他人（ゲイ男性や、より悪いことには同性愛者でない人）に晒し者にされるという、無意識的に女性嫌悪的な側面をそなえた恥ずかしさをあけすけに問いただすことに、居心地の悪さを感じていたのだろう」（66頁）、という。ここは、さすがに暴論としてキレられても致し方ない記述かなと思いました（これに関連して、ベルサーニが問題にするシンポジウムから10年ほど経った2015年に、ラッパーのミッキー・ブランコが、4年ほど前からHIVポジティブだったと公表した際のインタビュー記事[†13]を思い出しました。音楽業界にいられなくなる事態も想像していたが、実際には公表後に支持や応援を受けたという。ベルサーニの見ていた光景とは異なる状況を感じさせる内容です）。

暁 なるほど。よしながふみの『きのう何食べた？』という漫画でゲイカップルの片割れが「あなたは女性側なの？」と聞かれて苛立ちを覚える描写があったり（そもそも聞く人間の無神経さがヤバすぎるんですが）、パートナーに自分がネコ（受け）なのをバラされて怒るシーンもあったので、非常にセンシティブなテーマだし、話したくないのはわかるなと思って読んでいました。

ひで ヘテロカップルには人はセックスの話を聞かないのに、なんでゲイカップルにはタチ（攻め）かネコかを聞くのか、みたいなイラつきがあるというのも一方で聞きます。

暁 その通りです。本当にこういうマジョリティの無自覚な暴力性ってムカつくんですよね。他者そのものを理解できないから、単純なレッテルを貼らないとコミュニケーションを取れない、自分の異常性を自覚してほしいです。

江永 まあ、ライフスタイルのあれこれがミクロな権力関係であって広い意味での政治と切り結ぶんだ、的な話を本気でするならば、ここまで言わないとフェイクだよね、みたいな圧がありますね。ベルサーニの話。このまとめ方だと、どうしても煽りというかチキンレース的な雰囲気になってしまうのが難点ですが。別の語り方が要る。セクシュアリティの事柄をこうした観点で理論的に捉えようとすると、おそらく他害性、侵襲性のようなものを取り扱わざるをえなくなるところがあり、まずい（使い勝手の悪い、雑な）紋切り型に陥りがちの、欲望や暴力をめぐる語彙でしかうまく考察ないし分析できないような局面が来てしまうけれど、ベルサーニはその難所にこそこだわっているように感じられます。

そういう話題に取り組むという点から見て面白いと思うのは、たとえば98頁の記述です。ベルサーニ自身もぶっちゃけ引いているという、ベアバッキングの暴力性の話から、突然ジョージ・W・ブッシュ（ブッシュ・ジュニア）政権の政策がそなえる殺人的な無責任さ、という話に移る。その殺人的な無責任さに比べたら、ベアバッキングに見出されるものは（相対的に見て）よほど罪深くないものだ、という。

ひで ウケる。

暁 ここの「もちろん、そうした（ゲイたちのベアバッキングという）無責任ささえ、わたしたちの

†13 Daniel Reynolds「The Exclusive Interview With Mykki Blanco You've Been Waiting For」（plus、2015年10月19日）https://www.hivplusmag.com/people/2015/10/08/mykkis-mad-genius

現在の政府（ブッシュ・ジュニア）の国内政策や対外政策がそなえる殺人的な無責任さという、より大きな社会文脈に比べれば、罪の少ないものであるようにみえる」という部分、めっちゃ江永さんが言いそうって思いながら読んでました（笑）。

江永　この本は2010年代に何度か読んでいたので、じっさい、影響を受けてきたと感じている（つもりの）面もあります。ともあれまとめると、ベアバッキングは、攻撃性と表裏一体で自己保存欲動に駆動される親密性（何らかの全体なるものへの同一化志向）そのものであるようにも、その批判である（既成の同一性を偽の全体性として批判しうる拡張志向）ようにも捉えうる両義性があって、アンチ共同体主義者であるベルサーニは、アイデンティティなるものを批判する立場から後者の面のポテンシャルに賭けていますが、でもこの実践、無になるぞという意志に基づく自滅以上の何かに本当になりうるのだろうか、と懐疑的でもある。ただ、ここに見出される愛の理論が、諸論考を通して練り上げようとしているコンセプト、非人称的ナルシシズムの話につながっていくようです。という感じで次章に続きます。

江永 冒頭。「想像してみよう」。

ひで パンチライン強いですね。

木澤 良い「イマジン」ですね。

ひで 「想像してみよう。30代の、かなり魅力的な男性が、ショッピングモールで出会った若い男性を、一緒に家に来るよう口説いている。家につくやいなや、彼は少年を写真に撮り、薬漬けにして首を絞め、のこぎりでからだを切断する。」

暁 ベルサーニはこういう悪ノリが好きなんだなとわかってきましたね。訳者も書いていますけど、この章の殺人鬼→サダム・フセイン→ギリシアのゲイ文化の話って流れは、ちょっととっちらかっていますよね。

江永 たとえばフーコーも同時代のSM文化から古代ギリシア・ローマ文化まで語っていたといえば語っていたわけですが、とはいえ、ひとつの章の中でジェフリー・ダーマー（アメリカの有名なシリアルキラー）からプラトンの『饗宴』や『パイドロス』（に登場するソクラテス）まで話が進むのは、ぶっとび感ありますよね。

暁 サドの物語の登場人物が、サドの思想を代弁してA、B、Cといったふうに、ひとつずつ異なる立場の思想を話していくのと構造が似ているなと思いました。

江永 そういえば、幾つかの著作で折に触れてパゾリーニの1975年の映画『ソドムの市』（と原作のサドの小説『ソドム百二十日あるいは淫蕩学校』）の話もするんですよね、ベルサーニ。邦訳があるものだと『フロイト的身体――精神分析と美学』とか。これもパンチラインが多い著作でした。話を戻すと、この章ではフロイト『文化への不満』などを読み直していると思うんですけども、ベルサーニは、フロイトの攻撃性や集団心理学の議論を何度も取り上げています（さっき挙げた『フロイト的身体』など）。その意味ではある種、ベルサーニにとって、十八番の話をしている。

暁　うーん、しかしこの章が一番ガバい感じがしたんですが……。

江永　歴史的事項や時事問題、社会的文化的政治経済的な事象を、精神分析の語句や発想と突き合わせつつ考察するみたいな、現在とりわけ評判のよろしくなさそうな論じ方をしていますからね。主にラカン（派）が取り上げ直しているフロイトのテクストに言及して、悪と攻撃性の話をしている。「享楽は、他人のわたしへの愛とわたしの他人への愛の双方の核心部に存在する「はかり知れない攻撃性」をともなっている」（107頁）。ここがコアのテーゼになっているようですね。ここでさらにラプランシュっていう人――ラカン派（の主流）から袂《たもと》を分かった分析家のひとりなんですけども（そういう分析家はたくさんいるし、分派はたくさんある）――の議論を援用している。「わたしたちが生きている時代を、ラプランシュは、善と悪の精神病理的文化圏と名ざしている」（107頁）。ブッシュ政権の打ち出した構図、イラクが悪の枢軸でアメリカが絶対正義になるという構図が、善と悪の精神病理的文化圏なんだということで、ヤバい連続殺人鬼だけが邪悪で市民はまともという構図と対応させられている。国家間の話と人間間の話が重ね合わされているわけですよね。で、こういう構図におさまっちゃうような主体や自己のありようとは別のものを探るために、ベルサーニは非人称的なナルシシズムというのに着目しているらしい。

非人称的ナルシシズム

木澤 僕が非人称的ナルシシズムという概念に興味を持ったひとつのきっかけというのが、『若おかみは小学生!』という劇場用アニメ作品を見たことなんです。主人公はおっこという綽名《あだな》の小学生なんですけど、母を交通事故で亡くしていて、親戚の旅館で居候する代わりに若女将として旅館の手伝いをしているわけです。**【※以下ネタバレ注意】**ですが、あるとき旅館に来た客が母を死なせた交通事故の加害者であることが判明する。観客はここでおっこが復讐のために犯人をナイフで刺しまくるといったヴィジランテ・ムービー的な(?)カタルシスを思わず期待してしまうわけなんですが、当然そうはならない。あくまで責任ある女将として客を「おもてなし」することをおっこは選択する。このあたり、カントの定言命法が労働規範とカップリングしたような感じで最悪なんですが、ともあれ、僕はこの映画はひとりの少女に対してあまりにも多くのことを要求しているように思えました（監督の高坂希太郎は公式サイトにおいて、「この映画の要諦は「自分探し」という、自我が肥大化した挙句の迷妄期の話では無く、その先にある「滅私」或いは仏教の「人の形成は五蘊の関係性に依る」、マルクスの言う「上部構造は（人の意識）は下部構造（その時の社会）が創る」を如何に描くかにある」云々といった、なんだかよくわからないコメントを寄せていますが、ここではすべて無視します）。

それはそれとして、他者をそれ自体目的として（カント）、他者のために自己犠牲の精神で働くおっこのようなタイプも、他者を利用して搾取しまくるホリエモン的な資本家タイプも畢竟、他者を「目的」として扱うか「手段」として扱うかの差でしかなく、この2つの態度はコインの裏表のように簡単に反転しうるのではないか（そしてそれは必然的に「暴力」と結びつきうるのではないか）、というのが僕の問題意識です。

江永 穏健というか大勢に従順な小市民の精神性と、エゴイスティックかつ無情な利害判断しかない（通俗的な用法で言う）サイコパスの精神性が、労働者おっこの振る舞いにおいて表裏一体のものとして体現される、というような感じでしょうか。

木澤 そうですね。どちらも近代的な規律化された個人が出発点となっていて、そこから自分とは絶対的に異なる存在としての他者が定立される。つまり自己‐他者という二項対立が形成される。それに対してベルサーニの非人称的なナルシシズムには、そのような私‐汝という非対称的な二者関係の土台をじわじわ突き崩させるような契機が含まれているのではないか。

僕は非人称的ナルシシズムという語感から、自己への配慮（ナルシシズム）と他者への配慮が根源の部分において区別不可能になるような関係性へのヒントが含まれているのを感じ取って読み始めてみたのですが。とはいえ、まだ消化不良な部分があるのでまだ何とも言えない、というのが正直なところですが……。

江永　ベルサーニの話も、ある種の良心、というか超自我を設定する考え方への批判ではあるみたいですね。そういう意味では、社会道徳の内面化と個の確立が連動するはずだと考える姿勢への批判ではある。第3章で書かれている話だと、世界を支配しようという衝動と、自我を守ろうという衝動が、超自我が命じるとか抑圧するという契機において、すごくねじれた仕方で一体化しているのだ、という話になっていますね。外敵を滅ぼそうとする衝動が、いわばアレルギーのように、自己を滅ぼす衝動にも転化しているという感じ。社会レベルで言えば、「専制勢力によって意図的にはぐくまれた大衆ヒステリーとして頻繁に語られてきたことは、誇大化した自我のこうした自殺的な狂乱のことである」（118頁）という話になる。また個人レベルで言えば、「自我は、差異としての世界を支配し抹消するという狂った試みのなかで、自己を崩壊させる衝動を権威化する声として、つまりこうしなければならない声として、自分自身を鮮明に再発明しもする」（121頁）。だけど、その衝動の根にあるのは自己保存の衝動、自己を侵襲して苛んでくるものへの耐えがたさなのだ、と。

アイデンティティを越えて

江永　非人称的ナルシシズムの話は、アイデンティティ政治みたいなものに対する、（野蛮かもしれませんが）強烈な批判意識に裏打ちされてますね。「国民的、民族的、人種的アイデンティティは、人格的な自我に類似している。そこにおいてアイデンティティは、歴史的に区分され、本質的に対立的なものとして規定されてしまう［……］自我は自身を規定し、かくして、彼らのアイデンティティの境界の外側にある差異に対して攻撃的な防御姿勢を取るべく、自身の存在の統一性をつくりだそうとする」（142頁）。これは言うなれば、（文化的）アイデンティティという概念自体がいわば「文明の衝突」（ハンティントン）的な世界観と同根であるという批判ですよね。そうした世界観が前提である限り、どんな連帯も、根本的には、より耐えがたい差異を持つ敵を攻撃するために、相対的に我慢しうる差異を持つ敵との間で停戦することだ、という構図になってしまうというか。根源的な敵対性、差異を根っこから解消することの実現は、まずもって他者の殲滅、そして究極的には、外界と対立する自己という図式を廃棄するような出来事、つまり自らを含めた消滅、絶滅というものとしてしか夢想できないという話にもなってしまうでしょう。

もちろん、こんな見方は幼稚な極論で、ゼロサム思考の産物であって、認知バイアスに過ぎないとは言えるかもしれません。しかし、このような見方を表明するのを禁止したり、表明したものを罰したり辱めたりすれば万事解決かといえば、そんなことはないでしょう。ベルサーニとしては、従来の（文化的）アイデンティティ概念に根差した議論は、どれほど精緻でも上記の構図を脱しえず問題含みだという評価になるのでしょう。だから別のありかたを打ち出すのだという話になっている。たとえば、以下の文でベルサーニは、言ってみれば、どんなに同じに見えても違うのを事実として認めることから考えを始めるのではなく、どれほど隔たって見えても同じだということへの信から、考えを始めるべきだと言っているように見えます。

「もしわたしたちが、この非人称的なナルシシズムによって他者と関係することができるならば、他者（彼らの心理学的個人性）との差異は、他者とわかちもっている同一性という、より深いもの（完全には現実化されないし、みいだされることもない）のたんなる外皮に過ぎないものになる」（１４４頁）。いわば自己の形とも他者の形ともずれているし、（すべての相手に開かれている以上）現に数え上げられる個々に共有の部分として画定しきることもできないような、ある同一性を志向することが、「非人称的なナルシシズム」と言われているように思えます。

木澤　ありがとうございます。だいぶ整理できました。ところで、この「他者とわかちもっている（完全には現実化されないし、みいだされることもない）同一性」って、第1章で出てきたカウンセリングを通じて二人のあいだで交換され合う「It」、「純粋な可能性としての、規定不可能なIt」のことですよね。ただ、「It」ではアイデンティティに還元されない変容可能性＝特異性が強調されているように読めましたが、ここでの「他者とわかちもっている同一性」は、逆に諸アイデンティティの差異を越えて等しく分有されてある一種の（「相対」に対する）「普遍」のようなものが目指されているように思えます。とはいえ、どちらもアイデンティティという概念に対する批判的視座を共有している、という点でやはり無関係ではあり得ない、何かしらの通奏低音をここに見出すことができる気がしました。

暁 ああ、なるほど！　いま木澤さんの話を聞いて、第1章とこの章がつながった気がしました。第1章の分析者‐被分析者の相互影響の話は、ソクラテス‐美少年という一見不平等な関係性にも通じていて、ソクラテスが一方的に愛するのではなく相互に影響を受けているってことを言いたいのかなと。145‐146頁のあたりに詳しく書かれていますが、「彼は、愛に献身的な人生と哲学的な議論に生涯没頭することは同じであることを――あるいは、無味乾燥でないいい方をすれば、対話を精神的に流体化することへの没頭と同じだということを示したのである」。つまり、AとBというアイデンティティのぶつかり合いではなく、ソクラテスと少年の入り交じる相互影響的な対話こそが、暴力的ではない愛であり、ベルサーニが可能性を感じてることなのかなと（本当にそこに暴力性がないのか、という話は一旦措きますが）。僕はいままさに「対話」による気づきを得ているので、しっくりきた感じがありました。

江永 ここまでヤバい内容だったのに、最後は穏当な結論になってますね。もっともソクラテスがいた古代ギリシア（の都市国家アテナイ）では、現に愛し合っていたはずですが。「互いにセックスしないと決めた」わけではなく。

木澤 必ずしも「プラトニック」だったわけではなかったと。

暁 （笑）。どんどん相互影響していきましょう。

第4章 誰が書いたものでもないメモ

共著者アダム・フィリップス

江永 この第4章がアダム・フィリップスの書いたパートですね。フィリップスはイギリスのセラピストで、自身も分析を受けており、精神分析関連のエッセイでも知られています。たとえば単婚制（モノガミー）を断章形式で批評した『Monogamy』（1996年）は、ベルサーニも論考「Against Monogamy」（1998年）で引用しています。

フィリップスがどんな書き手かを紹介するには、影響を受けた精神分析の学派を紹介するのがよいでしょう。なお、精神分析の学派というのは武道の流派のようなところがあってややこしいですが、これは自身を専門家集団としてどう組織化するかという制度面の問題のほかに、分析という作業がアルゴリズムに従った問答や分類におさまらない性格を持つ以上、どうしても属人的な要素が残るという問題でもあります。

フィリップスは元々ダーウィンやユングを読むような青春を過ごしたらしいですが、自身はマサド・カーンという（今日ではアルコール依存症や、複数人との不適切な性的関係、晩年の著作に含まれる反ユダヤ主義要素、英国精神分析学会からの退会など、スキャンダラスな経歴でも知られる）分析家のところで精神分析を受けており、その後は主に児童精神医療に携わってきたようです。

フィリップスは分析家ドナルド・ウィニコットの影響下に位置づけられる人物です。そもそも上記のカーンがウィニコットとの協働でも知られていた人物であり、またフィリップスは『Winnicott』（1988年）という単著をハーバード大学出版から出してもいます。この第4章の話題にも関わるので、細かくなりますが、ウィニコット周りの文脈も説明します。

ウィニコットはイギリスにおける対象関係論を発展させた分析家で、「移行対象」（乳幼児が愛着を示し安心感を得る、毛布やぬいぐるみのこと）などの概念の提唱で知られています。日本だと、スヌーピーに登場するライナスの毛布はウィニコットの言う「移行対象」の例で云々、といった説明が知られているでしょうか（よく、一種の「メンヘラ」類型としてぬいぐるみを大事にしているみたいな意匠がありますが、そこには「移行対象」的な発想が入り込んでいるように思われます）。ウィニコットやカーンはイギリス精神分析の分野で言う中間派（ミドル・グループ）ないし独立派（インディペンデント・グループ）にまとめられます。

事情を説明します。とりわけ第二次世界大戦の期間を中心として、イギリスの精神分析学界隈は、アンナ・フロイトとメラニー・クラインという分析家（とそれぞれの支持者たち）に代表される二大学派の論争的な対立関係で揺れていました。アンナ・フロイトはジークムント・フロイトの子どもでもあり、現在でいう自我心理学派の祖とされます（「アイデンティティ」概念で知られる発達心理学者のエリク・エリクソンなどがここに属しています）。一方、メラニー・クラインは、分析家フェレンツィ・シャーンドル（精神分析におけるハンガリー学派の祖ですが、フロイトとは理論上も実践上もしばしば対立が見られました）に分析を受けた人物で、いわゆる「対象関係論」への独自の際だった貢献を行いましたが（この用語を普及させたわけではない）、その学派は本人の名を冠したクライン派という呼称で知られています（またクラインに関しては、ドゥルーズがしばしば参照していた人物としても知られているはずです）。中間派ないし独立派というのはどちらでもない人々、ないしは先に挙げた2つの流派対立を調停しようとした人々ですね。

まとめると、フィリップスは少なからず対象関係論の影響下にあって、親密な関係性や、それと関連する具体的なしぐさ（肉体的な接触含む）に対する関心が強いように見える書き手です（フィリップスの著作には『キス、くすぐり、そして飽きが来ることについて［On Kissing, Tickling, and Being Bored］』〔1993年〕というのもあります）。そんな文脈があるので、ベルサーニが親密性をめぐる考察においてフィリップスと共著の形をとるというのは、納得できる話だなと感じもします。

暁　フィリップスさん周りの説明、ありがとうございます。かつてないくらい濃度の濃い読書会になってきましたね。『キス、くすぐり、そして飽きが来ることについて』ってすごいタイトルで、ちょっと面白そうです。

江永　本章の冒頭ではフィリップスが第1章の話を精神分析などにおける境界侵犯（精神分析の臨床において二者が一線を越えてしまう事態）の話題を取り上げて対象関係論の話と結びつけていきますが、これに関しては『精神分析における境界侵犯——臨床家が守るべき一線』（原著1995年）という本が有名みたいです。また『親密性』が出た頃（原著2008年）だと、心理療法などの教育で採用されるスーパーヴィジョン（実際に働きながら指導員に面接を受けていくやり方。一種のOJT〔オン・ザ・ジョブ・トレーニング〕と考えられる）における問題に絞った論集ないし告発本、『スーパーヴィジョンのパワーゲーム——心理療法家訓練における影響力・カルト・洗脳』（原著2006年）というのが出たりしています（邦訳副題の「影響力・カルト・洗脳」が物々しすぎますが、いちおう原著の副題にも「influence, persuasion, and indoctrination［影響、説得、教化］」とあります）。

精神分析にできることはまだあるかい？

江永 第4章の話に戻ると、対象関係論の説明から、151－152頁のあたりでフィリップスなりのベルサーニ読解にシフトしていきますね。「自己破壊＝自己憎悪」とか「自己愛＝現実憎悪」とかの図式に陥らないようなあり方が可能なのかというのがベルサーニの問いで、だからマゾヒズム論とか、何かを知ろうとする主体の話など色々経由して「非人称的なナルシシズム」というあり方が出てくるのではないか、というまとめをしている。

ひで 自己を引き合いに出すと自身や取り巻く現実に目が行っちゃうので、非人称を軸に据える視点を出すという流れは、当たり前っちゃあ当たり前だと感じられますが。

江永 「わたしには、ベルサーニは復讐ではないような欲望の形式を想像したいように見える」（159頁）ってのは、簡明なまとめですね。ベルサーニ自身も2000年初出の論考「Sociality and Sexuality」の後半部で、「欠如は欲望になくてはならないものか？［Is lack necessary to desire?］」と問うて、『親密性』の第3章でも出たプラトン『饗宴』を取り上げつつ、何かを取り戻したり埋め合わせようとするのとは異なる仕方で欲望をイメージしようとする議論を展開していたはずです。

暁 うーん、しかしフィリップスさん、具体的な例示がないからベルサーニより読みにくいかも……。あのブッシュの例とか突拍子もないけど、あるだけましだったんだなと。

江永 まあ、哲学とか精神分析の研究書を参照して、ベルサーニのぶっ飛び随筆を理論的に位置づけなおそうとしている感じのパートなので。フィリップスが具体例を足したらそれだけで分量膨れ上がる、というか別の本ができてしまいそうな感じもします（とはいえ、たしかに読みづらいですが）。最後の、問答をぶっぱなしていく感じは、バトラーの『ジェンダー・トラブル』とかを思い出しもしました。「最初の問いに戻ってみよう。ベアバッキングのプリズムをとおしてみると、親密性のあたらしい形式である非人称的ナルシシズムとは、何から人を自由にするのか。それは何のためのものなのか。もし人間の関係性が、自我同一性の共謀とは異なったものであり、こうした試みが自己性の強化ではなくその解体にあるならば、わたしたちの生はどうすればよりよいものになるのだろうか。そして、もっと緊急の問いを立てれば、近年に増大する暴力の残虐性を踏まえて、こうした試みを、いまや人間的本性とかさなりあうきわめて恐るべき暴力の原因ではなく、むしろそれを軽減させるものとして追求するにはどうしたらよいのだろうか。ソクラテスが『パイドロス』の終わりで述べるように、「わたしが外部にもっているすべてのものが、内部にあるものと巧くやっていく」ことなどは可能なのだろうか。それが、所有とはまったくかかわらないことなどは可能なのだろうか」（191‐192頁）。この問いかけ列挙でメモが結ばれて、ベルサーニの「結論」に移る。

暁　たしかに。この章にたどり着くまでにだいぶ疲れていたのもあって、頭に入ってこなかったみたいです。江永さんの発言を踏まえてもう一度読んだら、理解しやすくなりました。「いずれにせよ、愛は常に境界侵犯なのである」（149頁）とか、「ベルサーニにとっては、精神分析の優れた点が、「他者や自分を愛することの無能力さについて説明を企てたこと」にあるならば、そのとき精神分析の未来は、愛について徹底的に記述し直すことに関わっている」（151頁）とか、ベルサーニの主張の言い換えをしつつ、愛について本気出して考えてみたというか、精神分析にできることはまだあるかい？　ということを語っている感じですね。

「おもうに、フロイトの死の欲動の概念とは、欲していようがいまいが、望んでいようがいまいが、わたしたちは死を欲望しているということを述べるものである。ベアバッキングが示すことは、セックスとはデッド・エンドであり、デッド・エンドの自覚であるということである」（187頁）、「いずれにせよ、ベアバッキングを無理矢理に推進することはなされるべきではない。しかしおそらく同様に、同意したベアバッキングが、親密性のあたらしい形式や試みとして──現実のものであれ漫画のなかであれ──提示してくるものを無視することはできないだろう。ここでの親密性とは、究極的な非人称性への開かれそのものなのだろう。そこではまったく自己保護的な行動であるセックスは終焉する」（190頁）とかも力強いですし、ベアバッキングに可能性を感じている。全体的にちょっと頭に入ってきにくい感じではありましたが、この辺は読んでて納得感もあり、面白かったです。こうして見るとフィリップスさんもベルサーニに負けず劣らずパンチラインが強いですね。

木澤　「わたしが外部にもっているすべてのものが、内部にあるものと巧くやっていくことなどは可能なのだろうか」という問いを前にして、僕はなんとなくダナ・ハラウェイと批評家シルザ・ニコルズ・グッドイヴの対話を記録した『サイボーグ・ダイアローグズ』の中の「病気とは関係である」という章を思い出しました。その中で、グッドイヴは免疫学に関する『ニューヨーク・タイムズ』の記事を引用しながら、身体は、それが病気になるためには、いかに細菌と「親密」でなければならないか、という問いに注目してみせています。すなわち、「攻撃されている細胞は、実は、進行してくる細菌を援助しなければならないのだ」（98頁）。それに対してハラウェイは、寄生者の視点からすれば、宿主は自分の一部であるように見えるし、宿主の視点からは、寄生者は侵入者のように見える（「あるいは、宿主の視点から見ると、死を招く親密さといったものがあるのです」）というパースペクティヴの差異に言及しながら、何を自己とみなし、何を他者とみなすかは視点の問題に過ぎない、と述べています。ミクロな次元における親密性、細菌やウイルスとの（所有に還元されることのない）親密性についても考えてみたいと思いました。

結論

〈やっていき〉の提唱

江永　ここまででお腹いっぱい感があるというか私は意識が朦朧《もうろう》としてきましたが、ベルサーニが全体の話をまとめていますね。確認します。ベルサーニは（フィリップスみたいに？）精神分析を批判的に読み替えたがっている。ベルサーニ的には、従来の精神分析理論では支配的であった人称的な要素がダメ、という調子ですが、さっきの小学6年生おっこの物語みたいな、「規律化された個人」ありきの思想でない形にしたいってことかなと思います。

ちなみにフィリップスも、精神分析を専門家の権威（による保証から来る安心）を求める心情を掘り崩すようなものと見る（つまり専門家としての分析家の地位も掘り崩しかねない）批判的議論を展開していたはずです（『精神分析というお仕事――専門性のパラドクス』）。自己があって安心するというのと専門があって安心するというのをどれくらい一緒くたにしていいかわからないけど、身近な話で言えばたとえば、何者にもなれない自分が後ろめたいとか、何か職がないと人間扱いされない感じがする（身近な例では「社会人」という語の用法が象徴的ですよね）とかいう物言いがありますが、これらが、いままで出てきたような専門性とか自己性、あるいは「個人」なる観念にまとわりつく窮屈な文脈を素描しているように私には感じられます。

で、ベルサーニのまとめに戻ると、こうあります。「この書物でのわたしたちの対話は、自己性という暴力的なゲームに対する代替案を提示する試みだということができるだろう」(197頁)。「自己性という暴力的なゲーム」と言われるといかつい感じがしますが、コミュニケーションを一種のパワーゲームの発想で捉えるのをやめよう、とまとめられるでしょうか。そして結びは、何か知らないものと自分が遭遇するってのはキャラ崩れるかもしれなくて怖くなるけど、異物への攻撃性を飼いならすっていうより、自分の外を異物だと考える発想自体をやめて、「世界との協調や、世界と「巧くやっていくこと」」(202頁)を目指していこう、という話におさまる。ある種の〈やっていき〉の提唱。穏当なのかヤバいのかよくわからなくなってきました。まあでも、現れたモンスターをやっつけろという話でもなければモンスターが現れても我慢しろという話でもないだろう、ということですね。多分。そしてそれはいい話だなと思います。

ふと思いましたが、非人間性と未来との関係という観点ではエーデルマンとベルサーニは対照的なのかもしれません。エーデルマンがみんな人間(のマジョリティ)のものと目される未来に対して誰か(何か)がノーを言う余地を残そうとしているとすれば、ベルサーニの方はみんな人間(のマジョリティ)でなくなるような未知へと誰も(何も)が開かれる余地を残そうとしている、とまとめうるのではないか（ただし、ここにはないユートピアを希求するといった、欠如に基づく欲望に根差すのとは別様に）。粗い見立てかもしれませんが、掘り下げて考えてみたくなりました。

アンチソーシャルな自己啓発

暁　『親密性』全体の感想としては、論理性よりもひとつひとつのエッセンスを吟味するのが楽しい本だなと思いました。「じゃあこの言及には具体的にどういうものが該当するかな？」といった読み方をしてみるのも面白そうです。

一例としては、第1章の最後の問いかけについてみんなで考えるとか。「では広い関係性における親密性ってなんだろう？」ということで、たとえばこの読書会のような場や、ポリアモリー（同時に複数人と恋愛関係を持つこと）とかも候補になりうると思います。最近自分が読んだ中だと、村田沙耶香の「トリプル」という短篇がすごく好みだったんですよね。ある海外アーティストがカップルではなく3人で交際する「トリプル」をしていると公表したところ、日本の若者の間でも流行り始めたが、旧来の価値観を重視する人たちと衝突して……という話なんですが、カップルという関係性以外の面白い可能性が開けたような気がしました。

ひで 論理性はガバい部分があるのでトピックを拾っていくほうが面白さと読みやすさはありました。突拍子のないトピックを論理でつなげて一冊の本にしているというところがすごいんでしょうけど。ぼくは正直ストア派などがわからないので尚更かもしれません。

江永 実は、ストア派は、自己啓発的な思索の元祖と呼びうるのではないかという話もあります[†14]。

フーコーがセクシュアリティの歴史を考えたとき、ストア派を含む古代ギリシア・ローマの著作に向かったことは何か示唆的に思えます。そこでは自己啓発を「アンチソーシャル」に思考することが試みられていたのではないか。……などと言うと牽強付会の誹《そし》りは免れないかもしれませんが、でも、生活に引きつけて読めそうに映ったり、読みたくなったりする記述がある気もするんですよね。なので、おそらくフーコー経由で古代ギリシアに筆を伸ばしていったのであろうベルサーニの書き物も、そういう観点で読んでもいいのではないか、という気がしています。いわばひとつの「闇の自己啓発」として。

暁 すごい、最終回で作品のタイトルコールが入った的な綺麗な終わり方になりましたね。素晴らしい。

†14　たとえば、山本貴光／吉川浩満『その悩み、エピクテトスなら、こう言うね。——古代ローマの大賢人の教え』を参照。

雑談③

ゼロ年代から加速して
——加速主義、百合、シンギュラリティ

いまさらの加速主義

木澤　ニック・ランドがTwitterで、『現代思想』２０１９年６月号の加速主義特集に対して「Weird things going on in Japan.」って反応していました。日本で急に翻訳されたりで注目されて戸惑っているようです。

江永　言語問わず、どうしていまになって取り沙汰されているんだ、と思う方々も多々いらっしゃる感じがしますが、自分としては、どうしていまになるまで取り沙汰されなかったんだ、という感じの方が大きいです。

後知恵で言いますが、ゼロ年代批評には、加速主義にも通ずるところがあったと思いま

す。でも、セカイ系の是非が詮議されていた頃は社会性がないと批判されていたはずのオタクなるもののイメージは、次第に、電子掲示板や動画投稿所を介した大喜利やお祭り騒ぎをする集団へと変化していき、フリマ文化とファンクラブ文化が混ざったのか、二次元や三次元のアイドルや声優を応援する集団がオタクの主流と目されるようになり、企業への不買デモや政治的主張で集うデモの高まりもあって、オタクたちの動きもまた自然発生的な社会運動につながるとの期待が高まった。で、「（ゼロ年代）批評をいくらやってもダメだよね、人と人がつながって、運動とかしないといけないね」って話になって、それはグローバルな社会運動、たとえばオキュパイ運動やアラブの春など、ソフトで言えばSNS、ハードで言えばスマートフォンの普及が下地を作ったと言えるであろうローカルな諸々の政治的運動とも同時多発的で共振していたのだけど、結局、自然発生したはずの希望なり感性なり欲望なりを盛り立てていけば何かがよく変わるという類いの話は、活動を運営して維持するための知識や制度を更改する技法の欠如ゆえ、当座の満足感とエモい思い出、現状と野合した原理主義しか生まなかった。

偏頗《へんぱ》なまとめかもしれませんが、こんな流れで、加熱したゼロ年代批評の時代は閉塞していったというふうに思っています（浅い見方かもしれませんが）。後にゼロ年代批評とまとめられる様々な著作が発表されていた頃、様々な人々が様々な用語を提唱していたはずですが、理論的な体系化が十分には成し遂げられなかったように見えてしまう、その一因は、本当は同時代的だったはずの加速主義的な議論が十分には紹介・受容されていなかったことなのかもしれないと思い始めています。

木澤 僕はゼロ年代批評をスルーしてきたのでよくわからないんですけど、加速主義はどちらかというと90年代のオーラをまとっていませんか？　加速主義の発祥が90年代のＣＣＲＵというのもありますが。僕個人としてはＣＣＲＵのノリに『serial experiments lain』とかのサブカルチャー的な空気を感じるんですよね。

江永 そうですね。そのように感じます。90年代からゼロ年代にかけて、サブカルチャー的な意匠がすごく換骨奪胎されていったのかなと思います。たとえば90年代の『serial experiments lain』の「玲音」とゼロ年代初頭の『最終兵器彼女』の「ちせ」とは、超常的な力を身につけていくとともに脱人類的になりサイボーグ的に、または遍在する存在になっていくという点で造形上通じ合っているように私には映りますが、前者のサブカルチャー的な空気と後者のエモ的な（ゼロ年代的には「泣ける」と形容すべきか）空気はまるで違うとも感じます。で、ゼロ年代は、アニメ『らき☆すた』のＯＰとアニメ『涼宮ハルヒ』のＥＤに象徴されるような、踊りと駄弁りとパーティーを志向するスタイルが二次三次問わず席巻していく。技術抜きのエモ増しで、……などと、狭窄した視野で喚きすぎました。失礼しました。

思えば、近頃の加速主義ばやりと百合ＳＦばやりには何かしら同時性がある気がします

（単に、私の念頭にすぐ浮かぶ「百合」っぽいＳＦが医療技術の発達した管理社会を描いた伊藤計劃『ハーモニー』だからかもしれません）。ゼロ年代から現在までの流れに詳しい方々の手による、ハーレムものから百合ものにどのように移行したのか、という通史的解説を読みたいです。

突然の百合

暁　ハーレム・男女恋愛がサイコー！　って感じだったのに、突然百合になりましたよね。

木澤　で、百合に挟まりたい男みたいな反動勢力が出てきたり。

暁　（笑）。

江永　熊田一雄「ヤオイ女性と百合男性が出会うとき――親密性は変容するか」で言及があるような話とか、『ユリイカ』２０１４年12月号の特集「百合文化の現在」でも取り上げられている倉田嘘『百合男子』[†1]をめぐる話とか、「百合」読者／作者コミュニティの歴史には色々蓄積があるようですね。そういう読者コミュニティとはまた別ですが、最近だと大学時代にカルト団体に勧誘され入信してしまったが隙間時間にガラケーで見つけた百合ＳＳ（二次創作小説）に感動して（同性愛嫌悪的な教義を含んでいた）カルト団体に疑問を持ち、最終的に脱会したといった逸話まで語られています。[†2]　何かアーカイブの力のようなものを感じました。

自分が読んだことのある百合、というか百合男子ものだと、早矢塚かつや『白鷺このはにその気はない!』を思い出します。おそらく姉からの仕打ちによって認知が歪んでしまい自分を含む男性は存在すべきではないという強迫観念にとり憑かれた「百合男子」の男子高生と、小学校時代に周囲から受けたいじめもあってPTSD(心的外傷後ストレス障害)を抱えているレズビアンの女子高生と、その女子高生から思慕されているが当人は「百合男子」の男子高校生に恋して告白をしてしまう異性愛者の女子高生と、本命は先の男子高生だが恋心を抑圧しているレズビアンの女子高生に同情して面倒を見ようとする両性愛者の女子高生の4名が織りなす、地獄めいた様相を見せてもおかしくない人間関係が一段落するまでの物語を、「ラブコメ」的なドタバタ描写の体裁で走り抜けるという、だいぶキマッた、というか設定だけでももう際どいことになっているライトノベルなのですが……。そういえば「男の娘」なる表象もありましたし、これも『ユリイカ』2015年9月号で特集「男の娘・〝かわいい〟ボクたちの現在」が組まれていました。百合SFの話も含め、本当にこのあたりの歴史に詳しい方々による年表や論集のいっそうの充実を望んでいます。

これは邪推かもしれませんが、男性が少女に欲情したり「ラキスケ」(ラッキースケベ)に遭遇したり「セクハラ」したりする場面を描写するのはPC(ポリティカル・コレクトネス、政治的正しさ)的にアウトだからと、従来は男性キャラクターがあてがわれていた役柄を女性キャラクターに置き換えた結果として、百合ものが流行っている一面がある気もします(これは元々、ある方からお伺いした指摘でした）。

暁　『アズールレーン』のアークロイヤルさん（小さい女の子が大好きなちょっと危ないお姉さんという設定のキャラクター）とかもそうですね。

木澤　もう男のロリコンはコンテンツ作品に出せませんからね。その代わりに少女に合法的に（？）セクハラできる女性キャラクターが要請される。もちろん他方で『柚子森さん』に代表される傑作おねロリ百合漫画も多く存在しているので一概に言えませんが。

暁　男性向けはポリコレを意識していて百合とかになっている向きもあるんだけど、女性向けはヤンデレ男性による監禁調教みたいなのが普通に残っていて受容されていたりするという話もありますね。

江永　この前、読んでいてとても印象深かったＢＬ小説があって。クライムサスペンス的なやつで、吉田珠姫『堕ちた天使は死ななければならない』という作品なんですけど。幼少期にカルト的な犯罪集団に性的虐待を受けていた男性で、いまは男性恐怖症だけどモデルをしてい

†1　なお、「百合」ジャンルの読み手／書き手の典型が「非レズビアン」の「男性」（つまり「百合男子」）であるかのような風潮への批判として、レロ／中村香住「誰が「百合」を書き、読むのか」を参照のこと。

†2　いりこしうむ「「元カルト信者と『ミッドサマー』」記事への反響「百合について知りたい」にお答えします」（文春オンライン、２０２０年3月29日）https://bunshun.jp/articles/-/36889

るレイモンドの下に、かつての犯罪集団と関わりのある連続殺人犯の魔の手が迫り、そこで、幼少期に自分を助けてくれた刑事ジェフリーと再会することになり……みたいな話で。この刑事は妻と離婚寸前なんですが、女性に性的魅力を感じないらしくて、けれど「ゲイを認める」のは「考えたくない」ことだ（68頁）とか心内で独言するんですよね。でも、「この世に舞い降りた天使」（１０９頁）みたいな美貌のレイモンドにどんどん惹かれていき、最終的にジェフリーはレイモンドを慰めつつ褥《しとね》を共にする感じになるのですが、そこでは「ゲイだろうがなんだろうが、構うもんか。［……］これから一生、世間から後ろ指を指されてもかまわない、それほどの陶酔だった」（２３７頁）みたいになる。これ２０１７年の小説で、私は魅力的に感じましたが、だけど（ここでは触れなかった内容や描写を含め）こういう書き方、いまはもうかなり際どいのでは……とも思ってしまいました。

暁　差別があるから禁断の恋で素晴らしいんだ、みたいな中々危ないことを言っているのもまだあるらしいですね。

江永　まあ、さっき（第5章）サドの作品に感化された経験を話していた私がBLや百合の描写を「際どい」と指摘するのも何か妙かもしれませんが。「際どい」内容を含む作品と出会うことで現に救われてしまった経験があるならば、それをただ恥じたり隠したりして誤魔化すべきではない一方で、その語り方は注意深く選ぶべきだろう、というのが私自身の個人的な見解です。ときところ問わずに、誰彼を構わずに雑に言い放ったり無理に推したりしてよいのかと訊かれたら私は躊躇《ちゅうちょ》を覚えるでしょうし、「際どい」表現がきっかけで誰かが現に虐げられてしまうとか嘲罵される羽目になるといった事態が起こることは、決して望みません。[†3]
それにしても、もしも、それ自体は道徳的に映りもする、いわゆる「禁断の恋」的ステレオタイプへの批判糾弾の理路が、百合的な装いの下でステレオタイプな「セクハラ」や「ラキスケ」を描写する際の大義名分にも転用されているのだとすれば、えげつない話です。

ひで　男性向けでもたとえばまよねーず。が描く漫画作品とかがありますよね。女性が増えすぎた社会で、一部の女性は公衆便器として働かなければならない話とか。

江永　吉田珠姫のデビューが90年代初頭のようなのですが、90年代には「やおい」つまりBLの評論を書いていた、中島梓＝栗本薫[†4]や小谷真理の存在感があって、このあたりの文脈をきちんと踏まえておかなくてはという気持ちになります。中島梓は、昭和の少女漫画史でいう「ポスト24年組」（1950年代前半に出生）と同世代です。（私はいまになって勉強しているところですが）日本では、1970年代くらいから（アーシュラ・K・ル・グィンの受容などもあり）SFやファンタジーと、フェミニズムやジェンダー論の合流した、豊饒な文化的蓄積があったら

†3　もちろん芸術と道徳、美と善悪といった事柄に関しては厖大な知の蓄積があり、決着のついていない論点も種々ある。ちなみに、分析美学では、J・S・ミル研究でも知られるダニエル・ジェイコブソンの1994年の論文「不道徳な芸術礼賛」以来、不道徳と美の関係を問う議論が盛んになされている。

しい。[†5] 中島梓の評論『タナトスの子供たち――過剰適応の生態学』（1998年）なんかだと、（特にハードな）BLと人類滅亡をつなげて独特の文化論みたいなものを提示してさえいます。個人的には、レオ・ベルサーニやリー・エーデルマンといったクィア理論家（の一部）の議論と比較すべき内容が含まれているように思います（ただ、同時代的には、中島梓の「やおい」論は、ゲイ差別的だと批判を受けてもいたようです。「栗本・パン子論争」としてメールのやり取りがウェブ上で公開されていたようですが現在は閲覧できません）。また、ダナ・ハラウェイ他『サイボーグ・フェミニズム』（邦訳1991年）やマーリーン・S・バー『男たちの知らない女――フェミニストのためのサイエンス・フィクション』（邦訳1999年）の共訳者のひとりであり、SF・ファンタジー評論家の小谷真理も、SFとファンタジーをフェミニズムの観点から論じて、やおいカルチャーにまでつなげる著作『女性状無意識（テクノガイネーシス）――女性SF論序説』（1994年）や、エヴァンゲリオン論を書いており、ゼロ年代には東浩紀編著の『網状言論F改――ポストモダン・オタク・セクシュアリティ』（2003年）にも名を連ねているし、『テクノゴシック』（2005年）という、ニック・ランド「サイバーゴシック［Cybergothic］」（1998年）を彷彿とさせる書名の著作を刊行してもいる。[†6] また小谷真理はジェンダーSF研究会の発起人のひとりで（ほかの発起人は柏崎玲央奈、工藤央奈）、この研究会では村田沙耶香『殺人出産』（2014年）や草野原々『最後にして最初のアイドル』（2016年）などに文学賞を贈っています。

暁 センス・オブ・ジェンダー賞ですね。最近はそうでもないですが、少し前のものはめっちゃ好きな作品が多くて推せます。

木澤 そういったジェンダー的な批評意識とも交差していた90年代BLに対して、現在のメインストリームのクールジャパンコンテンツ、たとえばジブリ作品には、そういった対抗カルチャー的な文脈がそもそも輸入されていない気がします。これは批評家の石岡良治さんが以前ど

†4 日本の小説家、評論家。1953年生まれ、2009年没。フランス文学者の平岡篤頼に卒論を激賞され、商業誌に執筆を始める。1977年に中島梓名義の評論「文学の輪郭」で第20回群像新人文学賞評論部門を受賞し、翌1978年評論集を刊行。また同年に少年愛雑誌『JUNE』(サン出版)の創刊に関わり、複数名義で少年愛作品を執筆していく。ファンタジー超大作『グイン・サーガ』をはじめSFやミステリなど種々のジャンルで多数の作品を発表。また『JUNE』誌上で連載後に書籍化された「小説道場」など、少年愛小説の創作論と添削指導でも知られている。伝記としては里中高志『栗本薫と中島梓——世界最長の物語を書いた人』がある。また「シスターフッド」の観点から栗本＝中島の活動を捉え直した論考として、瀬戸夏子「誘惑のために」が参考になる。

†5 SF小説を中心とした概説としては巽孝之編『日本SF論争史』第5部「ジェンダー・ポリティクスの問題系」が参考になる。またSF作家の上田早夕里は公式ブログ上で「SF・Fantasy・漫画」と題するコラムを連載しており、たとえば図書の家編『少女マンガの宇宙 SF&ファンタジー1970-80年代』なども挙げながら、SF・ファンタジー系の少女漫画を日本SF史に追補することを念頭に、自身が影響を受けてきた作品の回想と紹介を試みている。

こかで指摘されていたことですが、『ゲド戦記』の原作者のアーシュラ・K・ル・グィンはジェンダー的な問題意識を大々的にSFとファンタジーに取り入れた作家なんですが、宮崎吾朗によるアニメ版は、なぜかいきなり父親と息子の話になってしまっていると。つまり、ジブリが60年代以降の現代ファンタジーの文脈を継承しているとはあまり思えず、むしろジブリ流の変換装置によって、そういったファンタジー作品を自己消化してしまっているのではないか、というのが石岡さんの見立てでしたね。

江永 ジブリ版のアニメ映画『ゲド戦記』は、宮崎監督の父子関係をめぐる物語ありきで受容されがちだった気がします。あの宮崎駿監督の息子が作った映画で～、みたいな。

暁 しかも評判も芳しくなく……。原作は面白いのにもったいなかったです。

いまの話を聞いてると、最近の(?)オタク文化批評は男性向けと女性向けで断絶している感じがする。たとえばラノベ批評と言ったときに女性向けのビーンズ文庫とかホワイトハートとかが除外されていたりとか。

江永 ここ5年ほどの間だけでも、大橋崇行、嵯峨景子、山中智省、等々によるラノベ史系の研究書が次々と発表されてはいるんですけどね。学知は蓄積されつつあるはずなんですが、たとえばティアラ文庫もガガガ文庫もスマッシュ文庫もシャレード文庫も好きだし、読むよ、みたいな人々があれこれ評し合っている、といった環境は、ないかもしれませんね。ファンダムと研究者の関係が捉えづらい。百合SFの話題とかは、既存の学知の蓄積も既存のファンダムの重みも取っ払われたところから、新たに勃興した感を覚えました。それは、私個人が歴史化するための距離を見失う、要はハマりつつあるから視野狭窄になっただけのことなのかもしれませんが。

木澤　百合SF書きましょうよ。最近小泉義之さんの『生殖の哲学』を読んだんですが、iPS細胞を使えば女性だけで子どもを作ることができるようになるらしいです。身も蓋もなく言えば『咲 -saki-』の世界なんですが。つまりクローン技術は単性生殖を可能にするので、子ど

†6　サイバーゴスと呼ばれるファッションがあるように、ゴシック美学とサイバーパンク美学はしばしば合流してきた（サイバーゴスのイメージとしては、たとえばカニミソP「細菌汚染 -Bacterial Contamination-」〔2012年〕のMVに登場するキャラクター、骸音シーエなどを見るとよい。また、DAOKO「ダイスキ」〔2016年〕やグライムス「Kill V. Maim」〔2016年〕のMVも参考になる）。サイバーパンクとゴシックの近接性は、たとえば、メアリ・シェリーの小説『フランケンシュタイン』（1818年）が、人造人間をめぐるSFと見なされる場合があるのと同時に、18世紀からのゴシック小説の系譜に連なるものとも評価される場合があることを考えると、わかりやすい。ゴシック文芸研究を踏まえて現代のゴシック・サブカルチャーについて論じた研究書としては、キャサリン・スプーナー『コンテンポラリー・ゴシック』などがある。またマーク・フィッシャーは論考「サイバーゴシック対スチームパンク［Cybergothic vs. Steampunk］」（Urbanomic、2016年）https://www.urbanomic.com/document/cybergothic-vs-steampunk-response-to-badiou/で、ISILのような原理主義的サイバー宗教文化とサイバーゴシックを重ね合わせ、他方でISILを批判する側もスチームパンク（蒸気機関などが超科学的に発達したヴィクトリア朝時代風の舞台で展開されるサイバーパンクを指す）めいた懐旧主義を奉じているとして、そのどちらでもない未来のイメージを志向している。

もを作るのに男性は原理的には不要になる。だから、その気になればすべての女性が連帯すれば一世代で男性は絶滅する……。そして地球上には百合カップルしか存在しなくなる、そんな百合SFと加速主義が融合したようなエモいヴィジョンを思い浮かべました。

江永　レズビアン・フェミニスト（の一部）による分離主義を論じた2016年の論文、小泉義之「異性愛批判の行方――支配服従問題の消失と再興」は衝撃的でした。これを踏まえたら以下のようにも踏み込んで言うことができるかもしれない。すごい乱暴に形式的に捉えると、家父長制批判が男性なるものと切り離せないならば、家父長制の根絶のために男性なるものは絶滅させないといけないことになる。支配と服従、要は攻めと受けに興奮するように人々を誘引する構造が社会に埋め込まれているとして、で、それが家父長制であると言えるならば、支配側＝攻め＝男役、要するに男なるものを根絶しない限り、家父長制による服従状態からの解放はないということになる。

木澤　そこに百合を絡めれば一発当てることができますよ。

江永　さながら肉体を捨てたバ美肉おじさん[†7]たちのユートピア？

木澤　それは当たらないですね。

暁　叙述トリックみたいな感じになっていて、百合だと思って最後まで読んだらバ美肉おじさんだったことが発覚する、みたいな。

木澤　読み終えた後に壁に投げつけますよ。

暁 クローン技術を駆使した女性が覇権を握って男性がいなくなっても、人間がいる限り暴力はなくならないと思うんですよね。

木澤 やはりそこを突き詰めていくと反出生主義という選択肢が出てくるのかなと。小泉さんは『少女終末旅行』の批評を書いていましたよね（『アレ』Vol.5所収「最後のダーク・ツーリズム」）。あれってどういう内容でしたっけ？

江永 ある面で、再生産的未来主義へのエーデルマンによる批判を紹介するような批評です。で、エーデルマンの議論さえも批判するような仕方で思考の歩みを進める、そのためのよすがとして、『少女終末旅行』が読み込まれていく感じです。大抵のポスト・アポカリプスものは、生存と死滅、生の欲動と死の欲動のどちらが最後に勝ち残るのかを問うてしまう構図になりがちで、まだ端的な無に至る絶滅を考え抜いてはいない、と。

系譜原理とシンギュラリティ

木澤 やはりピエール・ルジャンドルの言う「系譜原理」に抗うのは大変なんですよね。系譜原理とはここでは生殖システムを通じた人間の再生産の原理としておきます。ニック・ランドの「暗黒啓蒙」のラストも、なんだかんだで人類は遺伝子交配を経た「怪物」として生き残ることが前提になっている。その点、ランドの近年のSF短篇小説「Phyl-Undhu」などではグレートフィルター仮説[8]を引用しながら人類の絶滅可能性がホラーとして考察されている。僕なんかはそこに可能性を感じます。ランドの言う抽象的ホラーとは畢竟、系譜原理に対するホラーでなければならない。

江永 この辺、判断が難しいですが、シンギュラリティの果ての終末であれ、結局、何かしらの来てほしい（破滅の）未来を前提としている面で、そうした「系譜原理」から脱却できていない、みたいな話になってしまうのかもしれない。

木澤 なので（？）僕はエーデルマンの再生産的未来主義批判、たとえば「未来はここで終わる」というキャッチフレーズにも惹かれます。小泉さんの『生殖の哲学』を読んでいて気になったのは、生まれる側の意識や苦痛については一切触れていないんですよね。生殖を全肯定するロジックからは、どうしてもそこが抜け落ちてしまう。『生まれてこないほうが良かった』のデイヴィッド・ベネターは、功利主義の観点から、存在してしまうこと＝生まれてき

†7 「美少女」型のCGモデルを、VR空間上の身体（アバター）とするような、「おじさん」を指す。この呼称は、VTuberのひとりである、魔王マグロナによる放送「バーチャル美少女セルフ受肉おじさん女子会ワンナイト人狼」（2018年6月6日、ニコニコ動画にて放映）をきっかけに流布したとされている。もちろん、2001年から活動しているバーチャルネットアイドル・ちゆ12歳のように、サイバースペース上で「美少女」キャラクターに扮するという趣向はゼロ年代以前に遡ることもできるが、2010年代以降のVTuber文化の

興隆とともに伸長し、今日に至っている（ちゆ12歳も2018年にVTuberになっている）。なお、前述した魔王マグロナによる放送のキャプションに「おじさんたちが受肉して女子会します」とある通り、CGアバターを持つことを「受肉」と呼ぶ用法は、3Dプリンターなどを用いたキャラクターの模型化ないし実体化が普及して以降存在していたようで、2018年4月にはVTuberの月ノ美兎による「わたくしこの身体に、この器に、慣れなきゃ」「わたくしが、初めてね、この肉の器になったことで、はしゃいでいるからです」（「月ノ美兎の放課後ニコ生放送局」2018年4月7日放送）などの発言によって、3Dモデルを「肉の器」と見立てる発想が広まってもいた。ちなみに「セルフ受肉」という表現は「受肉」するアバターのビジュアルを自前で用意したことに由来する。2017年に登場したバーチャルのじゃロリ狐娘YouTuberおじさんのように、「美少女」型のアバターに「おじさん」の地声をあてる場合もあるが、2018年から活動を開始した魔王マグロナのようにボイスチェンジャーを使う場合も含めて「バ美肉おじさん」と呼ぶことが多い。音声とジェンダーの観点から「バ美肉おじさん」を論じたウェブ上のコラムとしては黒嵜想「ボイス・トランスレーション――〝バ美肉〟は何を受肉するのか?.」（Real Sound、2018年10月26日前編・同28日後編）https://realsound.jp/tech/2018/10/post-268888.html が挙げられる。また「百合だと思って最後まで読んだらバ美肉おじさんだったことが発覚する」わけではないが「バ美肉おじさん」たちの交流を描いた漫画作品として暴力とも子『VRおじさんの初恋』を挙げておく（note個人アカウントにて2019年12月29日・2020年1月3日に掲載後、2020年8月より一迅社「ゼロサムオンライン」にて連載中）。「美少女」や「おじさん」という表象について考察する場合、すでに大塚英志が『少女民俗学――世紀末の神話をつむぐ「巫女の末裔」』（1989年）や『少女たちの「かわいい」天皇――サブカルチャー天皇論』（2003年）の時点で、生物学的含意の薄れた「かわいい」や「かわいそう」をまとった記号としての「少女」のありようを論じ、また誰もが「少女」的な自己像を持ちつつあると指摘しており、2010年代初頭には人間と異なる異種族として「美少女」が存在する世界で、父が「美少女」で母が人間だった主人公や中年男性の「美少女」などの織りなすホームコメディを展開した遠藤浅蜊『美少女が嫌いなこれだけの理由』のようなライトノベルも存在していたことも振り返られるべきだろう。

てしまうことは（当人からすれば）常に例外なく害悪である、と論じています。

江永 小泉義之も、ブログ（いまは消えてしまったようですが）で、芥川龍之介の小説『河童』の中の胎児による誕生選択の場面を取り上げていたような記憶があります。

ひで シンギュラリティ以降も人間の出生って続く＝系譜原理って成り立つんですか？

木澤 社会があるということは人間がいるということなのでそうでしょう。

ひで えー、そんなのおもしろくない！

木澤 じゃあ誰が社会を維持していくんですか？

ひで ＡＩとかロボットに代わりに社会をやってもらったらよくないですか？　人間には歴史から退場してもらえばいい。

暁 でも、ロボットも人類が生み出したもので、その文化の後継者とも取れるので、系譜としては続きと言えちゃうのかなとか。

江永 仏教でも、諸説あるらしいですが、一説には釈迦が輪廻転生からの解放を唱えたと論じられたりしているらしく、これって「系譜原理」の徹底的な切断かもしれないと思わされます。

木澤 仏教は畢竟すればExitの思想かもしれないですね。

江永 ベネターの議論で思い出したことがあって、これは時々気になることなのですが、なぜ特定の生物個体の痛みや苦しみを避けたがる傾向性が倫理的な判断を導き出す根拠になるのか、私はよく飲み込めずにいます。思考実験みたいな話ですが、人間以外の知性が多数派あるいは覇権を取っていて、「人間が苦しめば苦しむほど、そうでない場合とは比較にならないほどよい」みたいな判断基準を持っている世界ならば（『魔法少女まどか☆マギカ』のキュゥべえ、とかをもっと非人情にしたみたいな感じで）、人類が絶えることなくたくさん生まれて、たくさん苦しんで死んでいくのが、よい、ということになるし、よいと思ったり感じたりする認知が望ましい、ということになりそう（藤子・F・不二雄『ミノタウロスの皿』がもっと陰惨になった感じでしょうか）。

ひで 木澤さん的にはこういう苦しみって薬でコントロールしたらいいって立場を取りますよね。

木澤 そうですね。たとえば怒りに対しては、その怒りの原因は怒りをもたらした出来事や人間ではなく自分の脳内の伝達物質の変異にあると考えた方が気が楽になって怒りが霧消したりし

†8 物理学者のエンリコ・フェルミが提唱した「なぜ宇宙はこれほどまでに（空間的／時間的に）広大なのに人間以外の知的生命体が見当たらないのか」という問題に端を発する一連の論争の中で、経済学者のロビン・ハンソンが提示した仮説的回答。それによれば、フェルミのパラドックスはあるひとつのフィルターの存在を仮定することで解決される。それは知的生命体がある一定の文明を築いたときに不可避的に訪れるとされる、何らかの原因によって文明を崩壊に導くフィルターである。たとえば、大規模な気候変動、遺伝的な突然変異、疫病の世界的パンデミック（！）、等々。こうした人類を「絶滅」に導くフィルターを私たちが未だに乗り越えていないとしたら、そのフィルターはすでにそこまで迫っているかもしれない。ここには一種の終末論的想像力が見られる。

ます。具体的には、怒りの対象に対して憎悪をつのらせるぐらいだったら睡眠薬飲んで寝た方がコスパ良くないですか？　ということです。もちろん、怒るべき対象には適切に怒りを表明した方がいい場合も多々ありますが。結局、脳内の伝達物質の分泌量が変わったところで、外界の社会が変わらないことにはどうしようもないこともありますし。

ひで　海猫沢めろん『明日、機械がヒトになる』にも「人間の幸福度は半分以上が遺伝で決まる」って書いてありましたよね。

江永　暑がりとか寒がりの人が、薄着をしたり厚着をしたりするように、痛がりや苦しがり、また希死念慮過多な人は、投薬やカウンセリングなどをして調節すればいい、という感じでしょうか？

暁　自分を苦しめる社会が悪いのに、自分の脳が悪いって言われて、自分のコストで薬を飲まなければいけないというのは納得がいかない感じもあります。

木澤　マーク・フィッシャーもまったく同じことを言っていますね。再帰的無能感。問題は社会や労働環境の側にあるはずなのに、個人の脳の問題――自己責任の論理に還元回収されてしまう。それが資本主義リアリズムなんだと。僕もそれは正しいと思いつつ、でもやはり薬にアディクション（中毒）してしまう自分もいる。繰り返しになりますが、怒ったり落ち込んだりするぐらいだったら睡眠薬を飲んで寝たほうが健康によさそうですし（でもよくよく考えたらアディクションはまったく健康によくないですね。薬やめたい）。

江永 薬を購入するより、妄想に沈む方が安上がりな場合もありそうです[†9]（外界への影響は度外視します）。また、苦しみや幸せが、外部からの評価と無関係な自分の気分であるのなら、苦しみや幸せを理由というか原因として、自分の環境を変える必要はなくなりそうですね。逆に、環境を変えたいなら、自分の気分がどうであろうが環境を変えればいい。

木澤 スピノザ的な不可知論というか、苦しみの原因を追求すると何が原因なのかわからなくなるみたいな。

ひで 駕籠真太郎の『超伝脳パラタクシス』に、「痛みの原因は脳にあるんや」ってことを知った女性が自分で脳をビキビキビキって取ってしまって、そのまま死んでしまう、っていう話がありました。

木澤 クールですね。

†9　もちろん、物理的に脳を切除したり電気刺激を加えたりする治療法も開発されてきた。橳島《ぬでしま》次郎『精神を切る手術――脳に分け入る科学の歴史』参照。またエドワード・ショーター／デイヴィッド・ヒーリー『〈電気ショック〉の時代――ニューロモデュレーションの系譜』も参照。こうした医学のひとつの暗黒面を考える上で役立つ著作として、脳に埋め込んだ電極から電気刺激を加えることで同性愛者を異性愛者に転換させたと主張したアメリカの精神科医ロバート・G・ヒースを取り上げた、ローン・フランク『闇の脳科学――「完全な人間」をつくる』が挙げられる。

江永 個人的には、ニック・ランド的な「人間やめよう」よりは、どこまで行っても人間、みたいな姿勢をとりたい気持ちもあります。仮説に合わせて自然法則が発生するのではないように、仕様書や定義に合わせて人間が生産されるわけでもないので、現にいる私が人間のできることをしている、で、いいのではないかと思ったりもします。人間には私みたいなこともできるし、私みたいなことをする人間を増やしてもよい、みたいな。

ひで 「私みたいなことをする人間を増やしてもよい」って、ウイルスみたいですね。

木澤 遺伝子もそうですし。

暁 僕は具合の悪かった頃に「お前は化け物だ」と言われたことがあるのですが、江永さんの人間の定義だと僕も人間になれるので、救われた気がしますね。

補論

闇の自己啓発のために

江永泉

1 「闇の自己啓発会」のはじまり

こうしてさだめに引かれ、ほとんど気づきもしないまま、おれは道をたどりだした。ときどき暖かい陽ざしに入ると、止まり、食らい、考えの真似事をする。だが冷たい霧がまた上がり、すると歩みがはじまるのだ。［……］ひとりひとりが別々に、ほら穴地帯をめざしているのだ。考えもまわらず、目もうつろに……。おれだって、そうなっていたろう。
ところが、そこで素晴らしいことが起こったんだ！

——ジェイムズ・ティプトリー・ジュニア
「愛はさだめ、さだめは死」（『愛はさだめ、さだめは死』374頁）

三上参次と高津鍬三郎の共著『日本文学史』上巻において、「科学上の書中にも、文学上の価値あるものあり、文学と称せらるゝ者の中にも、却りて文学界より遠くべき文章も少からざるべし」（13頁）として、文学らしい文学すなわち「純文学《ピューアリテラチューア》」の定義が試みられるのは1890年のことだが、それから時代が下り1930年代に入ると、ディスコや接待飲食店に近くなった「特殊喫茶」と区別される、喫茶店らしい喫茶店という意味合いで「純喫茶」なる語が登場するようになる

（ちなみに、同時期に出版された職業指導叢書の第15編『文士になるには』には純文学（芸術）と大衆文学（エンタメ）という今日でもお馴染みの二分法が登場するが、そこでは「プロレタリア文学」が先の二者とは別に項目立てて語られており、1933年に獄死した作家、小林多喜二などのことを私は想起させられもする）。

さらに、時代は下り2018年の晩秋、とある純喫茶「邪宗門」に集まった3人——ひでシス、役所暁、江永泉（私）——で、米国カリフォルニア州の政治家ギャビン・ニューサムによる著書『未来政府』の感想を語るところから、「闇の自己啓発会」は始まった。木澤佐登志（私にとっては、木澤さん）を招待し、ウェブサイトのnoteに読書会記事を上げ始めたのは2019年初春のことで、今では4名での集まりを私は楽しみにしている。

闇の自己啓発という——形容矛盾《オクシモロン》めいた——名前を言い出したのは私である。だから説明責任は私にあるかもしれない。が、無理である。思いついたから口にしてしまったのだ。語の生成が先にあり、意味は後からついてきた。あるいは、無意識がそうさせたとか、ゴーストが囁いたと言った方がよいのだろうか？（このような言い回しを辿っていくと、ダイモーン（神霊）に囁かれたギリシアのソクラテスが見つかったりもする。たとえばプラトン『パイドロス』を参照。）ともあれ、この語「闇の自己啓発」は、パワーワードとして機能したようだ。ついには「闇の自己啓発会」一同の名義で、素晴らしい文章も生まれた。河出書房新社の季刊文芸誌『文藝』2021年春季号の特集「夢のディストピア」内のブックガイド企画に寄せた、イントロダクションの文章だ（全員の文案を踏まえて木澤さんが書き上げた。木澤さん、ひでシスさん、役所さん、また『文藝』編集の竹花さん、ありがとうございます）。一部の文面を改めた上で、その抜粋が本書カバー袖にも掲載されている。――「ディストピア的な世界／身体から逃れるような別のフィードバックの回路をつくり上げること」。流布しては廃れていくパワーワードを拾い上げ、錬成し、ある概念《コンセプト》をつくり上げること。それはいつも人を元気に、活動的にする（少なくとも、私を）。

ところで世界が私にイタズラを仕掛けているのだろうかと疑いそうになったのだが、この「パワーワード」というカタカナ語の用法を調べていくと、2006年に発表されたこんな記事に辿りつきもする。奥田弘美「セルフサポート・コーチング講座　ナースに役立つ簡単メンタルヘルスケア(11)自己実現編(3)パワーワードをみつけて自己実現を大きく加速させよう」（傍点強調は江永）。いかにも「闇」と「自己啓発」を連想させるような文字列が散りばめられていて、サジェスト機能付きの検索エンジンのような勢いで私の脳内を次のようなワードが駆け巡った。――自己実現、セルフケア、メンタルヘルス、加速主義……。まるで諸観念を既に誰かが私に先んじて連合させていたかのようだ。私は紋切型で思考し行動している……。私は紋切型を生きている？――いや、「私」自体が紋切型で、「私」は既に生きられていたということか？――再発明された車輪としての「私」？

2 「私」の幻

人間をやめよ、愛はそこにしかない。――合田正人（江川隆男『アンチ・モラリア』帯文）

おそらく、そうだ。ある程度は。この文章を作成する「私」は、ある一匹のホモ・サピエンスが様々なテクノロジーによって教育（調教）された所産としてある、「人間」というアプリケーション・ソフトウェアのようなものなのだろう。ある条件であるコマンドを入力されると出力がなされる。人に会う。日が昇っている。そこで「おはよう」と言う（いきなり「42」とかは言わない）。等々。入力と出力を対応させる、つまり予期可能にすること。同期可能にすること。たとえば同じ音で同じ振る舞いを取るとすること。この道徳法則のお陰でできる共同作業が私の「人間」的生活を支えている。

いや、アプリはダウンロードしないと保存されないが私は「人間」をダウンロードした覚えがない（この「私」というアプリについても）。別の捉え方が必要かもしれない。――「感染」だ。私の「自己」は、私の身体を培地とする諸観念のコロニーではないか。言葉の霧《クラウド》にさらされて、人は観念に感染する。人は文字の飛沫を吐く。「自己」も、そうしてこの身体に感染したのだろう、おそらくは（スペルベル『表象は感染する』に触れたときの記憶が私の脳底で蠢いている）。

感染症としての自己。これはそう目新しい話ではない。話を飲み込んでもらうには、「ミーム」という語を出せば十分かもしれない。ミームとしての自己。ただし、学知はさらに重ねられている。

認知科学を援用して人間の宗教現象を説明する――最終的に「これらの複雑な生物学的機械がどのようにありもしない幻に居場所と名前を与えるのかを理解」（『神はなぜいるのか?』428頁）しようとする――文化人類学者パスカル・ボイヤーは、ミームというアイディアを「出発点」として、それを批判的に継承しながら、「近くにいる人々の考えが時にはお互いに似通ったものになるのは、考えが心から心へとダウンロードされるからではなく、似たやり方で再構築されるからなのだ」（同54頁）と論じている。

この再構築を可能にする機構を概念と区別して特にテンプレートと呼ぶボイヤーは、超自然的概念の特徴を調査するために、「まず新しい概念を作り、これらのテンプレートに対応する概念がほんとうにほかの概念よりもよく思い出せたり、よく伝達されたりするのかを調べる」試み、いわば「「実験神学」と呼べるようなこと」を試行してきたという（同106頁）。……なお、ここで「実験哲学」という語を想起するのは不当なことではないだろう。実際ボイヤーの記述では、幾つかの実験を通して被験者の学生たちの創造する地球外生命体もSF作家の創造するそれも同様の構造や過程に規定されていたと示す心理学者T・B・ワードの論文「構造化された想像力」を、カント『判断力批判』での議論の延長上にあって新規性を持つ学知として示しており（同83頁）、実験心理学と哲学を切断することなく扱っているように映る……。閑話休題。そうした「実験神学」の結果を踏まえつつ、ボイヤーは、「超自然的概念の核心には変則ではなく存在論的違反がある、という人類学的観察」（同109頁）を認知科学的観点から説明し直し、さらに、進化心理学的観点から論じうる人間の傾向性、心を構成する幾つかのシステム（テンプレートを準備する諸々など）の共謀の所産として、諸々の宗教現象を解説していく。

そうしてボイヤーが示すのは、無数の変種が湧いては消えるなか「心を興奮させ、記憶に残り、そしていくつもの推論を引き出す」（同426頁）概念や規範と、それと絡み合う様々な感情とが、淘汰を経て今日まで残っている、というビジョンである（他方、このような仕方では、ある個体がなぜ特定の宗教を信じるのかといった問いで要求される、特異な決断に至る因果連鎖のようなものは記述できないという点も、ボイヤーは明示している）。——ある野蛮な疑念が生ずる。「私」、「自己」や「自由意志」も、再構築されやすいだけの超自然的概念として説明できてしまうのではないか？——たとえば、俵邦昭「「私は存在しない」という論証の検討」。この論文は、「私」が「存在論的違反」を含む超自然的概念だということを示唆していはしまいか？

こうした疑念からうまく問いを立てる試みは、困難だが魅力的に感じられる。そして、そのような問いは実際すでに提起されつつあるようにも映るのだ。唯物論的・発生的（進化生物学的）・自然主義的観点から哲学を語る戸田山和久は、人間の自己コントロール能力が従来は高く見積もられ過ぎていたという見解が科学的知見の蓄積によって今後いっそう強化された場合（その目算は高いという見方を戸田山は取っているが）、「道徳的に価値のある自由意志は存在しないことを認めて道徳システムを作り直すか、それともウソも方便とばかり役に立つフィクションとして自由意志概念を保持しようとするかの選択を迫られる」と述べている（『哲学入門』393-394頁）。自由意志概念が急速に衰退する可能性は低いと見込んでおり、またその衰退に伴って起こりうる争乱に懸念を示してもいるが、戸田山は、自由意志概念を保持する選択肢を「選ばねばならない理由は、とりあえず保守主義でいきましょうという以外には、きわめて薄弱だ」（同394頁）と主張してさえいる。つまり自由意志概念の改訂、デフレ化（価値の引き下げ）、いわば脱魔術化を戸田山は試みているのだ。

あるいはまた別様の記述。ドゥルーズやスピノザの研究書でも知られる江川隆男は哲学のことをこう語っている。「哲学とは何か。それは、道徳とこれを完全に支持する擬人化の思考（自由意志）とにつねに対立し、また他者による管理も自己による自主管理も不可能な或る自由活動を投射するような倫理をいつでもどこからでもつねに再開できるような諸概念を産出する活動のことである」（『アンチ・モラリア』21頁）。自由意志を排除した自由活動が語られる。なお自由活動とは「身体が従う自然法則をともなった仕方での欲望による、あらゆる物の結びつきの切断と結合とに関してのみ定義される」（21頁）ものである。ともあれ、江川は「意志は、つねに人間の自由と関係づけられてきた。しかし、自由意志は、人間の特権性や、あまりに人間的な動物の発生のために用いられてきたのである」（同323－324頁）と自由意志を批判する。「非意志主義」、「無様相」、そして書名でもある「アンチ・モラリア」……。こうした文字列は、さながら呪文「自由意志」への対抗呪文であるかのごとき剣幕で、同書の頁に躍っている。

江川と戸田山の記述は、自由意志を悪しき反動的観念として捉える点で、確かに通じ合っている。さらなる並列。江川が別著作でニーチェを参照しつつ、悪しき（自由意志の教説の担い手たる）神学者たちは「人間の存在を罰せられるべきものとして規定するには、何よりも人間の本質に自由意志が帰属していることが必要だと理解していた」（『スピノザ『エチカ』講義』344頁）のであり、「意志に関する教説は、すべて復讐の精神に存する」（同345頁）のだと断じる一方、戸田山は前掲書で「自由意志の概念にしがみついていればわれわれの社会がディストピアに陥ることはないと考えるのは間違っている。むしろ自由意志には、悪への罰という仮面をかぶった報復感情とか、賞賛を求めての偽善とか、歯止めのきかない自己責任論とか、いろんな悪徳がオマケについてくる可能性もある」（『哲学入門』396頁）と危惧を示している。このように、両者いずれもが自由意志の想定に基づいて展開される罪責性と刑罰を語る通俗道徳を警戒しているのである（なお、両者の記述には明らかに相容れないところもあるが、それらの噛みあいと齟齬のこれ以上の検討は、ここでは控える）。――そここで照応しあう幾つもの自由意志批判があるのだ。

哲学だけではない。ベンジャミン・ハーディのような自己啓発本の著者さえもが、「「意志力」つまり「内的または外的な障害に反して自由意志を発揮する力」」（『FULL POWER』5頁）を役に立たない（うまく機能しない）と批判し始めているのである（とはいえ、意志力で自己を律せずとも目的通りになる環境を整備せよと、ハーディもまた結局は自己管理へと読者を誘導するのだが）。――ここまで、身体を支配する主人めいた諸々、「自己」「私」「自由意志」といった一連の概念を批判するような、様々な叙述を眺めてきた。ここでひとつ、「意志を捨てよ、活動しよう」とでも口にするべきだろうか？

だが、引用に引用を重ねて人を鼓吹ないし煽動したところで、どんな活動になるというのか。具体的に何ができたことになるのか。必要なのは、実践である。——しかし、適切な問題提起、用語の整理や加工、厳正な調査研究などは、それぞれの有資格者、専門家に任せるべきことなのではないか？　とはいえ、たとえば「人生の意味」を「人生の意味論」のプロに任せて話が済むとは信じがたいように、「私」や「自己」や「自由意志」に関しても同様のことが言えるはずだ。もし、それで話を済んだことにできるのだとしても、そこにはもう、今把握されている意味での「人生」ほかの諸々は、失われていることだろう。……でも、ひょっとすると、それでよいのかもしれない。けれども……。実践する。己の手で始めなければならない。何を？　「私の身体をここと は異なる地点に接続させる回路をつくること、私の身体をいまとは異なる時制に接続させる回路をつくること」（木澤佐登志、本書カバー袖より）を。——異なる地点、異なる時制、そして、異なるファクトへ。

3　ファクト・イズ・ファクト

しかしもしわたしが正しければ、すなわち非生物的なものを併合し、利用し、心のプロフィールに深く取り込むのが基本的な人間本性であるならば、問題はサイボーグ化の道を歩むかどうかではなく、どのようにサイボーグとしてのわたしたちを形づくるかである。

——アンディ・クラーク『生まれながらのサイボーグ』（319頁）

ファクトは無情だ。それは作動する無慈悲な機械にすら感じられる。話の都合や脈絡を切断するファクト、事前のプロットに回収しがたいファクトの出現は、しばしば破壊的な効果をもたらす。意見の権威が失墜する。出来のよい物語が崩れる。統一された世界観が破綻する。個人の思いも願いも突き放される。エモいセカイ、麗しき神話、その尊みが砕かれる（デフレ化）。そうした事態。それを身体で受けとめ、その情緒を、噛みしめること。ファクトチェックの残酷さ。その善用を試みること。おそらく、それが「闇の自己啓発」のひとつの実践となるだろう。「私たちは、いわゆる普通の自己啓発に対する防衛術として「闇の自己啓発」を生み出した」（役所暁、本書まえがきより）。自己啓発への対抗呪文を唱えること。初めて知るファクト、また別のファクト、このままの自分であり続けるためには不都合な、様々な他のファクトたちとともに。

「ファクトフルネス」？　おそらくは。ただし、ある程度までに限る。この「マインドフルネス」めいた言葉は、スウェーデン出身の医師で公衆衛生学の専門家、アフリカで流行した麻痺、コンゾと呼ばれる病の研究に長らく貢献し、剣飲み芸や軽妙な講話でも知られた人物、ハンス・ロスリングの著作『FACTFULNESS』によって打ち出されている（ハンスの死後、家族が遺稿を刊行した）。公衆衛生に関連した長年にわたる啓蒙活動の中で著者は次のような認識に至ったという。「瞬時に何かを判断する本能と、ドラマチックな物語を求める本能が、「ドラマチックすぎる世界の見方」

と、世界についての誤解を生んでいる」(『FACTFULNESS』23頁)。——進化心理学的に説明されるところの「本能」、その今日的環境下での不適応を指摘し、「本能」との適切なつきあい方を示すこと。それをこの本は試みているようだ。「健康な食生活や定期的な運動を生活に取り入れるように、この本で紹介する「ファクトフルネス」という習慣を毎日の生活に取り入れてほしい」(同24頁)と著者は呼びかける。——ただし、この善意に溢れて映る著作に含まれた修辞表現の一部には身構えさせられる(この点は後述する)。

自己啓発とファクトは相容れないようにも思える。いわゆる自己啓発書が来歴の判然としない諸々の逸話をしばしば持ち出すのは、たぶん周知のことだろう。ここでは、すでに「作り話」と前置きしつつ語られることの多い話、「ゆでガエル」を見てみる。水温をゆっくりと上げていくとカエルは水中から飛び出さずにゆで上がって死んでしまうという内容だ。このような逸話が科学実験の記録に由来するものなのか、それともイソップ童話や都市伝説に近しいものなのか調べることで、それに心動かされる度合いが変わる場合もある。そのことは確かだろう。

ファクト。ベイトソンの著作にはこう記されている。「水を入れた鍋の中にカエルをそっと坐らせておき、今こそ跳び出す時だと悟られぬように、極めてゆっくりかつスムーズに温度を上げていくと、カエルは結局跳び出さずにゆで上がってしまうという疑似科学的な作り話があるが、われわれ人類も、そんな鍋の中に置かれていて、徐々に進行する公害で環境を汚染し、徐々に堕落していく宗教と教育で精神を腐らせつつあるのだろうか?」(『精神と自然』133頁)。——それでは、

「ゆでガエル」は近年広まった「疑似科学的な作り話」に過ぎない、と語ってもよいのだろうか？——ことはそう単純でもない。というのも、19世紀のドイツの生理学者フリードリヒ・ゴルツが（脳を切除した）カエルの反射行動を調べる中で類似した現象を報告しており、その是非が生物学者などにより議論されていたからだ。

それでは、どう理解するべきだろうか。おそらく、「ゆでガエル」のような話に心動かされ、より注意深くなったりよい判断ができたりした、としか言えない体験を持ってしまった人もいるはずだ。それを愚かにも騙された恥ずべき一件と切って捨てるのが、いつでも最善の態度であるか、私は確信できずにいる。むしろ、「ゆでガエル」という「疑似科学的な作り話」を真に受けている奴だと誰かを嘲笑するのは、何らかの失敗をした人物を「ゆでガエル」に喩えて嘲笑するのと同じ程度には、徳の低い振る舞いではないか？　それよりは、この話に心打たれ、たとえば環境問題を学ぼうと決意する振る舞いの方が徳あるものに映りもする。しかし、それよりなお望ましく思えるのは、実際にカエルを用いた実験を行った生理学者の報告を生物学者が検証し議論していた19世紀の自然科学の歴史に分け入るきっかけとして、この話を用いることだ。もちろん、それには大変労力がかかるし、実際には、怪しい話に耳を貸さないのが徳ある振る舞いとなる場合もあろう。だが、単語によりフィルタリングをするようなやり方だけで傾聴に値する話や相手を選別する振る舞いが常に最善であるのかは疑わしい。話半分に聞き、懐疑しつつ保留すること。探究を進めること。ある程度まで。

詰まるところ、ファクトがあれば「ゆでガエル」は消え去る、などとは言えないのだ。そもそも、「科学が証明した自分を変える最強戦略」（『FULL POWER』邦訳副題）が自己啓発書の売り文句になる状況でそう語るのは、ナイーブすぎるだろう。ファクトとしての事物たちの位置づけに注意せねばならない。事物は己を語らない。事物は自分の知っていることを教えたりしない。事物が「沈黙している」と形容することすら、不適切な擬人法かもしれない。事物はただ、あるだけだ。それを調べるもの、それを語るもの、それから知を引き出すもの、それで何かを証明するもの……。それを使うものたちは、いつも具体的な動作主《エージェント》なのだから。

さて、『FACTFULNESS』の話に戻る。この本の冒頭には国際開発上で扱われるような統計的知識を問う13問の3択クイズがある。著者は２０１７年に14か国の1万2千人に行ったオンライン調査で、（地球温暖化に関する質問を除く）このクイズの平均正解率が12問中2問であったと述べ、解説を始めていく。「わたしのクイズで、最もネガティブで極端な答えを選ぶ人が多いのは、「ドラマチックすぎる世界の見方」が原因だ。世界のことについて考えたり、推測したり、学んだりするときは、誰でも無意識に「自分の世界の見方」を反映させてしまう。だから、世界の見方が間違っていたら、正しい推測もできない」（『FACTFULNESS』21頁）。――こうして始まる10の「本能」（認知バイアス？）の紹介とそれを抑制する「ファクトフルネス」な習慣の数々の記述は、なるほど啓発的であり、著者の動機の良さは疑うべくもない。……しかし、冒頭のクイズの結果をこう語るとき、著者はファクトが辱めの道具になるリスクをいささか軽視してしまったのではないか。「なぜ、一般市民から高学歴の専門家までが、クイズでチンパンジーに負けるのか」（同21頁）。

もちろん、このチンパンジーの比喩のまずさを咎めて本書全体を唾棄するのは不当な話だろう。とはいえ、「世界について誤解していたと気づいたときには、恥ずかしいと思わないでほしい。むしろ、子供のように純粋な興味を抱いてほしい」（同25頁）だとか、「特に、自分の経験をもとに、ほかの人たちをアホだと決めつけないでほしい」（同２０７頁）などと注意深く丁寧に述べる本ですら冒頭で読者の気を引くために「多くの人が、チンパンジーにすら勝てないのはなぜだろう？」（同17頁）と記してしまうことは、特筆すべきだろう。——実際、この「チンパンジー」は比喩なのである。著者は無作為に選択を行う「チンパンジー」を仮想する。「もちろん実際にはやらないが、想像してみてほしい。チンパンジーの正解率は33％に近くなる。［……］チンパンジーは適当にバナナを拾うだけで、高学歴の人たちに勝てる」（同17頁）。たしかに、いわゆる「タイプライターを叩く猿」という形象は——「ゆでガエル」のように、またはそれ以上に——ランダム（非意図的？）な文字入力を語る際に用いられるものであり、それから派生したと考えるならば、ランダムな選択を実行するチンパンジーもまた、そう異様な（あるいは独創的な）比喩ではない。

しかし、ランダムな選択をする動作主の比喩としてたとえばロボットやサイコロを振る人物ではなくチンパンジーを選ぶときに、この比喩が悪意の下でたとえばこう読まれてしまうリスクはもう少しだけ考慮されてもよかっただろう。——「高学歴」なのに「本能」に振り回されて「チンパンジーにすら勝てない」ままの愚か者でいいのですか？——このレトリックには（善良な著者のまっとうな啓蒙的意図にもかかわらず）「ゆでガエル」を持ち出して人を辱めるような振る舞いと同様の、（著者の本意を外れるであろう）悪しき嘲笑の作動する余地が残されてしまっている。

執拗にこの比喩にこだわるのは、まさしく啓蒙あるいは啓発の難点が、ここに顕在化しているように映るからだ。――教えを説くには、まず聞き手を従順にしなければならない。教育を低労力で達成するためのひとつの手段は、支配関係を導入することだ。たとえば、大人と子供。――『FACTFULNESS』の著者は、初めに読者を「チンパンジーにすら勝てない」存在に仕立て上げてから、読者に「子供のよう」な心構えで読み進めるように指示を出す。――もちろん、この著作がとりわけ悪辣だと言いたいのではない。己の誤りを率直に認めて事例として提供し（同209－212頁）、思い込みによる誇張や分断を避ける姿勢の伝授に心を砕いて書かれたこのような著作にすら、それを読み語りなおす担い手が善用できる面も悪用できる面も残されている。こうしたレトリックの文脈依存性の強調によって、ファクトと啓蒙あるいは啓発との関係の厄介な側面を示唆することが、ここでの手短で偏執的な読解の企図だった。

ファクトは、夢想を諦めたり会話を打ち切ったりする役にしか立たないものではないし、誰かを辱めて先生に学ぶしかない従順な生徒の位置に落とし込んだり、自分と同じ見解を持てない異端者を炙り出したりすることにしか使えないものでもない。ファクトとの遭遇、それとの接続を、閉じた回路の破砕、回路の組み換え、拡張のために使うこと。ファクトに出会うことで、人は己の無知に意識を向け、その所在を探ることができるようにもなる。あるいは未知の所在、闇の所在をも。

陰謀論からですら探究を始めることができる。たとえば、地球がおかしくなり太陽の沈む位置が昔とズレてしまったという、カナダの極北地方に住むイヌイットによる奇妙な話は、誤認や偽証の産物ではなく、地表を覆う雪氷や大気中の粒子状物質の変化を反映した大気光学現象の観測による知見を表現していたのだと説明されもする。この話を引きつつ「陰謀論の多くはある種の民俗知なのかもしれない」（『ニュー・ダーク・エイジ』235頁）とも論じるジェームズ・ブライドルは、より疑わしい陰謀論、ケムトレイル（飛行機雲に見せかけられた有毒物質の散布が行われているという陰謀論）についても、何とかよい説明を与えようと試みている。「ケムトレイル論の浸透は、ティモシー・モートンによる気候変動そのもののハイパーオブジェクト的な解釈にとてもよく似ている。肌にしみつき、生活のあらゆる面に入り込んでいく。[……] 陰謀論とは、私たちが暗黙のうちに世界に潜んでいると感じる恐怖を、そのまま解釈したものだ」（同230頁）。――各々の身体の、手ずからの探究の軌跡としての民俗知＝陰謀論。その善用を試みること。ファクトとともに。「念のために言っておこう。ドラマチックな本能は、人生に意味を見出し、毎日を生きるために必要不可欠だ」（『FACTFULNESS』23頁）。

4　グレーゾーンにて

グレーゾーンは、現在私たちが意味ある行動をとることを妨げている、普段は折り合いのつかない相反する世界観を和解させてくれる。

――ジェームズ・ブライドル（『ニュー・ダーク・エイジ』254頁）

いつの日か、幾多のデフレ化の果てに、「私」という概念が、超自然的な迷信の一種として表舞台から退場していくかもしれない。「私」のアイデンティティ、「私」の「ドラマチックな物語」を破砕する不都合なファクトたちと触れ合っておくことは、その日に備えた予行演習となるかもしれない。もちろん、それは「ありもしない幻」や「陰謀」とうまくやっていくための「直観」を鍛えるためにも役立つし、当座で必要なのはその能力だろう。――だが、この身体は、息を吸うように「私」を、その居場所と名を求めてしまう。「森に水が／夜には光が／必要なのと同じように」（coba&宮沢和史「ひとりぼっちじゃない」）？

「私」は、何もかもわかるような光の下にいるのが耐えられなかった。生で始まり死で終わるような配役「私」の台本が、どうもしっくりこなかった。だから闇を求めた。それが魔の手でもよかった。「この世界から外へと自分を取り去ってくれるあの異様な手」（ひでシス、note公式による本書リリース記事に寄せたコメントより）。それに半ば身を委ねてでも「外」を求めた。けれど「私」は全き闇にも耐えられないのかもしれない。――闇は「私」と相容れないのか？（これは逆転させてもよい。光は「私」と相容れないのか？）

だが、己とは相容れない領域があると認めること、それこそが肝要なのかもしれない。光の下にある者にとって闇とは、己と相容れない者が身を置き、身を安らう居場所のことだ。闇を認めるとは、己と相容れない者がこの世界に存在する余地を認めることだ。そこには少なくとも寛容の徳がある。そして黄昏時に、光と闇のあわい、グレーゾーンに身をさらし、闇を見据え、闇を探り、闇から出現する異物を受け止め、受け流し、時には跳ね返すことで、人は歓待の徳をも身につけることができるのかもしれない。光の住人もいつしか闇の住人になり、かと思えば光の住人に戻るのかもしれない。「私」はそれを夢見る。「私」の幼稚園の頃の「しょうらいのゆめ」のひとつは「たびびと」だった（残存する懐疑。「私」に割り当てられていたのが、そもそも「たびびと」役だったとしたら？）。

人生は己の手で解釈しなければならない。到来する他者。到来するファクト。到来する導きの光。到来する魔の手。それらに抗いつつ魅惑され、時に身を委ねまたは逃れること（魔の手の力を借りてこそ達成できた実践すらあるかもしれない）。そうした折衝。人生とはきっとそのような折衝＝解釈の過程であり、人生を自身で解釈する力の増大を、人は自由と呼んできた。活動しよう。

自分に与えられた課題、降りかかってきた悩みを分類し、「類題の解答例」を真似するためではなく、ひとつの謎になるために生きること。己にしか立てられぬ問いを身で以て示すように生きること。そのための「直観」を身に着けること。そのための読書。そのための物語。そのための思想。そのための、「闇の自己啓発」。無数の魔の手が覆い、無数の導きの光が射し込む中、この身体で感じとる、かすかな暗闇を、失わずにつかむための。

引用・参考文献

※引用中の旧字旧仮名は改めた。

江川隆男『アンチ・モラリア――〈器官なき身体〉の哲学』河出書房新社、2014年
江川隆男『スピノザ『エチカ』講義――批判と創造の思考のために』法政大学出版局、2019年
奥田弘美「セルフサポート・コーチング講座　ナースに役立つ簡単メンタルヘルスケア(11)自己実現編(3)パワーワードをみつけて自己実現を大きく加速させよう」『月刊ナーシング』24巻6号(学習研究社、2006年)所収
職業指導研究会編『文士になるには』三友社、1933年
俵邦昭「「私は存在しない」という論証の検討」『千葉大学大学院人文社会科学研究科研究プロジェクト報告書』312集(千葉大学大学院人文社会科学研究科、2017年)所収
戸田山和久『哲学入門』ちくま新書、2014年
三上参次／高津鍬三郎『日本文学史』上巻、落合直文補助、金港堂、1890年
アンディ・クラーク『生まれながらのサイボーグ――心・テクノロジー・知能の未来』呉羽真／久木田水生／西尾香苗訳、春秋社、2015年
ギャビン・ニューサム／リサ・ディッキー『未来政府――プラットフォーム民主主義』稲継裕昭監訳、町田敦夫訳、東洋経済新報社、2016年
グレゴリー・ベイトソン『精神と自然――生きた世界の認識論』佐藤良明訳、思索社、1982年
ジェームズ・ブライドル『ニュー・ダーク・エイジ――テクノロジーと未来についての10の考察』久保田晃弘監訳、

栗原百代訳、NTT出版、2018年
ジェイムズ・ティプトリー・ジュニア「愛はさだめ、さだめは死」伊藤典夫訳、『愛はさだめ、さだめは死』(ハヤカワ文庫SF、1987年)所収
ダン・スペルベル『表象は感染する――文化への自然主義的アプローチ』菅野盾樹訳、新曜社、2001年
ハンス・ロスリング/オーラ・ロスリング/アンナ・ロスリング・ロンランド『FACTFULNESS――10の思い込みを乗り越え、データを基に世界を正しく見る習慣』上杉周作/関美和訳、日経BP社、2019年
パスカル・ボイヤー『神はなぜいるのか?』鈴木光太郎/中村潔訳、NTT出版、2008年
プラトン『パイドロス』藤沢令夫訳、岩波文庫、1967年
ベンジャミン・ハーディ『FULL POWER――科学が証明した自分を変える最強戦略』松丸さとみ訳、サンマーク出版、2020年

歌

coba&宮沢和史「ひとりぼっちじゃない」東芝EMI、2002年

ウェブサイト

「noteに投稿された読書会記事が書籍化。早川書房から1月21日に発売」(note公式)https://note.com/info/n/n42b1431e3dd7

謝辞

全ての書物がそうであるように、本書も著者たちだけで生み出されたのではない。読書会を始まりとするこの本は、とりわけ、そうだ。

会はひでシスが江永泉に、「読書会をやりませんか？」と声をかけたところから出発した。二人だけでは始まらなかった。役所暁と三人で試みた会が楽しくて、江永が木澤佐登志にメールを出して、ついに四人になった。

「のれん分け」と言って、読書会を勧める私たちの言葉に乗ってくれる人々もいた。読書会をするための場、それを提供する機構があり、内容を記事にするツール、それを載せるプラットフォームがあった。

記事を読んでくれる人がいた。感想を言葉にしてくれる人がいた。続くのを楽しみに待ち、応援してくれる人がいた。

出版社から、オファーをもらった。担当編集者は、我の強い私たちに根気強く付き合ってくれた。うまく、一緒に仕事をすることができたと思っている。それはほんとうに素晴らしいことだった。

千葉雅也氏から大変にありがたいコメントを頂いた。帯に頂戴した「〈闇と共に〉思考する必要」は、著者四人に、各々の仕方で、切実な響きを伴って染み入った。

ブックデザインや校正、印刷や営業、様々な人々の尽力があってこそ、今この本は読まれている。

力不足や心残りもあった。例えば江永は、この数年でいっそう蓄積したBL研究の紹介がうまくできなかったと思っている。そのほかにも、たくさんの分野に関する言及に、瑕疵や不足は見つかるだろう。各章で取り上げた6つの書物や、雑談などで語る映画に関してすら、読み違えや読みこぼしがあるかもしれない（たとえ過誤や謬見は放置すまいと校正していたとしても）。信じてもらいたいことがあるとすれば、私たち誰もが、各々に専門的な研究者として知識を外野に披露するというより、自分が心動かされた出来事を証言するために読書会をしていたことだ（その意味で言えば、私たちはアマチュアだった）。勇み足は、他山の石としてもらえれば、うれしい。

言葉は発され、人はそれに触れ、また言葉を発する。人は世界に触れ、言葉を発し、その言葉は世界に場を占める。本とはおそらくその過程の一部を固めて持ち運び可能にしたものである。私たちを触発した著作もまた、今まで述べたような過程を経て、私たちに届いていたはずだ。この過程を担う全てに、感謝を。まずは、あなたに。

「闇の自己啓発会」一同

参考文献

第1章　ダークウェブ

アイン・ランド『肩をすくめるアトラス』全3部、脇坂あゆみ訳、アトランティス、2014-2015年
坂井豊貴『暗号通貨 vs. 国家――ビットコインは終わらない』SB新書、2019年
ジェイミー・バートレット『ラディカルズ――世界を塗り替える〈過激な人たち〉』中村雅子訳、双葉社、2019年
エヴァン・ラトリフ『魔王――奸智と暴力のサイバー犯罪帝国を築いた男』竹田円訳、早川書房、2019年
ジェームズ・ブライドル『ニュー・ダーク・エイジ――テクノロジーと未来についての10の考察』久保田晃弘監訳、栗原百代訳、NTT出版、2018年
ジュディス・バトラー『戦争の枠組――生はいつ嘆きうるものであるのか』清水晶子訳、筑摩書房、2012年
丹生谷貴志「自律冥界――或いはオートマート／オートクトン」『ユリイカ』2018年7月号（青土社）所収
巖谷國士『シュルレアリスムとは何か――超現実的講義』ちくま学芸書房、2002年
竹本竜都「野獣先輩は淫らな夢を見るか？――〈真夏の夜の淫夢〉概説」限界研編『ビジュアル・コミュニケーション――動画時代の文化批評』（南雲堂、2015年）所収
スーザン・ソンタグ「《キャンプ》についてのノート」『反解釈』（ちくま学芸文庫、1996年）所収
クレア・マリィ『「おネエことば」論』青土社、2013年
千葉雅也『意味がない無意味』河出書房新社、2018年
ヘンリー・ボンド『ラカンの殺人現場案内』橘明美訳、太田出版、2012年
ジョアン・コプチェク「ザプルーダーの見たもの」鈴木英明／中山徹／村山敏勝訳、『〈女〉なんていないと想像してごらん――倫理と昇華』（河出書房新社、2004年）所収
ウォルター・ブロック『不道徳な経済学――転売屋は社会に役立つ』橘玲訳、ハヤカワ・ノンフィクション文庫、2020年
クーロン黒沢／ガスト関／ミスターPBX『さわやかインターネット――ネットの達人』秀和システム、1995年
一柳廣孝『催眠術の日本近代』青弓社、1997年

兵頭晶子『精神病の日本近代——憑く心身から病む心身へ』青弓社、2008年
辻村公一「禅に於ける「魔境」——先師抱石菴久松眞一博士を回想して」『日本學士院紀要』62巻2号（日本学士院、2007年）所収
柳下毅一郎『新世紀読書大全——書評1990-2010』洋泉社、2012年
竹内瑞穂／「メタモ研究会」『〈変態〉二十面相——もうひとつの近代日本精神史』六花出版、2016年
ウィーナー『サイバネティックス——動物と機械における制御と通信』池原止戈夫／彌永昌吉／室賀三郎／戸田巖訳、岩波文庫、2011年
ギャビン・ニューサム／リサ・ディッキー『未来政府——プラットフォーム民主主義』稲継裕昭監訳、町田敦夫訳、東洋経済新報社、2016年
ニック・ランド『暗黒の啓蒙書』五井健太郎訳、講談社、2020年
デヴィッド・グレーバー『官僚制のユートピア——テクノロジー、構造的愚かさ、リベラリズムの鉄則』酒井隆史訳、以文社、2017年
デヴィッド・グレーバー『ブルシット・ジョブ——クソどうでもいい仕事の理論』酒井隆史 ／芳賀達彦／森田和樹訳、岩波書店、2020年
藤森かよこ編『クィア批評』世織書房、2005年
グレン・イェフェス編『マトリックス完全分析』小川隆ほか訳、扶桑社、2003年

第2章　中国

西谷格『ルポ　中国「潜入バイト」日記』小学館新書、2018年
松尾隆佑「権力と自由——「自然の暴力」についての政治学」『法政大学大学院紀要』67巻（法政大学大学院、2011年）所収
伊藤計劃『ハーモニー』ハヤカワ文庫JA、2010年
ピーター・シンガー／カタジナ・デ・ラザリ＝ラデク『功利主義とは何か』森村進／森村たまき訳、岩波書店、2018年
スラヴォイ・ジジェク編『アメリカのユートピア——二重権力と国民皆兵制』田尻芳樹／小澤央訳、書肆心水、2018年
C・ローウィー「「大きな思想」と「小さな日常」が乖離するとき——ダークな思想を持った人たちの演出について」『現代思想』2019年6月号（青土社）所収
草野友子『ビギナーズ・クラシックス 中国の古典　墨子』角川ソフィア文庫、2018年
『墨子』金谷治訳、中公クラシックス、2018年
湯浅邦弘『諸子百家——儒家・墨家・道家・法家・兵家』中公新書、2009年
東浩紀『一般意志2.0——ルソー、フロイト、グーグル』講談社文庫、2015年
A・V・バナジー／E・デュフロ『貧乏人の経済学——もういちど貧困問題を根っこから考える』山形浩生訳、みすず書房、2012年

羅芝賢『番号を創る権力——日本における番号制度の成立と展開』東京大学出版会、2019年
毛沢東『毛沢東語録』竹内実訳、平凡社ライブラリー、1995年
那須耕介・橋本努編著『ナッジ!?——自由でおせっかいなリバタリアン・パターナリズム』勁草書房、2020年
井上明人『ゲーミフィケーション——〈ゲーム〉がビジネスを変える』NHK出版、2012年
安藤馨『統治と功利——功利主義リベラリズムの擁護』勁草書房、2007年
瀧川裕英/宇佐美誠/大屋雄裕『法哲学』有斐閣、2014年
大屋雄裕『自由か、さもなくば幸福か？——二一世紀の〈あり得べき社会〉を問う』筑摩選書、2014年
スタニスワフ・レム『ソラリス』沼野充義訳、ハヤカワ文庫SF、2015年
ミシェル・ウエルベック『素粒子』野崎歓訳、ちくま文庫、2006年
北輝次郎『国体論及び純正社会主義』1906年、国立国会図書館デジタルコレクション所収
嘉戸一将『北一輝——国家と進化』講談社学術文庫、2017年
田中友香理『〈優勝劣敗〉と明治国家——加藤弘之の社会進化論』ぺりかん社、2019年
大谷栄一『日蓮主義とはなんだったのか——近代日本の思想水脈』講談社、2019年
植原亮『自然主義入門——知識・道徳・人間本性をめぐる現代哲学ツアー』勁草書房、2017年
八代嘉美「ゲノム編集という名の「パンドラの箱」」『思想』2019年5月号（岩波書店）所収

雑談①『天気の子』と神新世

『新海誠監督作品 天気の子 公式ビジュアルガイド』KADOKAWA、2019年
黒田日出男『龍の棲む日本』岩波新書、2003年
堀江宗正『ポップ・スピリチュアリティ——メディア化された宗教性』岩波書店、2019年
きくちさかえ編『DVD付 みんなのお産——39人が語る「お産といのち」』現代書館、2014年
七田眞/つなぶちようじ『胎内記憶——バース・トラウマの秘密』ダイヤモンド社、1998年
吉本隆明『新・死の位相学』春秋社、1997年
真名井拓美『ベケットの解読』審美社、1986年
英隆/コリーヌ・ブレ『水中出産』大内聡矣訳、集英社、1983年

KADOKAWA編『ようこそ令和さん！　元号擬人化アンソロジーコミック』KADOKAWA、2019年
江藤淳『成熟と喪失——〝母〟の崩壊』講談社学芸文庫、1993年
大塚英志『江藤淳と少女フェミニズム的戦後——サブカルチャー文学論序章』ちくま学芸文庫、2004年

第3章　AI・VR

浅田彰『構造と力——記号論を超えて』勁草書房、1983年
トール・ノーレットランダーシュ『ユーザーイリュージョン——意識という幻想』柴田裕之訳、紀伊國屋書店、2002年
巽孝之『盗まれた廃墟——ポール・ド・マンのアメリカ』彩流社、2016年
土田知則『ポール・ド・マンの戦争』彩流社、2018年
ウォルター・ベン・マイケルズ『シニフィアンのかたち——一九六七年から歴史の終わりまで』三浦玲一訳、彩流社、2006年
アーサー・C・クラーク「90億の神の御名」小隅黎訳、『90億の神の御名　〈ザ・ベスト・オブ・アーサー・C・クラーク2〉』（中村融編、ハヤカワ文庫SF、2009年）所収
オルダス・ハクスリー『すばらしい新世界』大森望訳、ハヤカワepi文庫、2017年
グレッグ・イーガン「しあわせの理由」『しあわせの理由』（山岸真編訳、ハヤカワ文庫SF、2003年）所収

第4章　宇宙開発

杉浦功一／大庭弘継『『銀河英雄伝説』にまなぶ政治学』亜紀書房、2019年
西田谷洋『政治小説の形成——始まりの近代とその表現思想』世織書房、2010年
田中純『政治の美学——権力と表象』東京大学出版会、2008年
ジョルジョ・アガンベン『スタシス——政治的パラダイムとしての内戦』高桑和巳訳、青土社、2016年
ホルスト・ブレーデカンプ『モナドの窓』原研二訳、産業図書 、2010年
ホルスト・ブレーデカンプ『芸術家ガリレオ・ガリレイ——月・太陽・手』原研二訳、産業図書、2012年
ホルスト・ブレーデカンプ『ダーウィンの珊瑚』濱中春訳、法政大学出版局、2010年
三中信宏『進化思考の世界——ヒトは森羅万象をどう体系化するか』NHKブックス、2010年
佐藤恵子『ヘッケルと進化の夢——一元論、エコロジー、系統樹』工作舎、2015年

福元圭太『賦霊の自然哲学——フェヒナー、ヘッケル、ドリーシュ』九州大学出版会、2020年
三中信宏『系統樹曼荼羅——チェイン・ツリー・ネットワーク』NTT出版、2012年
三中信宏『系統体系学の世界——生物学の哲学とたどった道のり』勁草書房、2018年
稲葉振一郎『ナウシカ解読 増補版』勁草書房、2019年
稲葉振一郎『宇宙倫理学入門——人工知能はスペース・コロニーの夢を見るか？』ナカニシヤ出版、2016年
マイケル・ポーラン『幻覚剤は役に立つのか』宮﨑真紀訳、亜紀書房、2020年
エリオット・ソーバー『進化論の射程——生物学の哲学入門』松本俊吉／網谷祐一／森元良太訳、春秋社、2009年
アンディ・クラーク『生まれながらのサイボーグ——心・テクノロジー・知能の未来』呉羽真／久木田水生／西尾香苗訳、春秋社、2015年
上田早夕里『華竜の宮』上・下、ハヤカワ文庫JA、2012年
飛浩隆『グラン・ヴァカンス　廃園の天使Ｉ』ハヤカワ文庫JA、2006年
マイケル・ルイス『フラッシュ・ボーイズ——10億分の1秒の男たち』渡会圭子／東江一紀訳、文春文庫、2019年
稲葉振一郎『AI時代の労働の哲学』講談社選書メチエ、2019年
長沼伸一郎『現代経済学の直観的方法』講談社、2020年

雑談②『ジョーカーのダンス』

三浦雅士『身体の零度——何が近代を成立させたか』講談社選書メチエ、1994年
谷釜尋徳「幕末期におけるオランダ式軍事訓練の歩行の特徴について——日本古来の歩行との比較を中心として」『東洋法学』52巻2号（東洋大学法学会、2009年）所収
岡崎乾二郎編著『芸術の設計——見る／作ることのアプリケーション』フィルムアート社、2007年

第５章　反出生主義

デイヴィッド・ベネター『生まれてこないほうが良かった——存在してしまうことの害悪』小島和男／田村宜義訳、すずさわ書店、2017年
森岡正博『生命学に何ができるか——脳死・フェミニズム・優生思想』勁草書房、2001年
森岡正博『感じない男』ちくま文庫、2013年（決定版）
ジュリアン・サヴァレスキュ「生殖の善行——私たちが最善の子どもを選ぶべき理由」澤井努訳、『いのちの未来』１巻（京都大学大学院人間・環境学研究科カール・ベッ

カー研究室、2016年）所収
森岡正博「道徳性の生物学的エンハンスメントはなぜ受け容れがたいのか？——サヴァレスキュを批判する」『現代生命哲学研究』2号（現代生命哲学研究所、2013年）所収
吉良貴之「将来を適切に切り分けること——エーデルマンの再生産的未来主義批判を念頭に」『現代思想』2019年9月号（青土社）所収
ジェームズ・スタネスク／ケビン・カミングス編『侵略者は誰か？——外来種・国境・排外主義』井上太一訳、以文社、2019年
リー・エーデルマン「未来は子ども騙し——クィア理論、非同一化、そして死の欲動」藤高和輝訳、『思想』2000年5月号（岩波書店）所収
ハンス・ヨナス『責任という原理——科学技術文明のための倫理学の試み』加藤尚武監訳、東信堂、2010年
武田悠一「ヒッチコックの学校——『鳥』のクィア・リーディング」『英文学研究』支部統合号10巻（日本英文学会、2018年）所収
三原芳秋／渡邊英理／鵜戸聡編著『クリティカル・ワード 文学理論——読み方を学び文学と出会いなおす』フィルムアート社、2020年
井芹真紀子「反／未来主義を問い直す——クィアな対立性と動員される身体」『思想』2020年3月号（岩波書店）所収
小谷野敦『もてない男——恋愛論を超えて』ちくま新書、1999年
本田透『電波男』講談社文庫、2008年
ぼくらの非モテ研究会編著『モテないけど生きてます——苦悩する男たちの当事者研究』青弓社、2020年
中真生「「母であること」(motherhood) を再考する——産むことからの分離と「母」の拡大」『思想』2019年5月号（岩波書店）所収
小泉義之『生と病の哲学——生存のポリティカルエコノミー』青土社、2012年
小泉義之「No Sex, No Future——異性愛のバイオ化・クィア化を夢見ることについて」『あたかも壊れた世界——批評的、リアリズム的』（青土社、2019年）所収
小泉義之「最後のダーク・ツーリズム——『少女終末旅行』を読む」『アレ』Vol.5（〈アレ★Club〉、2018年）所収
小泉義之「類としての人間の生殖——婚姻と子どもの聖化について」『思想』2019年5月号（岩波書店）所収
片瀬一男「「リスク」としての性行動・「危険」としての性行動 ——避妊をめぐる男女の非対称性」『東北学院大学教養学部論集』174号（東北学院大学学術研究会、2016年）所収
ジョルジョ・アガンベン『オプス・デイ——任務の考古学』杉山博昭訳、以文社、2019年
デヴィッド・グレーバー『負債論——貨幣と暴力の5000年』酒井隆史監訳、高祖岩三

郎／佐々木夏子訳、以文社、2016年
マリアローザ・ダラ・コスタ『家事労働に賃金を――フェミニズムの新たな展望』伊田久美子／伊藤公雄訳、インパクト出版会、1997年
ピーター・シンガー『動物の解放』戸田清訳、人文書院、2011年（改訂版）
長岡成夫「シンガーの動物解放論」『新潟大学教育人間科学部紀要 人文・社会科学編』10巻1号（新潟大学教育人間科学部、2007年）所収
壁谷彰慶「博愛精神は普遍的義務になりうるか――動物愛護思想の論理を考える」『千葉大学大学院人文社会科学研究科研究プロジェクト報告書』203集（千葉大学大学院人文社会科学研究科、2011年）所収
J・M・クッツェー『動物のいのち』森祐希子／尾関周二訳、大月書房、2003年
吉野靫『誰かの理想を生きられはしない――とり残された者のためのトランスジェンダー史』青土社、2020年
ゲイル・サラモン『身体を引き受ける――トランスジェンダーと物質性のレトリック』藤高和輝訳、以文社、2019年
仲正昌樹編『現代社会思想の海図――レーニンからバトラーまで』法律文化社、2014年
野田努／三田格編『ele-king』vol.22、Pヴァイン、2018年
ラボリア・クーボニクス「ゼノフェミニズム――疎外（エイリアネーション）の政治学」藤原あゆみ訳、『現代思想』2018年1月号（青土社）所収
飯田麻結「ゼノフェミニズム」『現代思想』2019年5月臨時増刊号（青土社）所収
ジュディス・バトラー『ジェンダー・トラブル――フェミニズムとアイデンティティの攪乱』竹村知子訳、青土社、2018年（新装版）
エレン・ダトロウ編『ラヴクラフトの怪物たち』上・下、植草昌実訳、新紀元社、2019年

第6章　アンチソーシャル

イヴ・K・セジウィック『男同士の絆――イギリス文学とホモソーシャルな欲望』上原早苗／亀澤美由紀訳、名古屋大学出版会、2001年
森山至貴「新しいホモノーマティヴィティ」『現代思想』2019年5月臨時増刊号（青土社）所収
レオ・ベルサーニ「直腸は墓場か？」酒井隆史訳、『批評空間』第2期1996年1月号（太田出版）所収
金森修『サイエンス・ウォーズ』東京大学出版会、2014年（新装版）
綿野恵太『「差別はいけない」とみんないうけれど。』平凡社、2019年
レオ・ベルサーニ「インタヴュー　レオ・ベルサーニとの対話」（聞き手：Tim Dean／Hal Foster／Kaja Silverman）村山敏勝訳、『批評空間』第3期2002年1月号

（太田出版）所収
松浦優「メランコリー的ジェンダーと強制的性愛――アセクシュアルの「抹消」に関する理論的考察」『Gender and Sexuality』15号（国際基督教大学ジェンダー研究センター、2020年）所収
大橋洋一編『現代批評理論のすべて』新書館、2006年
菊地夏野／堀江有里／飯野由里子編著『クィア・スタディーズをひらく1――アイデンティティ，コミュニティ，スペース』晃洋書房、2019年
綾部六郎／池田弘乃編著『クィアと法――性規範の解放／開放のために』日本評論社、2019年
森山至貴『LGBTを読みとく――クィア・スタディーズ入門』ちくま新書、2017年
千葉雅也／二村ヒトシ／柴田英里『欲望会議――「超」ポリコレ宣言』KADOKAWA、2018年
西見奈子『いかにして日本の精神分析は始まったか――草創期の5人の男と患者たち』みすず書房、2019年
片岡一竹『疾風怒濤精神分析入門――ジャック・ラカン的生き方のススメ』誠信書房、2017年
デイヴィッド・M・ハルプリン『聖フーコー――ゲイの聖人伝に向けて』村山敏勝訳、太田出版、1997年
ミシェル・フーコー『性の歴史Ⅰ　知への意志』渡辺守章訳、新潮社、1986年
ミシェル・フーコー『ミシェル・フーコー思考集成8』筑摩書房、2001年
ミシェル・フーコー『ミシェル・フーコー思考集成9』筑摩書房、2001年
レオ・ベルサーニ『フロイト的身体――精神分析と美学』長原豊訳、青土社、1999年
グレン・O. ギャバード／エヴァ・P. レスター『精神分析における境界侵犯――臨床家が守るべき一線』北村婦美／北村隆人訳、金剛出版、2011年
リチャード・ローボルト編著『スーパーヴィジョンのパワーゲーム――心理療法家訓練における影響力・カルト・洗脳』太田裕一訳、金剛出版、2015年
ダナ・ハラウェイ／シルザ・ニコルズ・グッドイヴ『サイボーグ・ダイアローグズ』高橋透／北村有紀子訳、水声社、2007年
アダム・フィリップス『精神分析というお仕事――専門性のパラドクス』妙木浩之訳、産業図書、1998年
村田沙耶香「トリプル」『殺人出産』（講談社文庫、2016年）所収
山本貴光／吉川浩満『その悩み、エピクテトスなら、こう言うね。――古代ローマの大賢人の教え』筑摩書房、2020年

雑談③ ゼロ年代から加速して

熊田一雄「ヤオイ女性と百合男性が出会うとき――親密性は変容するか」『男らしさという病？――ポップ・カルチャーの新・男性学』(風媒社、2005年) 所収
倉田嘘『百合男子』全5巻、一迅社、2011－2014年
レロ／中村香住「誰が「百合」を書き、読むのか」『海響』1号 (海響舎、2020年) 所収
早矢塚かつや『白鷺このはにその気はない！』一迅社文庫、2010年
吉田珠姫『堕ちた天使は死ななければならない』シャレード文庫、2017年
ダニエル・ジェイコブソン「不道徳な芸術礼賛」村上龍訳、西村清和編・監訳『分析美学基本論文集』(勁草書房、2015年) 所収
里中高志『栗本薫と中島梓――世界最長の物語を書いた人』早川書房、2019年
瀬戸夏子「誘惑のために」『文藝』2020年秋季号 (河出書房新社) 所収
巽孝之編『日本SF論争史』勁草書房、2000年
図書の家編『少女マンガの宇宙 SF&ファンタジー1970-80年代』立東社、2017年
ダナ・ハラウェイ／サミュエル・ディレイニー／ジェシカ・アマンダ・サーモンスン『サイボーグ・フェミニズム』巽孝之／小谷真理編訳、トレヴィル、1991年
マーリーン・S・バー『男たちの知らない女――フェミニストのためのサイエンス・フィクション』小谷真理／栩木玲子／鈴木淑美訳、勁草書房、1999年
小谷真理『女性状無意識 (テクノガイネーシス)――女性SF論序説』勁草書房、1994年
東浩紀編著『網状言論F改――ポストモダン・オタク・セクシュアリティ』青土社、2003年
小谷真理『テクノゴシック』ホーム社、2005年
キャサリン・スプーナー『コンテンポラリー・ゴシック』風間賢二訳、水声社、2018年
小泉義之「異性愛批判の行方――支配服従問題の消失と再興」『生存学研究センター報告』24号 (立命館大学生存学研究所、2016年) 所収
大塚英志『少女民俗学――世紀末の神話をつむぐ「巫女の末裔」』光文社、1989年
大塚英志『少女たちの「かわいい」天皇――サブカルチャー天皇論』角川文庫、2003年
遠藤浅蜊『美少女を嫌いなこれだけの理由』宝島社、2011年
小泉義之『生殖の哲学』河出書房新社、2003年
橳島次郎『精神を切る手術――脳に分け入る科学の歴史』岩波書店、2012年
エドワード・ショーター／デイヴィッド・ヒーリー『〈電気ショック〉の時代――ニューロモデュレーションの系譜』川島啓嗣／青木宣篤／植野仙経／諏訪太朗／嶽北佳輝訳、みすず書房、2018年
ローン・フランク『闇の脳科学――「完全な人間」をつくる』赤根洋子訳、文藝春秋、2020年

【著者紹介】

江永 泉（えなが・いずみ）

1991年生まれ。「闇の自己啓発会」発起人。専攻は文化研究、文学理論。論考に「少女、ノーフューチャー――桜庭一樹『砂糖菓子の弾丸は撃ちぬけない』論」（〈Rhetorica#04〉所収）など。

木澤佐登志（きざわ・さとし）

1988年生まれ。文筆家。著書に『ダークウェブ・アンダーグラウンド――社会秩序を逸脱するネット暗部の住人たち』（イースト・プレス）、『ニック・ランドと新反動主義――現代世界を覆う〈ダーク〉な思想』（星海社新書）。晶文社のウェブサイトで「ビューティフル・ハーモニー」を、大和書房のウェブサイトで「失われた未来を求めて」を、〈SFマガジン〉（早川書房）で「さようなら、世界――〈外部〉への遁走論」を連載。

ひでシス

1991年生まれ。京都大学農学部→京都大学大学院農学研究科→ガジャマダ大学大学院農学研究科。化学メーカー勤務を経て、ソフトウェアエンジニアとして独立・起業。VTuber「リコピンめぐみ」としても活動、経済学者の松尾匡との対談「自動運転と経済学」が〈変革のアソシエ〉34号に掲載された。論考に「海外へ行ってみよう」（〈Rhetorica#03〉所収）など。

役所 暁（やくしょ・あかつき）

1992年生まれ。Webライター・編集者。専攻は政治学。「闇の自己啓発会」では編集・構成を担当している。

装幀：早川書房デザイン室
写真（252頁）：© Getty Images

闇《やみ》の自己啓発《じこけいはつ》
2021年1月20日　初版印刷
2021年1月25日　初版発行
＊
著　者　江永《えなが》　泉《いずみ》　木澤佐登志《きざわさとし》
ひでシス　役所《やくしょ》　暁《あかつき》
発行者　早　川　浩
＊
印刷所　中央精版印刷株式会社
製本所　中央精版印刷株式会社
＊
発行所　株式会社　早川書房
東京都千代田区神田多町2－2
電話　03-3252-3111
振替　00160-3-47799
https://www.hayakawa-online.co.jp
定価はカバーに表示してあります
ISBN978-4-15-209999-0　C0036

Printed and bound in Japan
乱丁・落丁本は小社制作部宛お送り下さい。
送料小社負担にてお取りかえいたします。